공병호의

고전강독 3

아리스토텔레스에게
진정한 행복을 묻다

공병호의 **고전강독**

3

아리스토텔레스에게
진정한 행복을 묻다

해냄

행복은 자기 자신에게 달려 있다

매일매일 우리는 화폭에 그림을 그리듯 인생이라는 그림을 그려간다. 어떤 주제를 선택할지, 어떤 색을 사용할지, 어떻게 표현할지, 그리고 얼마나 열심히 그릴지 등은 전적으로 그리는 사람에게 달려 있다. 그런데 사실 그림과 인생 사이에는 차이가 있다. 그림은 우리 뜻대로 그릴 수 있지만 인생은 우리가 모든 것들을 통제할 수 없다. 인생에서는 기회가 우연히 오는 것처럼 위기도 갑자기 닥친다.

나 역시 삶을 돌아보면 몇 번의 결정적인 기회와 위기가 있었고, 그때마다 어떻게 대처하는가에 따라서 삶의 경로가 크게 바뀌었다. 단 한 번의 결정적인 선택이 삶의 경로를 크게 뒤흔들 수도 있다. 그래서 누구에게나 삶은 늘 아슬아슬하고 위태롭다.

삶 속에서 마주하는 여러 가지 일들 중에 어느 것 하나 사소하게 대할 수 없는 이유는 아무리 작아 보이는 일에 대한 선택이라도 세월이 지나고 나면 너무나 커다란 결과를 낳기 때문이다. 삶이란 것이 본래 이러하기에 이따금 "어떻게 하면 든든한 반석 위에 내 삶을 반듯하게 세우며 살아갈 수 있을까?"라는 질문을 던지곤 한다. 그리고 바로 그 질문에 대한 해답을 구해보고자 아리스토텔레스의 『니코마코스 윤리학(*Nicomachean Ethics*)』을 강독하고 이 책을 썼다.

우리의 삶은 저마다의 목적지를 세우고 이를 찾아가는 '오디세이'에 비유할 수 있다. 성공과 행복이라는 성취를 찾아 떠나는 '외적 오디세이'일 수도 있고, 다른 한편으로는 그런 것들을 가능하게 하는 자신의 내면을 찾아 떠나는 '영적 오디세이'일 수도 있다.

우리는 눈에 보이는 전자에 주로 많은 노력과 시간을 투입하곤 하지만 정작 그런 성취를 가능하게 하는 것은 바로 자신의 내면을 제대로 이해하고 자신을 제대로 찾아내는 일이다. 나아가 이러한 자기 내면에 대한 탐구를 바탕으로 더 나은 인간으로 성장해 갈 때 참된 행복과 성공에도 이를 수 있다.

그래서 작가 딘 윌리엄은 삶의 백미(白眉)를 이렇게 그려낸 적이 있다.

"우리는 살면서 두 가지 여행을 한다.
하나는 온갖 크고 작은 일들을 겪는 외적 여행이고,
다른 하나는 내면의 이야기들로 이루어진 영적 오디세이, 내면 여행이다."

오래전부터 아리스토텔레스의 『니코마코스 윤리학』을 읽겠다고 막연히 생각만 하고 있다가 행동으로 옮긴 데는 우연한 계기가 있었다. 막내아들이 군 입대를 하면서 자기 방 책꽂이에 대학 1년 동안 배웠던 과목들의 책들을 가지런히 정리해 놓고 떠났다. 아들이 배웠던 서양고전의 독서 목록과 책을 살펴보다가 마틴 오스왈드(Martin Ostwald)가 깔끔하게 번역한 영문판(『Nicomachean Ethics』, Library of Liberal Arts, 1999)을 발견하였다.

짧은 학기 동안 혼신을 다해 읽고 곳곳에 줄을 긋고 메모를 한 아들의 책을 조금씩 읽어나가면서 이 책에 흠뻑 빠져들었다. 그리고 영어본과 한국어 번역본을 대조해 가면서 꼼꼼하게 읽기 시작하였다. 나에게 이 책은 아버지로서 아들의 공부 흔적을 따라가면서 배운 드문 책이기에 개인적으로도 귀한 추억이 담긴 책이기도 하다.

공교롭게도 이 책의 제목에 등장하는 니코마코스는 아리스토텔레스의 아들 이름이다. 이 책에 대한 여러 설들이 있는데 그중 '아들 니코마코스에게 주는 윤리학'이란 설명이 가장 많이 언급되곤 한다. 아버지로서 세상과 인생을 살아가는 데 아들에게 꼭 들려주고픈 이야기들이 그만큼 풍성했고 훌쩍 자라 군 입대를 한 아들 녀석이 떠오르기도 했다.

인류의 걸출한 선인들이 남긴 고전 가운데서 『니코마코스 윤리학』이 가진 의미는 무엇일까? 이 책은 우리 모두가 소망하는 행복한 삶이란 주제를 집중적으로 다루며, 인간의 내면세계를 깊이 있게 탐색한다.

행복이란 무엇인가? 탁월함이란 무엇인가? 어떻게 살아야 행복할 수 있는가? 어떻게 살아야 성공할 수 있는가? 그렇기에 문헌사적인 시각으로 보면 오늘날 서점가를 가득 채우고 있는 모든 자기경영이나 자기계발 관련 서적들의 '원조'에 해당하는 책이다. 자신의 삶을 반석 위에 굳건히 세우기를 소망하는 사람들이라면 트렌드에 부합하는 책들을 읽는 것도 필요하지만 이러한 인류 지혜의 원천이 되는 고전을 읽는 것도 의미 있는 일이다.

하지만 고전 읽기란 머리에 쥐가 날 정도로 고된 일이다. 근래 보기 드문 고전 읽기 열풍 속에서도, 고전은 실상 읽기가 참으로 힘든 책이라는 점을 인정하지 않을 수 없다. 그런 만큼 수십 번의 독서와 내용 해부를 거친 다음에 현대인에게 맞게 재정리되고 재해석된 이 책이 여러분의 영적 오디세이에 길잡이 역할을 하리라 믿는다.

이 책을 쓰면서 기본으로 삼은 책은 영어 번역본인 마틴 오스왈드의 작품이지만, 이창우, 김재홍, 강상진 박사님의 오랜 노고가 담긴 우리 말 번역본(『니코마코스 윤리학』, 이제이북스, 2006)에 크게 빚졌음을 밝혀둔다. 그 밖에 최명관 교수님의 번역본과 조대웅 선생님의 편역본도 틈틈이 참조하였다. 애매한 대목들은 조나단 반스의 저서(『The Complete Works of Aristotle II』, Princeton University Press, 1995)를 참조하여 정확한 의미를 살폈다. 이처럼 척박한 환경 속에서도 고된 번역 작업을 해온 인문학자들의 노고에 진심으로 깊이 감사드린다.

고전에 관한 책은 현대문과 달리 집필하는 사람도 힘이 들지만 편집자도 여간 고된 일이 아니다. 첫 번째 독자로서 예리한 눈으로 편집 작업에 임한 이혜진 편집장의 노력에도 고마움을 전한다.

행복에 대한 아리스토텔레스의 메시지는 명료하다. "행복은 탁월성에 따라 행동하는 것이다." 나는 원전을 읽으면서 이 메시지를 처음으로 접했을 때, 가슴이 두근거렸다. 주인으로 내 인생을 살자고 스스로 다짐할 때마다 늘 나를 이끌어주었던 것이 바로 이 '탁월성'이란 말이었기 때문이다. 비단 나뿐만이 아니다. 현대인들에게는 특히 더 의미있는 일갈이다.

이런 관점에서 이 책은 『니코마코스 윤리학』에서 다루는 여러 주제 가운데, 행복과 탁월성에 대한 내용을 중점적으로 다루었다. '진정한 행복을 묻다'라는 부제처럼 흔히 우리가 막연하게 품어온 행복에 대한 생각을 바로잡고 탁월성의 특징과 연관성을 흥미롭게 탐구했다.

친애, 정의, 즐거움과 같은 그 밖의 주요 주제들은 『공병호의 고전강독 4』에서 또다른 관점으로 다루어보려고 한다.

나는 이 책을 준비하는 과정에서 내적으로 큰 성장을 이룰 수 있었다. 무엇보다 행복과 성공의 본질과 나 자신에 대한 이해의 도를 더욱 깊이 할 수 있었다. 원고를 탈고할 즈음에 "행복이나 성공 또한 세상의 다른 것들처럼 아는 만큼 보이고 아는 만큼 누릴 수 있다"는 생각이 들었다. 내가 그랬듯이 이 책이 행복과 성공을 향한 여러분의 여행길에 충실하고 든든한 후원자가 되기를 소망한다.

2012년 7월

공병호

차례

1장 행복이란 무엇인가

2장 행복의 제1조건, 탁월성에 대하여

3장 지혜로운 자가 행복하다, 그대 지적 탁월성을 지녔는가

4장 태도가 모든 것이다, 먼저 나를 다스려라

5장 부와 명예, 어떤 그릇의 인물로 살아갈 것인가

6장 사회생활에도 지켜야 할 정도(正道)가 있다

＊＊ 일러두기

1. 이 책에 수록된 원전 인용 부분은 『니코마코스 윤리학』의 영어 텍스트인 마틴 오스왈드의 『*Nicomachean Ethics*』(Martin Ostwald, Library of Liberal Arts, 1999)를 참고하였습니다. 인용시 상기 도서에 표기된 원전 출처 부분을 표기했습니다.

2. 다양한 번역본으로 인해 개념어와 용어상의 혼돈이 생길 수 있으므로 번역본 중 『니코마코스 윤리학』(이창우·강상진·김재홍 공역, 이제이북스, 2006)판의 용어들을 기준으로 하였습니다.

3. 원전에서 주요하게 소개하는 개념어의 경우 필요에 따라 이해를 돕기 위해 그리스어·영어·한 자어 등을 병기하였습니다.

행복 탐구자 아리스토텔레스의
생애와 윤리학

 아리스토텔레스의 생애

아리스토텔레스(기원전 384~322년)는 그리스 북동부의 마케도니아에 있는 작은 마을 스타게이로스(Stageiros)에서 태어났다. 에게 해 북쪽의 바닷가에 있는 이곳은 지금도 500여 명의 주민이 살고 있다.

아리스토텔레스는 나이 많은 아버지 니코마코스와 젊은 어머니 파에스티스 사이에서 막내로 태어난 것으로 추정된다. 아리스토텔레스에게는 최소한 두 명의 형제가 있었다. 한 명은 아리스토텔레스의 유언장에 등장하는 아림네스투스라는 형이고, 또 한 명은 누나였던 아림네스테이다. 아림네스테는 프록세노스와의 사이에 니카노르라는 아들과 헤로라는 딸을 두었다.

훗날 니카노르는 아리스토텔레스의 딸인 피티아스(Pythias, 어머니 이름을 따서 붙임)와 결혼하였지만 결혼 생활은 짧았다.

흥미로운 점은 아리스토텔레스의 이름이다. 이 이름은 '아리스토스(aristos)'와 '텔로스(telos)'라는 두 단어의 합성어이다. 전자는 '가장 좋은'이란 뜻이고 후자는 '목적'이란 뜻이다. 우연의 일치일 수도 있겠지만 아리스토텔레스 철학의 중심에는 '목적론(teleology)'이 있다. 즉, 모든 사물들은 본성이라 불리는 어떤 능력을 타고나며, 이런 본성으로 인해 사물들은 각각의 고유한 목적을 가지며 그 목적을 최대한 실현하려 노력한다는 것이다.

아리스토텔레스를 연구해 온 계명대의 유원기 교수는 "'가장 좋은 목적'이란 이름을 가진 사람답게 그가 평생 동안 '세상 모든 사물들의 가장 좋은 목적은 무엇일까?'라는 과제를 두고 씨름하였는데, 우연치고 특별한 우연이라 할 수 있다"라고 말한다.

한편 아리스토텔레스가 태어난 기원전 384년은 플라톤의 나이 43세가 되던 해였고, 또한 플라톤이 아카데미아를 세운 지 3년째가 되던 해이기도 하였다.

정치적 격변기에 성장하다

아리스토텔레스가 태어난 시기는 스파르타와 아테네 사이에 전쟁(기원전 397~371년)이 진행되던 시기였다. 아테네는 펠로폰네소스 전쟁에서 패배한 이후 멸망이 임박한 것처럼 보였지만 스파르타의 실책과 행운에 힘입어 재기의 터전을 굳히는 데 성공하였다. 아테네는 스파르타의 가혹한 조치에 불만을 품은 여러 그리스 도시국가들과 제2차 해상동맹을 맺어 스파르타의 패권에 도전하였다.

그런데 스파르타 해군이 연이어 패배하고, 거기에 지진과 해일 피해까지 더해져서 스파르타는 위기에 처한다. 아울러 무적으로 통하던 스파르타 육군이 기원전 371년 레우크트라 전투에서 테베 육군에 패배함으로써 스파르타는 몰락의 길을 걸었다. 이는 델로스 동맹 이후 아테네와 스파르타의 패

아리스토텔레스의 흉상 고대 문헌에서는 아리스토텔레스를 매부리코라고 묘사하였다. 사진은 헬레니즘 시대에 만들어진 아리스토텔레스의 흉상. 파리, 루브르 박물관.

권 전쟁에서 85년 만에 아테네가 승리하였음을 뜻하며, 기원전 4세기 초부터 약 40여 년간 지속되었던 스파르타의 패권이 끝났음을 뜻한다.

한편 아테네는 전성기의 아테네 제국을 복원하려 시도하지만 동맹국들의 반발에 부딪혔다. 게다가 아테네 자체의 문제, 즉 지휘관 부족과 재정 적자로 인하여 동맹국들에게 자치와 자유를 인정해 줌으로써 결국 제국 정책을 포기하였다.

아테네 시민들이 군비를 확충하는 대신에 축제에 비용을 들이는 일에 열중하는 동안 차근차근 힘을 키운 세력은 고대 그리스 내에서도 변방

에 있던 마케도니아 왕국이었다. 아테네 북쪽에서 마케도니아가 급속히 세력을 확장하자, 이를 알아차린 아테네의 웅변가이자 장군인 데모스테네스가 민회를 수차례 설득하여 마케도니아와의 전쟁을 준비하는 데 성공하였다.

기원전 338년 늦여름, 아테네와 테베 연합군은 필리포스 2세와 그의 아들 알렉산드로스가 이끄는 마케도니아군과 그리스 중북부의 카이로네아 인근 벌판에서 맞붙었다. 이 전투에서 테베군은 분쇄되고 아테네군의 중장보병은 막대한 피해를 보았다. 그리스 연합군이 카이로네아 전투에서 패배함으로써 그리스는 마케도니아의 지배하에 들어갔다.

기원전 337년에 페르시아 정복 전쟁을 선포한 필리포스 2세가 이듬해에 암살당하자 아들 알렉산드로스가 정복 계획을 이어받았다. 알렉산드로스 대왕의 동방원정이 시작된 기원전 335년에 아리스토텔레스는 아테네의 리케이온에 학원을 설립하였다. 이처럼 아리스토텔레스는 아테네가 스파르타를 물리침으로써 제2의 황금기를 맞았던 시기는 물론 조국 마케도니아가 그리스를 지배하던 시기와 그 이후 페르시아 정복길에 나선 알렉산드로스 대왕이 죽음을 맞이할 때까지 살았다.

학문을 위해 길을 떠나다

아리스토텔레스의 아버지인 니코마코스는 마케도니아 왕국의 아민타스 3세(재위 기원전 392년~369년)의 주치의이자 친구로 알려져 있다. 아민타스 3세는 알렉산드로스 대왕의 할아버지이기도 하다. 니코마코스의 생몰연대에 대한 기록은 남아 있지 않다. 다만 아리스토텔레스가 태어났을 때 아민타스 3세의 나이가 65세 정도였다. 주치의는 풍부한 경험을 지니고 있고 왕과 교감을 나눌 수 있는 사람인 점을 고려하면, 니코마코스의 나이 또한 왕의 나이와 비슷하였으리라 추측된다.

아버지의 나이를 고려하면 아리스토텔레스는 늦둥이라고 할 수 있다. 부모라면 흔히 늦게 나은 아이에 대해 더 많은 애정을 갖게 마련인지라, 니코마코스 역시 늦둥이 아들에게 더 깊은 애정을 쏟았을 것이다. 나는 아리스토텔레스의 책을 읽으면서 그가 정말 따뜻한 마음씨를 가진 인물임을 거듭 확인하였는데, 이는 유년기에 부모로부터 받은 사랑이 큰 영향을 미쳤을 것이다.

니코마코스는 늦게 얻은 아들에게 아버지로서 각별한 정성을 들였을 텐데, 이는 그가 아들의 교육에 많은 시간과 정성을 쏟았음을 뜻한다.

아버지의 도움과 영향으로 아리스토텔레스는 어린 시절부터 수준 높은 교육을 받고 성장할 수 있었다. 니코마코스는 아스클레피아스 가계에 속하였는데, 전통적으로 이 가계는 아버지가 아들에게 의술을 도제식으로 전수하는 전통을 갖고 있었다. 이 집안에서 아들로 태어나면 다른 길에 대해 깊이 생각해 보지 않고 아버지의 길을 따랐다. 니코마코스가 아리스토텔레스가 태어난 후 10여 년 정도만 더 살았다고 가정해 보아도 아들에게 의사로서 갖춰야 할 기초를 교육시키는 일은 어렵지 않았을 것이다.

의사였던 아버지가 아리스토텔레스에게 어떤 교육을 시켰는지는 확실치 않지만 그는 일찍부터 해부학, 생물학 그리고 그 밖의 과학이론을 접했던 것으로 보인다. 이는 훗날 아리스토텔레스가 철학자로서는 보기 드물게 과학에 대해서도 방대한 저술을 남긴 토대가 되었다. 뿐만 아니라 그의 저서에 고대 문헌들의 사례가 자주 등장하는 것으로 보아 그의 교육 과정에는 호메로스나 헤시오도스의 저작물을 중심으로 하는 문학 교육과 언어 교육도 포함되었던 듯하다.

그가 남긴 연구 문헌들을 보면서 그의 놀랄 만큼 뛰어난 관찰력에 감

탄이 절로 나왔다. 『학문의 정신 아리스토텔레스』를 집필한 장 마리 장
브 교수는 아리스토텔레스가 어린 시절부터 정확한 자연 관찰의 맛을
알았고 이것이 원숙한 나이가 되면서 활짝 피어났다고 한다. 의사였던
부모는 아리스토텔레스에게 역동적이고 창조적으로 관찰하는 재미와
의미를 유산으로 물려주었다.

'과학하는 재미'를 물려받은 행운아였던 그가 삼라만상을 얼마나 흥
미진진하게 바라보았는지 그리고 얼마나 예리하게 관찰하는 인물이었
는지는 그가 남긴 섬게에 대한 관찰기에서 엿볼 수 있다.

> "섬게는 안쪽으로 구부러진 5개의 이빨을 가지고 있다. 그리고 이빨의
> 중앙에는 살로 만들어진 기관이 혀의 자리를 대신하고 있다. 혀를 대신하
> 는 기관에 식도가 이어지고 그 다음 5개의 방으로 나뉜 위가 연결된다. 위
> 에는 각양의 오물이 가득 차 있다. 각 방의 오목한 부분은 오물이 밖으로
> 나오는 곳에서 합쳐지고 이곳에는 덮개에도 구멍이 뚫려 있다." ─『동물사』,
> IV, 5, 장 마리 장브, 『학문의 정신 아리스토텔레스』, pp.181~192 재인용

한편 아리스토텔레스의 어머니 파에스티스에 대한 자료가 남아 있진
않지만, 다만 알 수 있는 것은 아버지와 어머니가 나이 차가 무척 컸다는
사실이다. 이런 점이 아리스토텔레스에게 영향을 미쳤던지 그 역시 30대
후반까지 결혼을 하지 않았고 부인과의 나이 차이도 스무 살 정도나 났
다. 한 가지 분명한 사실은 그녀가 아테네 북서쪽에 길게 자리 잡은 에우
보이아 섬의 주요 도시인 칼키스 출신이란 점, 그리고 부유한 집안 출신
으로 그 섬의 넓은 땅을 유산으로 물려주었다는 점이다.

하지만 아리스토텔레스에게도 모든 행운이 함께하지는 않았다. 그는

양친을 잃고 자형인 프록세노스의 집에 맡겨져 성장하였으며, 프록세노스는 그를 친자식처럼 정성껏 양육하였던 것 같다. 훗날 아리스토텔레스가 유언장에서 일찍 돌아가신 부모와 함께 프록세노스를 기념하기 위한 동상을 세우라고 한 사실 등으로 이를 짐작할 수 있다.

프록세노스는 어린 아리스토텔레스가 배움에 대한 의지가 강하고 열심이며 동시에 재능도 있음을 알아차렸다. 아리스토텔레스는 분명 아버지로부터 의사의 길에 대한 조언을 받았겠지만 아버지가 떠난 상황에 아버지에게 적대적인 정치 세력이 등장하자 자연스레 철학자의 길로 들어섰을 것이다.

아리스토텔레스는 18세가 될 무렵인 기원전 367년에 아테네로 유학을 떠났다. 당대 최고의 교육기관인 아카데미아에 유학하기 위한 목적이 가장 결정적이었을 것이다. 그러나 스웨덴의 작가이자 역사가인 스테판 스테누드는 아리스토텔레스가 유학을 떠난 다른 동기에 대해 다음과 같은 흥미로운 가설을 제시한다.

아민타스 3세는 세 명의 아들(알렉산드로스 2세, 페르디카스 3세, 필리포스 2세)을 두었다. 아민타스가 죽자 왕위는 장남인 알렉산드로스 2세가 이어받았다. 하지만 그는 2년도 안 되어 알로로스 프톨레미(아민타스 3세의 미망인인 유리디스의 정부(情夫)이자 아민타스 3세가 기원전 375년~373년에 아테네에 파견한 사절)에게 암살당한다. 이렇게 해서 4년간 프톨레미가 권력을 장악하는데, 묘하게도 이 기간과 아리스토텔레스의 유학 시기가 일치한다.

알렉산드로스 2세는 아버지의 친구들을 존중하였지만 정권이 새로운 사람들에게 넘어가면서 아민타스의 친구들이나 지인들은 어려운 시기를 맞았을 것이다. 아리스토텔레스의 아테네 유학에 대해 스테누드는

"아리스토텔레스에게는 지적인 욕구 이외에 다른 동기가 있었을 것이다. 마케도니아 왕국의 수도 펠라에서 더 이상 좋은 기회를 잡을 가능성이 낮았을 시점에 아테네행을 결정하였다"라고 말한다.

가설이긴 하지만 새로운 권력이 등장하고 그 권력이 오래 지속될 것처럼 보였을 때 내릴 수 있는 선택이 그 나라를 떠나는 것이다. 마케도니아 왕국의 왕위 찬탈 사건이 아리스토텔레스의 아테네 행에 어느 정도 영향을 미쳤을 가능성을 배제할 수 없다.

다시 아리스토텔레스 집안과 마케도니아 왕국 사이에 인연의 고리가 연결되는 것은 아민타스 3세의 아들들이 권력을 잡은 뒤였다. 큰형이 암살당할 때 미성년자였던 페르디카스 3세는 프톨레미를 죽이고 권력을 잡아 4년 간 재임하였다. 권력은 다시 페르디카스 3세의 아들인 아민타스 4세에게 넘어가지만, 조선 역사의 단종과 수양대군처럼 삼촌인 필리포스 2세(재위 기원전 359년~336년)가 미성년자였던 조카 아민타스 4세를 죽이고 권력을 쥐었다. 이 인물이 알렉산드로스 대왕의 아버지이며, 그 역시 암살당하고 말았다.

아리스토텔레스가 아테네 출신이 아니라 마케도니아의 작은 도시 출신이라는 사실은 훗날 그의 인생에 때로는 부정적으로 때로는 긍정적으로 영향을 미치는데, 만일 그가 외국인이 아니라 아테네 시민이었다면 그의 삶이 다르게 전개되었을 가능성도 있다. 오히려 그가 외국인으로 아테네에 머물렀기 때문에 현실 정치에 직접 참여하는 대신에 집필과 강의를 통해 더욱 광대한 학문의 세계를 접할 수 있었고, 자신의 독자적인 학문 체계를 수립할 수 있었던 것인지도 모른다.

아무튼 프록세녹스는 기원전 367년에 18세가 된 아리스토텔레스를 아테네로 유학 보냈고, 그가 아버지를 이어 의사의 길로 들어서지 않은 것은 인류에게 축복이 되었다고 할 수 있다.

유언장에 나타난 아리스토텔레스의 인품

흔히 작품에는 작가의 인간 됨됨이가 묻어나는데 아리스토텔레스의 작품을 읽다 보면 그의 품성에 대해서도 여러 가지를 생각할 수 있다. 그의 저서를 탐독할수록 나는 그가 매우 따뜻하고 성숙한 인품을 지닌 인물이었음을 재차 확인하곤 했다. 한 예로 스승을 비롯해서 누군가를 비판할 때도 가능한 한 완곡하게 자신의 입장을 표현하였다. 무엇보다 그가 죽기 2년 전인 기원전 324년 무렵에 남긴 유언장에서는 이러한 점을 더욱 확실히 엿볼 수 있다.

"모든 것이 최선으로 끝나기를 바라지만, 나 아리스토텔레스는 만사에 대비하기 위해 최후의 의지 표명을 한다"로 시작되는 그의 유언장은 디오게네스 라에르티오스에 의해 오늘날까지 전해져 내려온다. 친지들에 대한 자상한 배려는 물론 노예들의 처우도 언급한 유언장에서는 그의 용의주도한 준비성, 세심한 배려 그리고 따뜻한 마음 씀씀이를 느낄 수 있다.

크게 다섯 부분으로 이루어진 유언장의 내용은 유언 집행인에 관한 조항, 자식들을 위한 조항, 자신의 여인 헤르필리스(Herpyllis)를 위한 조항, 노예들을 위한 조항, 기념비 건립을 위한 조항 등이다.

• 자식들을 위한 조항: 만약 내 딸, 피티아스가 결혼 적령기가 되면, 그녀를 니카노르의 아내로 주어야 한다. 만약 결혼 전이나 결혼 후, 또는 아직 자녀들이 생기기 전에 그녀에게 무슨 일이 일어난다면(일어나지 않기를

바라며 그러지도 않겠지만), 니카노르는 아들과 다른 모든 것에 대해 그 자신과 아이들에게 적당한 방식으로 명령하고 결정할 권리를 갖는다. 그 외에 니카노르는 내 딸과 아들을 아버지와 형제처럼 그들의 이익에 최선이 되도록 돌봐주어야 한다.

• 여인 헤르필리스를 위한 조항: 유언 집행인들과 니카노르는 생전에 선행을 베풀어준 헤르필리스(아리스토텔레스와 법적으로 결혼하지 않았지만 니코마코스라는 아들을 낳아준 여인)도 돌봐주어야 한다. 특히 그녀가 결혼하고자 한다면, 그녀와 신분이 어울리는 남편을 얻도록 해주어야 한다. 또한 내가 그녀에게 준 선물뿐만 아니라 그녀가 원하면 나의 유산 중에서 은 1탈란톤과 세 명의 여종을 주고, 그녀가 지금 데리고 있는 어린 여종과 피라이오스도 시종으로 준다.

• 노예들을 위한 조항: 나이 어린 미르멕스는 나의 명예에 걸맞게 그가 가진 모든 것과 함께 그의 가족들에게 돌아가도록 해주어야 한다. 여종 암브라키스는 노예 신분에서 풀어주어야 한다. 탈레는 돈을 주고 구입한 시종 소녀 외에 1,000드라크마와 또다른 하녀를 주어야 한다. 시몬에게는 이전에 남종을 사라고 주었던 돈 외에 남종 한 명을 더 사주든지 그에 상응하는 금액을 주어야 한다. 나를 섬겼던 시동들 중에는 아무도 노예로 팔려서는 안 되며 모두 집에 머물면서 일할 수 있도록 해야 한다.

• 기념비 건립을 위한 조항: 그릴리온에게 작업을 맡긴 니카노르와 프록세노스의 인물 동상이 완성되거든 세우도록 하라. 그리고 이미 완성된 니카노르의 어머니 동상과 자식을 갖지 못한 채 저 세상으로 떠난 형제인 아림네스투스의 동상도 세워라. 내 어머니의 동상은 데메트리우스(풍작) 여신에게 바치는 헌물로, 네메아나 혹은 좋다고 생각하는 다른 곳에 세워주기 바란다. 내가 묻히는 곳에 아내 피티아스의 유해도 옮겨서 그녀가 직

접 지시한 방식대로 그곳에 매장하도록 해야 한다. — "Life of Aristotle", 『The Lives and Opinions of Eminent Philosophers』, Diogenes Laertius, translated by C.D. Yonge, IX. : Henry G. Bohn, 1853

세상에 이렇게 따뜻한 마음을 가진 남자가 있을까! 죽음을 앞두고 어쩌면 꼼꼼하게 이렇게 자신과 인연을 맺었던 모든 사람들을 배려할 수 있을까! 그의 이러한 모습은 2,500년의 시공간을 뛰어넘어 다시 한 번 '인간답게 사는 게 무엇인가'라는 생각을 하게 만든다.

또한 아리스토텔레스의 작품 곳곳에는 세상을 넉넉하게 바라보는 그의 시각이 담겨 있는데, 이는 경제적 안정이 큰 역할을 했을 것이다. 그의 부모는 자식에게 평생 공부하면서도 윤택하게 살아갈 수 있을 재산을 남긴 것으로 보인다. 그리고 유언장으로 미루어보면 그가 철학자로서 돈벌이를 전혀 하지 않았음에도 불구하고 상당한 유산을 물려받았던 것으로 짐작할 수 있다. 그는 재력 있는 부모, 부모에게 받은 아낌없는 사랑, 뛰어난 머리, 근면성 그리고 정치적 배경 등 정말 많은 행운을 타고난 인물이었음을 짐작할 수 있다.

아리스토텔레스의 작품에서는 행복할 수 있는 여러 가지 외부 조건을 드는데 이 가운데 하나가 경제적인 여유이다. 아마도 자신의 경험에서 나온 지혜가 아닐까 한다.

고향을 떠나 아테네 유학을 시작한 이후의 아리스토텔레스의 생애는 다음과 같이 세 단계로 나눌 수 있다.

아리스토텔레스의 학문 세계

학문의 제1시기(기원전 368년경~347년)

열여덟 살 무렵의 아리스토텔레스가 아테네에 있던 아카데미아에 입교할 당시에 플라톤은 약 60세였다. 플라톤은 같은 해에 시라쿠사의 참주, 디오니소스 1세가 죽은 뒤 그의 처남이자 자신의 제자인 디온의 초청으로 2년 동안 머물 계획을 갖고 시라쿠사를 방문하던 중이었다.

당시의 아카데미아는 설립된 지 20년을 맞는 유명한 교육 기관이었으며, 단순히 강의와 토론을 위한 물리적 공간이 아니라 학자들의 만남의 장소였다. 또한 아카데미아는 오늘날의 학교처럼 일방적으로 스승이 제자를 가르치는 곳이 아니었다. 아리스토텔레스 역시 처음 몇 년 간은 학생으로, 그리고 이후에는 교사로서 아카데미아에 상주하였다.

고대의 철학 학파들에 속하는 구성원은 공통의 학파와 근본 견해나 믿음을 나누어 가졌지만 윌리엄 D. 로스가 『아리스토텔레스』에서 이야기한 대로 "(구성원들끼리) 상대적으로 독립성을 유지하며 나름대로의 탐구를 철저히 추구한 사람들의 집단이었다."

아리스토텔레스는 기원전 347년 플라톤이 죽을 때까지 20여 년 동안 그곳에 머물렀다. 청년기의 초입에 들어와서 40대를 앞둔 시점까지 머물면서 공부하던 그 시기야말로 배우는 사람으로서 아리스토텔레스에게는 매우 중요한 시기였다. 게다가 그 시기 동안 스승으로 모셨던 플라톤이야말로 그의 생애에서 빼놓고 이야기할 수 없는 중요한 인물임을 알 수 있다.

아리스토텔레스는 매우 뛰어난 학생이자 학자였으며 플라톤과 더불어서 풍부한 지식을 두루 갖춘 당대의 대표적인 지식인이었다. 아카데미아 초창기 시절의 아리스토텔레스는 플라톤의 이론을 추종하였고 스펀지처럼 기존 지식을 빨아들였지만 세월이 가면서 독자적인 학문 세계를 서서히 구축하였다.

그가 아카데미아에 머무는 동안 집필하였던 초기 저작들인 『에우데모스』, 『프로트렙티코스』, 『영혼에 관한 초기 대화편』 등에는 플라톤의 이데아론을 그대로 수용하거나 그의 영향을 크게 받았음을 확인할 수

플라톤의 흉상 이상주의자인 플라톤과 달리 아리스토텔레스는 실현 가능한 선(善)이 참된 선이라고 생각하였다. 사진의 흉상은 그리스 원본을 로마시대에 복제한 것이다. 파리, 루브르 박물관.

있는 대목들이 다수 등장한다. 『서양 중세의 아리스토텔레스 수용사』를 집필한 박승찬 교수는 "아리스토텔레스는 최초의 시기, 즉 아카데미아 시기에는 그 내용에 있어서나 적어도 일반적으로 형식에 있어서나, 자신의 스승인 플라톤을 그대로 따랐던 것으로 추정된다"라고 말한다.

오늘날의 기준으로 보더라도 대략 5년 정도면 박사학위를 마칠 수 있다. 영민한 사람에게 20년은 대단히 긴 시기이다. 아카데미아에 머무는 20년의 기간 동안 이미 초기를 지나면서 스승과 제자 사이에 벌어지기 시작한 미묘한 차이는 시간이 갈수록 뚜렷하게 나타났다. 아리스토텔레스의 사후에 발간된 『니코마코스 윤리학』에서 그는 "두 가지(진리와 플

라톤)가 모두 나의 친구이기는 하지만, 진리를 더 높이 존중하는 것이 나의 숭고한 의무이다"라고 말할 정도로 스승과의 이견이 있었다.

스승의 이론을 뒤집는 제자에 대해 스승은 기특하게 볼 수도 있지만, 또다른 한편으로는 불편하게 여길 수도 있다. 디오게네스 라에르티오스는 『그리스 철학자 열전』에서 플라톤이 생존해 있는 동안 아리스토텔레스가 그의 곁을 떠났다고 쓰고 있다. 플라톤은 자신의 곁을 떠난 아리스토텔레스를 두고 "마치 어린 망아지가 제 어미에게 하듯 아리스토텔레스가 나에게 반기를 들었다"라고 섭섭함을 표하였다고 한다.

그러나 아리스토텔레스가 스승이 죽기 전에 떠났을 가능성은 높지 않다. 다만 이런 기록들이나 그의 저술들에서 분명히 스승과 제자 사이에 학문에 대한 커다란 격차가 존재하였음을 자주 관찰할 수 있다.

이 시기에 일어났던 일 가운데 궁금한 것은 플라톤이 자신의 사후에 아카데미아를 이끄는 인물로 아리스토텔레스를 선택하지 않았던 이유이다. 여기에는 두 가지 의견이 설득력이 있다. 하나는 아리스토텔레스가 독자적인 학문 체계를 구축함으로써 플라톤과 다른 견해를 가졌다는 점이다. 플라톤 사후에 그의 조카인 스페우시포스(기원전 407~339년)가 아카데미아를 이끄는 후계자로 선출되는데 스페우시포스와 아리스토텔레스는 학문적 입장이 크게 달랐기 때문에 아리스토텔레스는 더 이상 아카데미아에 머무는 것이 불가능하였다는 의견이다.

스페우시포스는 플라톤주의의 추상적이고 이상주의적인 경향을 더욱 강화하는 것이 올바르다는 생각을 갖고 있었다. 따라서 '철학을 수학으로 바꾸려는' 입장을 추구했는데, 이와 달리 경험주의적인 입장을 갖고 있었던 아리스토텔레스는 받아들이기 힘들었다.

여기서 나는 인간적인 감정에다 약간의 상상력을 더하고자 한다. 한 분야에서 최고봉에 오른 사람은 자신만의 아집이 있고 그런 아집을 나이가 들수록 견고하게 갖는다. 아무리 훌륭한 스승이라 할지라도 자신에게 반기를 들고 독창적인 학문 세계를 구축한 제자를 자신의 후계자로 선택하는 일은 쉽지 않았을 것이다. 플라톤 역시 인간인지라 아리스토텔레스를 후계자로 선택하는 일은 어려웠을 것이다.

또다른 이유는 아테네와 마케도니아 사이에 갈등이 고조되고 있었다는 사실이다. 아테네에 불안감을 조성한 주인공은 마케도니아의 필리포스 2세였다. 당시 마케도니아의 위협에 맞서기 위해 끈질기게 해군력 증가를 부르짖었던 데모스테네스의 민회 연설문이 전해져 내려오는데, 여기에서 아테네에 대한 필리포스 2세의 위협을 엿볼 수 있다. 데모스테네스는 기원전 344년 행한 '필리포스 탄핵' 중 두 번째 연설문에서 "모든 군주는, 그리고 모든 독재자는 자유의 적이고 법을 반대하는 자입니다"라고 전제하면서 "아테네 시민들은 전쟁으로부터 한편으로 자유로워지기를 추구하면서도 스스로 그의 노예가 되지 않도록 주의해야 하지 않습니까?"라고 역설한다.

필리포스 2세는 영토 확장 과정에서 아테네 영토인 북부 해안가 도시들을 수시로 약탈하고 렘노스와 임브로스 섬 등의 주민들을 납치하고, 피레우스 항으로 가는 화물선을 공격하기도 하고, 아테네의 곡물 수송로를 위협했다. 한때 그리스의 종주국이었던 아테네의 입장에서는 신흥국가인 마케도니아 세력이 날로 커지는 데 반해 자신들의 힘이 쇠약해지는 시점에서 마케도니아에 대한 반감이 크게 증가할 수밖에 없었을 것이다.

한마디로 아리스토텔레스는 30대 말부터 아테네인들에게 적국인 마케도니아의 시민으로서 아테네에 머물러야 하는 딱한 상황에 처하였다.

이러한 상황에서 마케도니아 출신이란 사실은 때로는 자부심이 되기도 하였지만 때로는 질투와 시기 그리고 공격의 대상이 되기도 하였다. 이런 맥락에서 보면 아테네의 대표적인 학당에 마케도니아 출신의 외국인을 수장으로 앉히는 것에 대해 플라톤을 차치하고서라도 주변 인물들이 꺼렸을지 모른다.

아무튼 아카데미아에서 수학하던 당시의 아리스토텔레스는 '아카데미아의 천재'라고 불릴 정도로 뛰어난 능력을 발휘하였다. 또 어느 누구보다도 열심히 공부하였기 때문에 주변 사람들은 그를 '책벌레'라고 부르기도 하였다. 아리스토텔레스는 학자로서 대성할 조건들을 두루두루 갖춘 셈이다. 그의 저작물들을 대하면서 어쩌면 그렇게 광범위한 분야에 대해 해박한 지식을 갖출 수 있었는지에 대해 감탄할 수밖에 없는데, 이는 20여 년 동안 집중적인 수학 기간이 있었기 때문일 것이다. 참고로 디오게네스에 의하면 아리스토텔레스가 다룬 주제는 115가지이고, 펴낸 책은 무려 550권이나 되었다고 한다. 아카데미아에서 확고한 지적 토대를 구축한 다음에 그는 자신의 길을 갈 수 있었다. 당시의 아리스토텔레스에 대해 이창우 외 2인은 『니코마코스 윤리학』에서 이렇게 평가를 내린다. "아리스토텔레스는 풍부한 지식과 박식함을 갖춘 당대의 대표적인 학자였다. 그는 플라톤과 아카데미아 동료들의 사상뿐 아니라 소크라테스 이전 철학자들의 사상과 고대 그리스의 시문학, 나아가 생물학과 그 시대의 첨단 과학에도 정통했으며, 이를 기반으로 자신만의 학문 체계를 구축할 수 있었다."

학문의 제2시기(기원전 347년~335년)

스승의 죽음과 함께 아리스토텔레스는 아타르네우스의 통치자인 헤

아소스의 아테네 신전 유적
아소스에는 지금도 고대 그리스인들의 영화를 보여주는 유적들이 많이 남아 있다.

르미아스의 초대를 받아들여 소아시아에 위치한 트로이 근처의 아소스로 이주하였다. 그리고 그곳에서 기원전 347년부터 345년까지 3년 간 머물렀다. 여기서 헤르미아스는 아카데미아의 분교격인 학교를 열 수 있도록 모든 배려를 다하였다. 아리스토텔레스는 아소스에서 3년을 지낸 후인 기원전 345년부터 343년까지 2년간 부근에 있는 레스보스 섬의 미틸레네 마을로 이주하여 생물학, 특히 해양생물의 다양한 생태에 관하여 연구하였다. 이때의 연구 결과들이 훗날 자연과학에 대한 그의 저작물을 가능하게 한 토대가 되었다.

아리스토텔레스가 방문하였던 당시의 아소스를 짐작하고 남음이 있는 아고라, 스토아, 원형극장들의 유적들이 지금도 남아 있다. 특히 아직도 예전의 번화한 모습을 짐작하게 해주는 유적은 아소스의 아테네 신전이다. 그곳에서 바라다 보이는 곳이 레스보스 섬인데, 지금 아소스는 터키 영토이고 레스보스는 그리스 영토이다.

아소스에 머무는 동안 그는 소논문 등을 집필하면서 본격적으로 플라톤 철학과의 결별을 시도할 기회를 가졌다. 또한 그곳에서 학문적으로 자신을 이을 후계자, 테오프라스토스를 만났다. 레스보스의 에레소스 출신인 그는 아리스토텔레스의 마케도니아행부터 시작해 아테네행을 함께하고 이후 리케이온의 후계자로서 활동하였다.

아리스토텔레스의 삶에 있어서 헤르미아스와의 만남은 상당히 의미가 있는 사건이었지만 대부분 그를 소개하는 글에서는 몇 줄로 간략하게 설명하고 만다. 나는 아리스토텔레스가 헤르미아스의 초청을 수락하고 이후에 전개되는 일련의 사건들이 아리스토텔레스가 철학자이면서도 현실의 냉혹함을 개인적인 문제로 받아들이는 데 큰 역할을 하였다고 본다. 아테네에 머무는 20여 년 동안도 인간들의 권모술수와 배신 등 숱한 사건들을 보았겠지만 먼발치에서 바라보는 것과 직접 경험하는 것은 차원이 달랐을 것이다.

헤르미아스는 레스보스 섬을 마주보는 곳에 위치한 도시국가 아타르네우스를 지배하는 참주의 노예였지만 훗날 자유를 얻었고, 기원전 351년에 주인으로부터 도시국가의 지배권을 상속받았다. 그는 대단히 영리하고 신뢰를 주었던 탓에 어린 나이에 아테네의 아카데미아에서 몇 년간 수학할 기회를 얻었고, 이때 아리스토텔레스와 친분을 맺었다.

또한 아리스토텔레스의 후견인이자 자형이었던 프록세노스가 아타르네우스 출신이었기에 더 깊은 교분을 나누었을 것이다. 아타르네우스는 아리스토텔레스가 아카데미아로 떠나기 전에 몇 년간 머물렀거나 아니면 방문을 통해 친숙한 곳이었을 것이다.

참주로서 헤르미아스는 영토를 확장하는 데 상당한 능력을 발휘하였는데, 이러한 그를 마케도니아의 필리포스 2세가 눈여겨보았다. 왜냐하면 동맹국으로서 큰 역할을 할 수 있고 페르시아에 대적하는 데도 유용하기 때문이었다.

이때 아리스토텔레스는 마케도니아의 필리포스 2세로부터 소아시아로 가서 헤르미아스와 긴밀한 관계를 유지하는 데 도움을 달라는 요청을 받았다. 그리고 이런 요청을 받았을 무렵 플라톤이 죽었다. 아리스토텔레스는 동료 철학자인 크세노크라테스와 함께 헤르미아스의 후원하에 소아시아를 방문하였으며, 이 방문길에 아리스토텔레스는 아소스에 아카데미아의 분교를 설치하기로 결정하였다.

흥미로운 것은 아리스토텔레스가 헤르미아스에게 직간접으로 영향력을 미쳤다는 점이다. 아리스토텔레스의 영향력은 헤르미아스가 엄격한 참주에서 관대한 군주로 변신하는 데 큰 역할을 하였다. 그 결과 헤르미아스는 주변 도시국가들의 환영을 받았으며, 헤르미아스의 지배권에 드는 영토는 소아시아 해안지방을 중심으로 확대되었다. 그런 과정에서 헤르미아스는 페르시아의 침공을 두려워하면서 적극적으로 마케도니아와 협력 관계를 강화하려고 시도하였다.

이런 와중에 전혀 예기치 않은 비극적인 사건이 일어났다. 페르시아는 헤르미아스가 믿을 수 있는 그리스 출신의 용병 장군으로 하여금 회담을 핑계로 헤르미아스를 초대하게 한 다음 그를 체포하여 페르시아로 압송하였다.

헤르미아스는 그곳에서 마케도니아의 침공 계획을 털어놓으라는 고문을 당하다 죽게 된다. 그때 헤르미아스가 남긴 마지막 말이 그가 어떤 인물이었는지, 그가 아리스토텔레스와 어떤 관계를 맺고 있었는지, 그리고 그가 아리스텔레스의 철학을 어떻게 받아들였는지를 말해 준다. 헤르미아스는 마케도니아의 침공 계획을 자세히 알고 있었겠지만 신의를 지키기 위해 목숨을 잃는 쪽을 택하였다. 그리고 죽기 전에 이렇게 말한다. "내 친구들에게 말해 주시오. 나는 철학에 부끄럽고 무가치한 어떤 행위도 하지 않았다고."

헤르미아스의 죽음을 아까워한 아리스토텔레스는 그를 추모하여 델포이에 조각상을 세웠는데, 이때 그는 지금도 전해져 내려오는 추모시를 헌정하였다. 아리스토텔레스는 추모시에서 덕을 위해 일하고 고난을 겪는 영웅으로서 헤르미아스를 '헤라클레스'로 부르기도 했다.

한 명의 군왕이자 절친한 인물이었던 헤르미아스의 죽음을 전후하여 아리스토텔레스는 헤르미아스의 조카딸이자 양녀인 피티아스와 결혼하여 딸을 낳았지만, 훗날 아테네로 돌아갔을 때 그곳에서 피티아스가 사망하였다. 아리스토텔레스가 결혼한 나이는 『정치학』에서 이상적인 나이로 언급한 37세 무렵인 기원전 341년으로 추정되고, 같은 해에 첫 딸을 낳은 것으로 추정된다.

아마도 피티아스는 헤르미아스의 갑작스런 체포와 죽음 이후에 도피하다시피 몸을 피하지 않았을까 싶다. 그런 만큼 위기에 처한 피티아스에게 아리스토텔레스가 도움의 손길을 내밀었을 것이다. 이 점도 어려운 상황에 놓인 지인들 따뜻하게 보살폈던 아리스토텔레스의 인간 됨됨이를 엿볼 수 있는 부분이다.

그후 아리스토텔레스는 고향인 스타게이로스에 잠시 머물렀으며, 기원전 342년에는 마케도니아의 왕 필리포스의 아들 알렉산드로스의 개인교사 자격으로 마케도니아의 미에자 지역에 머물기도 하였다. 그곳에 머무는 동안 아리스토텔레스는 마케도니아 왕립 아카데미의 수장으로 일하였는데, 이때 그는 알렉산드로스 대왕뿐만 아니라 또다른 두 명의 잠재 통치자인 프톨레미와 카산드로스를 가르쳤다.

〈젊은 알렉산드로스를 가르치는 아리스토텔레스〉 아리스토텔레스는 마케도니아 필리포스 2세의 초빙으로 소년인 알렉산드로스의 스승이 되었다. 사진은 15세기 초 프랑스 서적의 삽화. 런던, 영국 도서관.

아리스토텔레스가 이상적인 정치 체제로 삼았던 군주제는 뛰어난 왕의 존재를 중시했기 때문에 미래의 왕을 교육하는 일은 매우 중요한 과제였다. 자신의 믿음대로 그는 충실히 제왕학을 가르쳤을 것으로 보인다. 또한 그는 페르시아와 같은 참주제에 대해 깊은 반감을 갖고 있었기 때문에 알렉산드로스 대왕이 그리스인의 수장이 되어 페르시아를 정복하는 것에 대해 강한 지지를 보냈다.

아리스토텔레스와 알렉산드로스 대왕의 공식적인 사제관계는 아시아 원정 준비에 들어가던 335년에 끝나지만 대왕이 죽을 때까지 이따금 서신을 주고받았다. 그가 자신의 정치 이론들을 알렉산드로스를 통해 실현하고자 했었다는 추측도 있지만, 실제로 그가 알렉산드로스에게 무엇을 가르쳤는지에 대해서는 알려진 것이 거의 없다. 다만 전해 내려오는 이야기로는 아리스토텔레스가 알렉산드로스 대왕에게 준 『일리아스』가 대왕이 늘 간직하는 책 가운데 한 권이었다고 한다.

학문의 제3시기(기원전 335년~322년)

아리스토텔레스는 50세 무렵인 기원전 335년에 아테네로 돌아가 플라톤의 아카데미아와 비슷한 교육기관인 리케이온을 설립하였다. 이곳에서 12년 동안 강의와 연구를 계속했으며, 제자들과 함께 자신의 학문을 체계화하였다. 그가 세운 학당은 아폴론 신전의 경내인 '리케이온'에 있었기 때문에 '리케이온'이라 이름 붙였다. 첫 수업은 리케이온 체육관 복도에서 시작되었고, 후에는 아테네 동쪽 디오카레스 성문 앞의 기부된 부지로 이사하였다.

이곳은 무사(Mousa) 신을 위한 성소와 제단 그리고 강의를 위한 여러 개의 홀이 있었고, 다양한 장서를 갖춘 도서실과 광범위한 자료를 모아둔 자료실이 있었다. 특이한 것은 이곳에 다양한 해부도를 구비하고 있었다는 점이다.

오전 강의는 주로 전문가들을 위한 강연이었고 오후 강연은 일반인을 위한 교양강좌였으며, 아리스토텔레스가 주요 강사들 가운데 한 명이었다. 그 외에 제자들 가운데 테오프라스토스와 에우데모스도 강의를 하였다. 오전 강연이 늘 강의장에서 이루어지는 것은 아니었다. 아리스토텔레스와 제자들은 회랑(페리파토스, peripatos)을 거닐면서 대화를 나누거나 숲속에 앉아서 다양한 주제들에 대해 토론하였다. 이에 따라 흔히 아리스토텔레스와 그 제자들을 '페리파토스(소요) 학파'라고 부른다.

그가 남긴 저술들 가운데는 강의안에 바탕을 둔 것들이 많다. 나의 집필 경험을 미루어보면 강의와 집필은 서로 상당한 자극을 준다. 이런 점

〈아리스토텔레스의 학당〉 아테네에 리케이온을 설립한 아리스토텔레스는 그곳에서 12년 동안 강의와 연구를 하였다. 구스타프 아돌프의 프레스코화, 연작화 〈4대 학부〉 중 하나.

에서 아리스토텔레스는 강연을 위한 책을 만들고, 또한 강연을 통한 아이디어를 다시 책의 소재로 삼았을 것이다. 물론 주 업무는 연구이고 강의는 이를 보조하는 방법이었을 것이다.

그는 리케이온을 이끄는 사람이었기 때문에 자신이 의도하는 방향으로 연구를 진행할 수 있는 권리를 갖고 있었다.

그는 연구 수행에 있어 우선적으로 자연과 역사 그리고 법률 등 관심 있는 주제에 대한 포괄적인 자료를 수집하고 분석함으로써 경험주의적 관찰과 과학적 태도를 중시했다. 그리고 단순히 관찰과 분석에 머물지 않고 이를 체계화하고 이들 사이의 연결고리를 찾고 일반화하여 이론으로 발전시키는 노력을 게을리하지 않았다.

그는 제자들에게 연구 주제를 세분화해서 다양한 연구를 해나가도록 하였을 뿐만 아니라 무엇보다 그 자신이 열정적인 연구자였다. 그가 직접 수행했거나 제자들에게 위임한 연구 목록에는 문학사와 문화사에 대한 자료 수집 및 연구, 피티아 경기의 방문객 목록과 올림포스 경기의 승리자 목록, 158개 도시국가의 헌법 수집과 분석, 그리스 비극의 편집과 분류, 자연 탐구에 필요한 다양한 표본 수집 등이 포함된다.

장 마리 장브 교수는 나일 강의 홍수, 개기월식, 요리법, 바다의 밀물과 썰물 등 "그의 관심을 끌지 않은 것이 무엇이 있었을까?"라고 되물을 정도였다. 그는 왕성한 호기심으로 세상의 삼라만상을 끊임없이 관찰하였을 뿐만 아니라 가능한 한 대상들을 해부하고 그림으로 묘사하였다. 그가 동물을 관찰하여 묘사한 것만 하더라도 500여 종이 넘었다.

일설에 의하면 알렉산드로스 대왕은 아리스토텔레스의 왕성한 자연 관찰과 수집 활동을 위해 일정한 돈을 지원하였다고 한다. 뿐만 아니라 마케도니아 제국 내의 모든 어부와 군인들이 새롭거나 흥미로운 것을 발견하면 아리스토텔레스에게 보고하도록 명령하였다. 아무튼 아리스토텔레스는 흥미를 끄는 모든 대상에 대한 관찰과 경험을 통해서 가설을 세우고 이를 토론과 연역을 통해 체계화하기 위해 노력하였다.

그가 주도한 토론회 가운데는 '심포지온(Symposion)'이 있는데, 그와 함께하던 연구자들은 정기 모임을 통해 왕성한 토론을 벌였다. 그때 사용된 술잔들에 대한 기록이 지금도 전해져 온다.

리케이온에 머무는 12년 동안 그는 가장 왕성하게 집필 활동을 펼쳤으며, 그 당시 저서들 가운데 일부가 오늘날까지 살아남는 데 성공하였다.

한편 아리스토텔레스는 이곳에서 첫째 부인인 피티아스가 사망하자 얼마 뒤 몸종인 헤르필리스와 함께 사는데 이들 사이에 난 아이가 바로 니코마코스이다. 합법적인 결혼은 아니었지만 이들의 결혼생활은 행복하였고 죽을 때까지 지속되었다.

기원전 323년, 알렉산드로스 대왕이 죽은 후 아테네에 또다시 마케도니아에 대한 반감이 일기 시작하였다. 그러자 아리스토텔레스는 소크라테스를 죽였던 것처럼 "아테네인들이 철학에 대해 두 번째 죄를 짓지 않도록 하기 위해" 마케도니아의 영향하에 있던 어머니의 고향 에우보이아의 칼키스로 피신한 뒤 1년 만에 그곳에서 위대한 생을 마감하였다. 전하는 이야기에 의하면 그의 사인(死因)은 일을 너무 많이 하여 생긴 만성소화불량이었다.

현존하는 작품들은 주로 제2시기와 제3시기에 집필된 것으로 분류되는데, 그는 모든 분야에 대해 글을 남겼다. 14세기 시인 단테가 아리스토텔레스를 '지식인들의 스승'이라 부를 정도로 여러 분야에서 그의 영향력은 대단하다. 이를테면, 그의 작품에서 다루는 분야는 자연철학·심리학·형이상학·논리학·인식론·정치학·윤리학·천문학·기상학·동물학·생물학 등 아주 다양하다. 현존하는 그의 작품 수는 모두 48편인데 이 가운데서 위작이거나 위작으로 의심받는 16편을 제외한 32편 가운데 주요 작품을 주제별로 분류하면 다음과 같다.

- 논리학에 관련된 글: 『범주론』『해석론』『분석론』『토피카』『궤변론』
- 형이상학에 관련된 글: 『자연학』『형이상학』
- 자연과학에 관련된 글: 『천계론』『생성과 소멸』『기상학』『동물사』『동물의 신체 부분』『동물 발생론』『동물의 운동』『영혼에 관하여』
- 윤리 및 정치에 관련된 글: 『니코마코스 윤리학』『정치학』『에우데미아 윤리학』
- 언어학에 관련된 글: 『수사학』『시학』

테오프라스토스 아리스토텔레스의 학문적 후계자로 그는 리케이온에서 강의를 하기도 했다.

그의 작품들 가운데 많은 수가 분실되었지만 다행히 그중에서 『윤리학』『정치학』『수사학』『시학』 등과 같은 저작물들이 오늘날까지 전해진 것은 실로 인류에게 큰 행운이 아닐 수 없다.

그의 유작들은 사후에 유언을 통해 리케이온을 이어받은 테오프라스토스에게 넘겨져 아테네에 보관되다가 테오프라스토스의 사후에는 그의 유언으로 아소스 학파 출신의 넬레우스에게 넘겨졌다. 넬레우스는 아리스토텔레스의 제자이자 테오프라스토스의 친구로 소아시아의 트로이에서 가까운 스켑시스에 살고 있었다. 그래서 아리스토텔레스의 유작들은 아테네로부터 소아시아의 스켑시스로 옮겨졌다.

이 당시 페르가몬 왕국이 도서관을 지어서 필사본들을 대대적으로 수집하면서 아리스토텔레스의 유작에 위기가 불어닥쳤다. 소아시아의 도서관 건물은 페르가몬 왕국 이탈로스 왕조의 제1대 왕인 아타루스 1세에 의해 건립되었지만, 대규모 확장과 장서 수집은 제2대 왕인 에우메네스 2세(재위 기원전 197~159년)가 추진하였다. 전성기에는 20만 권의 장서를 자랑하였다고 하니 놀라운 일이다. 페르가몬 도서관의 서고와 열람실 곳곳에 플라톤이나 아리스토텔레스 등과 같은 현자들의 조각상들이 전시되어 있었던 것으로 미루어 아리스토텔레스의 유고들은 수집 대상 가운데에서도 으뜸에 속하였던 것으로 보인다.

이에 위협을 느낀 넬레우스의 후손들은 지하실에 서적 보관고를 만들어서 깊숙이 은닉해 두었다.

이렇게 은닉된 자료가 다시 세상에 빛을 볼 수 있었던 것은 기원전 100년경에 테오스 출신의 장서 애장가인 아펠리콘에 의해서였다. 그는 아리스토텔레스의 장서를 전부 구입한 다음에 다시 아테네로 가져왔지만 14년 만에 아테네를 점령한 로마 장군 술라의 전리품이 되어 로마로 운반되었다.

손상된 서적들도 많았지만 이들의 가치를 알아차려 최초의 주석본을 만들고 체계화를 시도한 사람이 로도스 출신의 안드로니코스이다. 그는 기원전 70년 무렵부터 기원전 50년 무렵까지 리케이온의 제11번째 원장을 맡았던 사람이다. 그는 비슷한 주제별로 유고를 재정리하여 출판하였는데, 이것이 오늘날 우리가 알고 있는 '아리스토텔레스 전집'의 토대가 되었다. 즉 오늘날과 같은 외관의 형식을 만들어낸 사람은 아리스토텔레스가 아니라 편집자인 안드로니코스이다.

아리스토텔레스의 저작물 중 일부는 서구에서 분실된 것들도 있었다. 그런데 놀랍게도 십자군 원정에 참가하였던 유럽인들이 이슬람 지배하에 있던 이라크의 바그다드, 이집트의 카이로 그리고 스페인의 톨레도

〈토마스 아퀴나스〉 아리스토텔레스의 다양한 서적들에 대한 주석서를 집필하였다. 사진은 유스투스 반 겐트가 그린 〈토마스 아퀴나스〉, 연작화 〈위인들의 초상〉 중 하나. 파리, 루브르 박물관.

등에서 아랍어판으로 번역된 아리스토텔레스 저작물을 발견하였다. 이후 이들은 중세의 언어인 라틴어로 번역되었고 필사본이 빠른 속도로 보급되었다. 덕분에 지금 우리가 아리스토텔레스의 작품을 접할 수 있는 것이다.

그후 아리스토텔레스의 다양한 서적들에 대한 주석서를 집필한 토마스 아퀴나스에 의해 그의 사상은 서양 사상사에서 확고한 위치를 차지하였다. 그런데 아리스토텔레스의 작품을 최초로 해석한 사람은 토마스 아퀴나스의 스승인 알베르투스 마그누스이다. 콜로냐의 스투디움에서 학생을 가르쳤던 13세기의 위대한 스콜라 학자 가운데 한 명이었다. 그는 가톨릭교회에서 '교회의 박사'라는 영광된 호칭을 받았으며 과학과 종교의 평화로운 공존과 폭넓은 지식으로 명성을 얻었던 주교이자 신학자였다.

아리스토텔레스가 인류에게 남긴 긍정의 유산을 이루다 말할 수는 없다. 그는 소크라테스, 플라톤으로 이어지는 그리스 철학의 원류를 이어간 걸출한 인물이었을 뿐만 아니라 스승들의 이론을 비판적으로 수용하여 서양철학의 기초를 수립한 인물이었다.

또한 소크라테스 이전의 철학자들이 주로 잠언들을 남겼고 소크라테스와 플라톤은 대화록 형식의 글을 남겼는데, 특정 주제에 대해 체계적으로 서술체로 쓴 저작물은 아리스토텔레스의 작품이 최초라 할 수 있다. 이처럼 그는 학문을 주제별로 나누고 각각에 대해 서술체로 자신의 주장과 의견을 담는 학문의 방법론을 체계화한 인물이다. 학문 분류체계의 기본을 정립한 것도 그의 공헌 가운데 하나라 할 수 있다.

무엇보다 특정 주제에 대해 자신의 의견을 피력함에 있어서 기존의 주장이나 의견을 충분히 검토한 후에 이를 바탕으로 자신의 의견을 제시한다는 점에서, 이후의 학문 방법론에 있어서도 하나의 준거 틀을 제시한 사람이다.

아리스토텔레스는 철학뿐만 아니라 생물학에도 깊은 조예를 가지고 있었다. 사유에 바탕을 둔 학문만이 아니라 관찰이라는 경험에 바탕을 둔 학문 방법을 전개함으로써 플라톤의 이상주의적인 접근에 반하여 경험주의적이고 현실주의적 학문 방법론을 제시한 인물이다.

아리스토텔레스 전문가인 계명대학교 유원기 교수는 "아리스토텔레스의 이론이 근대 과학의 발전을 저해하였다는 주장을 인정하더라도 최소한 그의 이론이 인간의 목적과 가치에 대한 이해를 확장하는 계기가 되었다는 점을 인정해야 한다"라고 말한다.

『니코마코스 윤리학』을 번역한 가톨릭대학교 이창우 교수 등은 아리스토텔레스가 근대인에게 남긴 위대한 지적 유산으로 '경험주의적 색체, 상식에의 호소, 논리적 분석 정신' 세 가지를 들었다. 이들 유산이 오늘날까지 면면히 이어져 오고 있음은 틀림없는 사실이다.

행복에 관한 최고(最古)의 고전 『니코마코스 윤리학』

15세기 피렌체를 대표한 예술가 라파엘로가 그린 작품 중에 〈아테네 학당〉이 있다. 우리들에게도 익숙한 이 작품은 바티칸 궁전 내 '서명의 방'에 그려진 프레스코 벽화로 르네상스 최고의 작품 중 하나로 손꼽힌다.

넓은 공간에 고대 그리스와 로마의 철학자, 천문학자, 수학자들 54명이 다양한 모습으로 포진하고 있는데, 그 중앙에는 걸출한 두 명의 철학자 플라톤과 아리스토텔레스가 걸어나온다. 플라톤의 왼손에는 저서 『티마이오스』가 있고 아리스토텔레스의 왼손에는 『니코마코스 윤리학』이 들려 있다. 이처럼 라파엘로는 아리스토텔레스의 대표작으로 이 책을 드는 데 주저하지 않았다. 이 책이 갖는 가치가 얼마나 대단한지를 보여주는 것이라 할 수 있다. 과연 2,500년이 흘러도 회자되는 『니코마코스 윤리학』은 어떤 책인가?

왜 사는가? 왜 열심히 사는가?

누구나 잘살고 싶기 때문에, 행복해지고 싶기 때문에 열심히 살아야 한다고 대답할 것이다. 그렇다면 우리는 "도대체 행복이란 무엇인가? 어떻게 행복해질 수 있는가?"라는 질문과 자연스럽게 만나게 된다.

'행복'이란 단어를 자주 들어왔지만 막상 행복에 대해 차근차근 따져 들어가다 보면 의외로 우리가 행복에 대해 깊게 이해하고 있지 않음을 알 수 있다. 이해가 깊지 않기 때문에 어떻게 행복할 수 있는지에 대한 해법도 가지고 있지 않다.

세상의 분위기와 주변 사람들의 의견에 이리저리 휘둘리면서 살아가다 보면 행복과 성공은 점점 더 멀어져만 간다. 이런 질문과 의문 그리고 고민에 대한 답을 구하는 과정에서 만난 것이 바로 아리스토텔레스의

라파엘로의 〈아테네 학당〉 그림 중
앙에는 플라톤(좌)과 아리스토텔
레스(우)가 있다. 그의 왼손에는
『니코마코스 윤리학』이 들려 있다.
로마, 바티칸궁.

『니코마코스 윤리학』이다. 이 책은 나에게 반석 위에 세운 단단한 삶이
어떤 것인지, 그리고 진정으로 행복한 삶은 어떤 것인지에 대해 답을 정
리하는 데 큰 도움을 주었다.

『니코마코스 윤리학』은 바로 이런 원론적인 질문에 대한 답과 더불어
실천 방법을 찾을 수 있도록 돕는 책이며, 자신은 물론 타인과 삶에 대해
더욱 깊게 이해할 수 있도록 돕는 책이기도 하다. 이 책을 차근차근 읽어
가면서 나는 '인간의 삶이란 2,500여 년 전이나 지금이나 크게 다를 바
가 없구나'라는 생각을 하였는데, 이는 인간 본성(physis)이 역사적으로
크게 변화한 것이 없기 때문일 것이다.

지금도 고대 그리스인들의 저작물이 고전으로 사랑을 받는 것은 인간 본성에 대한 깊은 이해와 통찰을 제공해 주고, 아울러 현대인에게도 의미 있는 교훈과 메시지를 제공하기 때문일 것이다.

한편 이창우 외 2인은 『니코마코스 윤리학』을 "고전 그리스 문명이 지닌 도덕적 세계관의 정점을 보여주는 작품이다"라고 평한다. 이 책은 아리스토텔레스의 두뇌와 손을 빌려 완성된 책이긴 하지만 그의 시대뿐만 아니라 이전 시대 사람들의 통념과 의견을 두루 다룬다.

원저는 모두 10권으로 구성되어 있지만 주요 내용을 중심으로 다시 정리해 보면 다음과 같은 5개의 주제로 재구성할 수 있다.

- 행복: 1권 1~12장, 10권 6~10장
- 탁월성: 1권 13~4권, 6권~7권 10장
- 정의: 5권
- 친애: 8권~9권
- 즐거움: 7권 11~14장, 10권 1~5장

『니코마코스 윤리학』에 대해서는 여러 가지 견해가 전해져 내려온다. 그중 하나는 아리스토텔레스가 강의 교재로 만든 것을 아들 니코마코스가 편집하였다는 설인데, 그는 아버지의 원고를 편집하는 일을 돕다가 이른 나이에 죽은 것으로 추정된다.

그러나 책의 제목에 대해 더 정확한 설명은 '아들 니코마코스에게 주는 아리스토텔레스의 윤리학'이 타당할 것 같다. 아버지가 늦게 얻은 외아들에게 사람이 사람답게 사는 도리를 전해주는 형식으로 만들어진 책이라고 보는 것이 더 정확하다.

『니코마코스 윤리학』, 인류의 가장 오래된 질문에 답하다

아리스토텔레스가 이 책을 통해서 전달하려는 핵심 메시지는 무엇일까? 그것은 두 가지 질문으로 요약할 수 있다. 하나는 "행복이란 무엇인가?"이고, 다른 하나는 "행복해지기 위해서 무엇을 어떻게 해야 하는가?"이다. 아리스토텔레스는 이 두 가지 질문을 집중적으로 다루지만 독자들은 좀더 확장하여 "성공하기 위해서 어떻게 살아가야 하는가?"에 대한 답까지도 얻을 수 있다.

책의 핵심 내용을 살펴보면 다음과 같이 정리할 수 있다.

아리스토텔레스는 인간만이 다른 동식물과 달리 이성을 갖고 태어난 존재라고 생각하였다. 인간으로 태어난 것만으로 인간은 행복할 수 없기에 이성 능력은 행복을 위한 필요조건이다. 만일 이성이 행복의 충분조건이라면 모든 인간은 태어난 사실만으로 행복해야 한다. 하지만 알다시피 인간이 모두 행복하지는 않다. 오히려 스스로 불행하다고 생각하는 사람들이 많다. 그렇다면 그 이유는 무엇일까?

여기서 아리스토텔레스의 행복 탐구가 시작된다. "왜 어떤 사람은 행복하고, 어떤 사람은 불행한가?" 여기서 행복에 대한 아리스토텔레스의 핵심 메시지가 등장한다. 즉 "행복은 탁월성〔德〕에 따르는 이성의 활동이다(happiness, is some kind of activity of the soul in conformity with virtue)" 혹은 "행복은 탁월성에 따라 행동하는 것이다"라는 결론이 등장한다.

이에 대해 유원기 교수는 행복을 두 가지 문장, 즉 "인간에게 본래 주어진 목적은 행복이며, 인간은 그 목적을 달성하기 위해 자신의 능력을 최대한 발휘한다. 〔행복은〕 인간의 독특한 이성적 원리를 완전하게 수행함으로써 획득된다"로 요약한다.

요컨대 행복은 이성의 활동을 뜻한다. 그런데 아무렇게 이성을 사용하는 것이 아니라 탁월성에 따라 이성을 사용해야 한다. 다시 말하면 인간은 탁월성에 따라 이성을 사용할 수 있을 때만 행복에 이를 수 있다.

그런데 이런 활동은 자연스럽게 최고의 성과를 낳기 때문에 행복은 곧바로 성공으로 연결될 수 있다. 행복과 성공이 별개의 것이 아니라 동전의 양면과 같은 것임을 알 수 있다. 결국 아리스토텔레스의 행복학(幸福學)은 또다른 모습의 성공학(成功學)인 것이다.

여기서 행복에 대해 좀더 깊은 이해를 위해 덧붙여야 할 것은 행복이란 수단이 아니며 그 자체가 목적이라는 사실이다. 우리가 돈을 벌고, 권력을 얻고, 더 높은 자리에 올라가는 일을 소망하지만 그 자체가 목적일 수는 없다. 이들은 모두 궁극적으로 행복하기 위한 수단으로써 우리가 추구하는 것들이다. 따라서 행복에 견줄 만한 최종적인 목표는 행복 이외에 다른 것은 없다.

그 다음에는 "탁월성이란 무엇인가?"라는 주제로 옮겨간다. 이렇게 행복에 대한 정의에서 시작된 그의 논의는 지적 탁월성과 성격적 탁월성, 친애, 즐거움 등과 같은 주제를 거쳐서 마지막에는 다시 행복에 대한 종합적인 정의를 통해 글을 마친다.

정말 대단한 일은 시공간을 초월한 그의 해법이 이렇게 복잡하고 변화가 빠른 오늘날에도 행복한 인생을 살아가는 데 큰 도움을 준다는 점이다. 그런 만큼 여러분은 이 책을 읽음으로써 자신의 삶을 되돌아볼 수 있을 것이고, 자신이 고민하고 있는 과제들, 이를테면 올바른 삶은 무엇이고, 행복한 삶은 어떤 삶이며, 어떻게 해야 행복할 수 있는가에 대해서 아리스토텔레스로부터 내공 깊은 조언을 들을 수 있을 것이다.

기원전 4세기, 알렉산드로스 대왕 정복전쟁 이전

위대한 철학자 아리스토텔레스의 행적

1 스타게이로스 : 출생 및 성장(17년)

2 아테네 : 아카데미아에서 수학(20년)

3 아소스 : 플라톤 사후 체류(2년)

4 미틸레네 : 레스보스 섬의 마을에서 연구(2~3년)

5 펠라 : 마케도니아의 수도에서 교육(2년)

6 아테네 : 리케이온의 설립과 활동(12년)

7 칼키스 : 임종(1년)

1장

"행복이란 무엇인가"

"완전한 탁월성에 따라 활동하고 외적으로도 좋은 조
건을 충분히 갖춘 사람은 일정 기간 동안만이 아니라
전 생애에 걸쳐 행복할 수 있다."

인류의 가장 오래된 질문

"지금 행복하세요? 해야 할 일이 이렇게도 많은데 정말 행복하세요?"

지난 겨울 스케줄이 빡빡한 어느 날, 오후 강연을 마치고 집에 돌아와 약속되어 있던 인터뷰를 진행하였다. 강연의 긴장과 피로가 다 풀리기도 전에 다시 옷을 갈아입고 한껏 몰입하여 앉아 있는 내 모습이 기자에게는 남달라 보였던 모양이다. 호기심 어린 기자의 질문에 이렇게 답해 주었다.

"그래도, 지나온 날들보다 더 행복합니다. 매일 조금씩 더 행복하다고 느끼며 살고 있습니다."

행복에 대한 정의는 사람마다 모두 다르다. 가치관에 따라, 살아온 환경에 따라 저마다의 행복을 꿈꾸게 마련이다. 누군가에게는 그저 분주해 보이기만 하는 삶이 또다른 누군가에게는 행복한 삶일 수 있고, 누군가에게는 너무 소박한 삶이 다른 이에게는 행복 그 자체일 수도 있다. 하지만 분명한 것은 이 모든 과정이 각자의 '행복'에 도달하기 위한 과정이라는 점이다.

"왜 열심히 사는가?"

대부분의 사람들은 이 질문에 "행복하기 위해서"라고 답할 것이다. 이처럼 사람들은 어떤 행위와 선택을 할 때면 어떤 좋은 것, 즉 선(善)을 목표로 한다. 『니코마코스 윤리학』은 바로 "사람들의 행위와 선택은 무엇을 추구하는가?"라는 질문에 대한 답을 찾는 일로부터 시작된다.

사업가는 더 나은 성과를 만들어내기 위해 행동하며, 학생은 더 나은 성적을 얻기 위해 행동하며, 작가는 더 나은 작품을 만들기 위해 힘껏 노력한다. 사업가의 목적이나 학생의 목적 그리고 작가의 목적은 저마다 다르지만 각자 추구하는 것은 좋은 것, 즉 선이요 행복이다. 우리가 무슨 일을 하든지 행위와 선택의 궁극적 목적은 '좋은 것'이란 한 단어에 모아질 것이다.

그런데 행복이라고 해서 모두가 똑같은 것이 아니다. 행복도 세 가지로 나눌 수 있는데, 첫 번째 행복은 육체적 쾌락처럼 순간적으로 스쳐지나가는 기쁜 감정이고, 두 번째 행복은 '무엇 때문에 행복하다'처럼 만족한 상태를 말한다. 앞의 것이 감각적인 즐거움이라면 뒤의 것은 욕구의 충족 같은 충만감을 뜻한다. 이들 두 가지가 모두 행복의 한 단면을 이야기하는 데 반해서 세 번째 행복은 전체적이고 종합적인 성격을 지닌다.

바로 아리스토텔레스가 다루는 행복이 세 번째이다. 그는 어떤 조건들이 조화를 이룸으로써 선이 되는 상태에 대해 이야기하며 가장 높은 수준의 행복을 말한다.

윤리학(에티카, ēthika)은 그 어원 '에토스(ēthos)'가 뜻하듯이 성격 혹은 품성에 관한 학문으로서 "무엇이 선인가?"라는 물음에 답을 찾으려 한다. 아리스토텔레스 또한 예외가 아니었다. 플라톤을 대표로 하는 이상주의자들은, 선은 그 자체로 추구할 만한 것으로 실현 가능성을 크게 염두에 두지 않았지만 아리스토텔레스는 달랐다. 그는 실현 불가능한 선은 참된 선이라 생각하지 않으며, 인간에게 도움이 되지 않는 선도 인정하지 않았다. 이런 점에서 그는 대단한 실용주의자이다.

참고로 플라톤에게 선(좋음, 좋은 것)은 그 자체로 완전한 절대적인 것을 뜻하기 때문에 더 낫거나 더 못한 선과 같이 선에 있어서 어떤 변화의 가능성도 인정하지 않는다. 반면에 아리스토텔레스에게 선은 변화의 대상이자 선택의 대상이다. 선에도 지나침이 있고 모자람이 있으며 더 나음이 있고 더 못함이 있다. 바로 윤리학은 못함으로부터 더 나은 선을 향한 선택의 문제를 다룬다.

또한 아리스토텔레스는 플라톤과 달리 실천 가능한 것에 관심을 가졌다. 즉 인간적 행위로 성취할 수 있거나 소유할 수 있는 것을 탐구했다. 이 점에서 그는 우리들에게 실용적인 지혜를 듬뿍 안겨다줄 수 있다.

플라톤은 물론이고 그가 아카데미아의 후임 원장으로 임명한 조카 스페우시포스 역시 플라톤의 이데아론("세상의 모든 사물에는 초월적이고 완전한 원형(原形)이 존재하며, 사물들은 원형, 즉 이데아의 불완전한 복사체에 지나지 않는다")을 그대로 받아들였기 때문에 아리스토텔레스는 벗들을 비판하고 그들과 노선을 달리하는 것이 결코 달갑지 않은 일임을 고백한다. 진리와 친구가 모두 중요함에도 불구하고 '벗들보다 진리를 더욱 귀하게 여기는 것이 신성한 의무'이기 때문에 아리스토텔레스는 플라톤과 다른 길을 갈 것임을 『니코마코스 윤리학』의 시작 부분에서 선언한다.

"인간은 스스로 행복해지기로 결심한 만큼 행복해질 수 있다." 미국의

16대 대통령 에이브러햄 링컨이 남긴 유명한 말이다. 행복해지고 싶다면, 행복해지는 쪽으로 마음의 방향을 돌려야 한다. 결심하고 행동해야 한다. 매순간 그렇게 살아가야 한다. 하지만 우리는 이 점을 잊고 스스로 불행하다고 자책하거나 한탄하며 세월을 보내는 경우가 많다.

아리스토텔레스는 행복이란 추상적 개념으로 머무는 것이 아니라 스스로의 선택과 실천 속에서 이룰 수 있는 것임을 『니코마코스 윤리학』을 통해 강조한다. 철학적 주제를 다룬 '윤리학'이지만 실천철학자 아리스토텔레스의 직설적인 이야기는 오늘날 행복을 추구하며 살아가는 우리들에게 깊게 파고든다. 행복을 찾아 떠나는 여정의 첫 걸음을 시작해보자.

우리의 모든 행위와 선택은
행복으로 향한다

"명예, 즐거움, 지성(nous) 그리고 모든 탁월성들을 선택할 때, 우리는 이들이 특별한 이득을 가져다주지 않아도 그 자체를 원하기 때문에 선택하기도 하지만, 이들로 인하여 행복해질 수 있을 것으로 생각하기 때문에 선택하기도 한다.

한편 어느 누구도 명예나 즐거움을 위해 혹은 다른 어떤 것을 얻기 위한 수단으로 행복을 선택하지 않는다. (……) 행복은 완전하고 자족적인 것이며, 모든 행위들을 통해 성취할 수 있는 것들의 목적이다." 1권 7장 1097a37-1097b6, 1097b19-20

유학, 취업, 결혼을 하고 아버지가 되었을 때, 나는 솟구쳐 오르는 환희를 경험하였다. 그 짧고 강력한 순간들이야말로 진짜 행복이라 생각했다. 오랫동안 성취를 향해 달려온 힘들었던 시간들이 주마등처럼 스쳐 지나가는 순간들⋯⋯. 한마디로 과정보다는 목표를 향해 질주하는 것, 그리고 그 목표를 손에 넣었을 때가 행복의 핵심이라 생각했다.

그러나 세월은 더 깊고 짙은 행복이 있음을 가르쳐주었다. 의미를 갖는 일에 내가 가진 재능을 한껏 발휘해서 순간순간 혼신의 힘을 다해 노력하고 있는 때야말로 진정한 행복이란 사실을 깨닫게 되었다. '행복을 느끼는 것(feeling)'에서 '행복한 것(being)'으로 무게 중심이 이동하고 있었다.

과연 행복이란 무엇인가? 이제 본격적으로 행복에 대해 이야기해 보자. 100인 100답, 사람의 얼굴이 다르듯 행복에 대한 정의 역시 저마다 다를 것이다. 예를 들어 세계적 문호 도스토예프스키는 "행복은 행복에 있는 것이 아니라 그 성취에 있다"라고 하였고, 토머스 제퍼슨은 "행복은 부(富)도 화려함도 아닌 평온과 일이다"라고 하였으며, 존 러스킨은 "행복은 사소한 것에 있다"라고 말하였다.

아리스토텔레스는 행복에 대해 어떻게 말하였을까? 우리 모두가 어떤 행위나 선택을 할 때 어떤 선을 목적으로 한다면 그 모든 선 가운데 으뜸가는 선(善), 즉 '최고의 선(혹은 최상의 좋음)'이 있을 것이다. 배운 사람이나 배우지 못한 사람이나, 재산이 많은 사람이나 그렇지 못한 사람이나, 나이가 든 사람이나 젊은 사람이나 모두가 일치하는 최고의 선이 바로 '행복(에우다이모니아, eudaimonia)'이다.

이를 두고 아리스토텔레스는 "행복은 행위를 통해 성취할 수 있는 모든 선 중 최상의 것"이라 말한다. 따라서 아리스토텔레스에게 행복은 사변적이고 추상적인 것이 아니라 인간적 행위로써, 즉 실천함으로써 얼마든지 성취할 수 있는 최고의 선이다.

그런데 여기서 주의해야 할 것은 아리스토텔레스는 행복이란 감각적 쾌락이나 욕구의 만족과 같은 주관적인 감정상태가 아니라 어느 정도 객관적으로 이야기할 수 있는 활동이라고 생각했다는 점이다. 왜냐하면 그에게 행복은 "한 인간이 인간으로서 실현해야 할 기능이나 본성을 잘 발휘하는 상태 또는 활동"을 말하기 때문이다.

이때 기능이나 본성을 가장 잘 발휘하는 상태나 활동은 최고의 성과를 낳고 그런 성과는 곧 성공을 뜻하기 때문에 그의 행복론을 성공론이라 불러도 손색이 없다.

그러나 행복이 구체적으로 무엇인지에 대해서는 사람마다 같은 답을 내놓기 힘들다. 어떤 사람은 행복은 상당한 재산을 모으는 것이라고 말할 것이며, 또다른 사람은 재산을 모으는 과정이라고 말할 수 있다. 또 어떤 사람은 돈이 아니라 명성을 얻는 것이라 이야기할 것이다. 아니면 맛있는 음식을 먹고 쾌락을 추구하는 것이 행복이라고 답할지도 모른다.

타이완의 대표적인 재벌인 창룽(長榮) 그룹의 오너 장룽파(張榮發) 회장은 무려 1조 8,000억 원이나 되는 전 재산을 사후에 자식들에게 남기지 않고 기부하겠다는 의사를 밝혀 주변 사람들을 놀라게 하였다. 그는 "자식들은 먹고살 만한 주식 지분을 갖고 있지만 더 갖고 싶다면 스스로 열심히 벌어야 할 것이다"라고 말한다.

그는 젊은 날부터 항상 책을 가까이하였고 책에서 얻은 지식을 사업 확장에 널리 사용하였을 뿐만 아니라 평소에 "돈은 돌고 도는 물건이고 돈을 버는 데서 얻는 행복은 잠깐이다"라는 소신을 피력한 바 있다. 아마도 그에게 행복은 재산을 소유하는 것이 아니라 '더 나아짐' 혹은 '완벽함'에 다가서기 위한 활동이었던 것 같다.

반면에 세계 최고의 부호이자 통신 재벌인 멕시코의 카를로스 슬림 회장의 행복관은 다르다. 그는 기부보다는 자식들이 화목함을 유지하고 그들이 사업에 대한 지배권을 갖고 사업을 더 크게 성장시키는 것에 행복을 느낀다고 한다. 그는 "기부는 아무것도 해결하지 못한다. 돈을 낸 뒤 '나는 기부했다'며 경영에서 손을 떼고 여행이나 하면서 돌아다니는 건 아무런 도움이 안 된다"라며 오히려 "기업을 운영해서 더 많은 걸 생산하고 사람을 교육하는 게 사회적으로 더 유익하다"라는 점을 강조한다.

한편 아리스토텔레스는 "같은 사람이라도 사정에 따라 행복이라고 말하는 경우가 달라지는 때도 종종 있다"라고 한다. 예를 들어, 어떤 이가 병이 들었을 때는 건강을 행복이라고 말하고, 가난할 때는 부(富)를 행복이라고 말할 것이다.

그렇다면 진정한 행복은 어떤 모습일까? 보통 사람들의 삶을 보면 세 가지 유형의 삶에서 행복의 모습을 떠올릴 수 있다. 그중 가장 두드러진 것은 쾌락을 행복으로 여기는 '향락적 삶'이다. 이는 보통 사람들이 먹고 마시는 등과 같이 일상생활에서 맛보는 소소한 쾌락들에서 행복을 느끼는 것을 말한다. 또한 교양 있고 활동적이며 야심 있는 이들 가운데 일부는 공직이나 선거를 통해 명예를 추구하고 이를 행복이라 말한다. 이들은 '정치적 삶'을 산다. 마지막으로 명상하고 깊이 생각하는 삶에서 행복을 찾는 사람들도 있는데, 이들은 '관조(觀照)적 삶'을 산다.

카를로스 슬림 멕시코의 통신 재벌인 카르
소 그룹 회장으로 세계 최고의 부호다.

그런데 아리스토텔레스는 명예를 행복으로 여기는 사람들에게 귀한
조언을 아끼지 않는다. 명예를 추구하는 것이 과연 진정한 행복인가? 명
예는 자기 자신이 아니라 명예를 제공하는 사람들에게 크게 의존한다.
예를 들어, 우리가 공직에 선출되거나 선거에서 이기려면 상당 부분 임
명권을 가진 권력자나 투표권을 가진 시민들에게 의존해야 한다.

자신의 운명이나 행복을 타인의 손에 맡겨둔다는 점에서 진정한 행복
과는 거리가 있음을 지적한 것이다. 스스로 최상의 노력을 다하더라도,
그리고 공직을 잘 수행할 만한 능력을 갖고 있어도 임명권자나 시민들
이 외면할 수 있다. 명예를 제공하는 권력자나 시민들의 변덕스러움을
감안하면, 그의 조언이 틀린 말은 아니다.

아무튼 행복은 자족적인 것으로서 어떤 행위를 통해서 행복 그 이상의

것을 추구할 수 없다. 이에 대해 아리스토텔레스는 "행복은 모든 행위와 선택의 최종 목표이다(Happiness is the end in all actions and choices)"라고 말했다. 즉 "모든 길이 로마로 통한다"라는 격언처럼 "모든 행위는 행복으로 통한다"라고 말할 수도 있을 것이다.

누구나 살아가며 '내가 돈을 많이 벌면' '이 사람과 결혼할 수 있다면' '그 대학에 들어갈 수 있다면' '보란 듯이 출세하면' 등과 같이 미래의 행복을 위한 약속의 수표를 날리곤 한다. 그런데 나이가 들면서 분명히 깨닫는 것이 있다면 늘 목표로 삼던 '그때'가 되어 실제 그것을 이룬다고 해서 행복이 넝쿨째 굴러들어오는 것은 아니라는 사실이다.

아리스토텔레스의 행복에 대한 명쾌한 정의는 많은 것을 생각하게 한다. 삶의 모든 행위와 선택이 궁극적으로 행복을 향하는 것이라면 우리는 지금 이 순간을 벗어난 너무 먼 미래의 행복만을 추구해선 안 된다. 행복은 바로 오늘 우리의 생각과 행동으로도 충분히 만들어갈 수 있기 때문이다. 젊은 시절의 나는 훗날의 성공과 명예를 향해 질주하며 그것이 행복이라 믿어 의심치 않았다. 비단 나뿐 아니라 많은 사람들이 그러할 것이다.

"나이가 들면서 점점 더 일상의 작은 즐거움들을 적극적으로 찾아야겠다는 생각을 합니다. 젊을 때는 왜 그 생각을 못했을까요? 그게 후회가 됩니다."

한 지인이 들려준 이야기에 이렇게 대답해 주었다.

"매순간 정말 잘 살아오셨습니다. 그렇기 때문에 지금 이런 이야기를 하실 수 있지 않으십니까?"

그렇기에 삶의 반석을 세우기 위해 우리는 불철주야 노력하면서도 지나치게 행복을 유보해서는 안 된다. 목표를 향해 나아가지만 순간순간 자신이 누리는 시간에 충분한 의미와 쉼표를 부여하고 행복한 시간을 만들어야 한다.

　여러분이 생각하는 행복이란 무엇인가? 우리가 살아가는 매순간 무엇을 할 때, 누구를 만날 때, 어떻게 살아갈 때 행복한지를 스스로 알 수 있다면 행복을 찾기 위해 너무 많은 방황을 하지 않고 삶의 무게중심을 확고히 유지할 수 있을 것이다. 행복해지고 싶다면, 무엇보다 자신이 도달하고자 하는 행복의 정의를 내려보는 것도 그 실천의 첫걸음이 될 것이다.

　　　"행복은 언제나 무엇을 위한 수단이 아니라 그 자체가 목적이며 완전한 것이다."

매순간 탁월하게
살아가야 하는 이유

"인간의 적절한 기능을 어떤 종류의 삶으로 규정하고, 이런 삶을 다시 이성을 동반하는 영혼의 활동과 행위로 규정한다면, 훌륭한 사람이 각각의 기능을 자신의 고유한 탁월성에 따라 제대로 잘 수행한다면, 이런 가정들에 기초해서 우리는 다음과 같은 결론에 도달하게 된다. 인간적인 좋음은 탁월성에 따르는 영혼의 활동이다. 그리고 탁월성에 여러 가지가 있다면, 인간적인 좋음은 이들 탁월성 가운데서도 최상이자 가장 완전한 탁월성에 따르는 영혼의 활동이다." 1권 7장 1098a13-17

지금까지의 행복에 관한 이야기를 종합하면 "행복＝최상의 좋음(최고선)＝으뜸가는 좋음"을 말한다. 흥미롭게도 '으뜸가는'의 어원에 해당하는 그리스어 '아르키테크토니코스(arkitektonikos)'는 '건축'이라는 뜻의 영어 '아키텍처(architecture)'의 어원인 그리스어 '아르키테크톤(arkitekton)'에서 유래한 말이다. 이는 "건축할 때 전체를 총기획하고 지휘하고 감독하는 것"을 뜻한다. 따라서 행복은 모든 좋은 행위와 선택을 기획하고 감독하는 으뜸가는 것으로 그 어떤 선으로도 대체될 수 없다. 이는 인간의 사업, 공부, 직장생활, 취미, 휴식 등과 같은 모든 행위와 선택이 행복의 지휘와 감독을 받고 있음을 뜻한다.

　이때 사람마다 행위와 선택이 다른 것은 지시와 감독의 주체인 행복에 대한 생각이 다르기 때문이다. 그만큼 행복이 한 사람의 인생에 미치는 영향이 클 뿐만 아니라 인간의 활동과 관련된 거의 모든 것을 지시하고 명령하고 결정한다.

　이런 정의를 기초로 해서 행복은 무엇인가에 대해 좀더 구체적으로 알아보자. 우리가 흔히 생각하듯 식욕이나 권력욕 그리고 재물욕을 채우는 것이 과연 행복인가? 아리스토텔레스는 이보다 훨씬 더 현실적이고 심오한 행복에 대해 말한다.

　동물은 식욕과 성욕이 충족되는 것으로도 충분한 존재이기 때문에 동물에게 행복이 있다면 먹고 마시는 것처럼 본능을 채우는 일일 것이다. 하지만 인간은 하루라는 긴 시간을 먹고 마시는 일 외에도 의식적으로 무엇인가를 하면서 지낸다. 직장인, 사업가 그리고 학생들은 모두 깨어 있는 시간의 대부분을 어떤 활동(energeia)을 하면서 보낸다. 그만큼 기능(ergon)과 분리된 인간을 생각할 수 없다.

따라서 어떤 사람이 자기 자신에 대해 좋다고 평가하거나 잘한다고 이야기할 때는 자신의 기능을 수행하는 활동과 연결해서 생각해야 한다. 여기서 기능은 직업인으로서의 기능뿐만 아니라 한 명의 생활인으로서의 고유 기능도 포함된다. 이 점에 대해 아리스토텔레스는 "목수와 제화공에게만 고유 기능이 있는 것이 아니라 인간에게도 고유 기능이 있다"라고 말한다. 예를 들어 직장인이라면 열심히 업무 기능을, 학생이라면 공부라는 기능을, 의사라면 의술을 가지고 있다.

그러면 인간으로서의 고유 기능이 가진 특징은 무엇일까? 그것은 이성(logos)을 바탕으로 실천적 삶을 살아가는 것을 말하며, 여기에는 이성에 복종하는 것과 이성을 통해 사유하는 것이 모두 포함된다.

한편 직업인으로서의 고유 기능뿐만 아니라 한 명의 생활인으로서의 고유 기능을 발휘하거나 실천하는 일에는 우열이 가려진다. 똑같은 고유 기능을 갖고 있으면서도 그 기능을 보통 수준으로 발휘하는 사람도 있고, 아주 잘 발휘하는 사람도 있고, 평균 이하에 그치고 마는 사람도 있다. 그러니까 똑같은 기능을 가진 사람이라 할지라도 어떤 사람은 대충하면서 살아갈 것이고, 어떤 사람은 기능을 아주 잘 발휘하면서 살아갈 것이다.

실천적 삶을 '활동에 따른 삶'과 '능력(dynamis)에 따른 삶'으로 나누었던 아리스토텔레스는 충분히 잘할 수 있으면서도 게으른 사람과 그렇지 않은 사람을 구분하였다. 그런데 행복은 능력의 문제가 아니라 활동의 문제이다. 즉 제 아무리 능력이 출중하더라도 자신의 능력을 충분히 발휘하지 않는 사람은 행복해질 수 없다.

아리스토텔레스는 키타라(고대 그리스의 발현악기) 연주자를 예로 든다. 대부분의 키타라 연주자의 기능은 단순히 키타라를 연주하는 것이지만 훌륭한 키타라 연주자의 기능은 키타라를 아주 멋지고 능숙하게 연주하는 것이다. 이들 중에서 누가 더 잘한다 혹은 좋다고 말할 수 있을까? 당연히 자신의 고유한 기능을 잘 발휘하는 사람일 것이다.

이런 비유는 우리들 각자의 하루 생활에도 그대로 적용된다. 저마다 지니고 있는 고유 기능을 잘 발휘할 때 좋은 인생, 그중에

키타라 연주 음악의 여신 무사가 헬리콘 산에서 키타라를 연주하고 있는 모습. 기원전 440년 경, 뮌헨.

서도 '최고로 좋은 인생'인 행복한 삶을 살 수 있게 된다.

자신의 기능을 잘 발휘하는 것이 행복에 큰 영향을 미친다면 직업 생활을 해나가는 현대인들의 경우 일에 대한 자신의 태도를 점검해 볼 필요가 있다. 일본의 대표적인 소설가인 무라카미 류는 직업에 대해 독특한 견해를 제시한다. 그는 업무에 진정으로 몰입할 수 있는 사람이라면, 맡은 일을 대충 얼른 마친 다음에 휴식을 취하고 싶다는 생각을 꿈에도 가질 수 없다고 말한다. "충실하게 일을 하려면 일에서 벗어나 심신을 풀어주는 오프(off)의 시간이 필요하다"라는 것은 "무능한 비즈니스맨을 겨냥하여 상업주의가 퍼뜨리는 거짓말이다"라고 목소리를 높인다.

업무에 대한 그의 지론은 "긴장을 풀어놓은 상태에서 언제든지 업무에 몰입할 수 있는 사람이라면 '온-오프'의 구별이 없다"라는 말이다.

물론 이런 견해에 동의하지 않는 사람도 있겠지만 직업인으로서 고유 기능을 최고로 잘 발휘한 상태가 무엇인지를 가늠해 볼 수 있는 사례인 것은 분명하다. 사실 자신의 일에 흠뻑 빠지는 경험을 자주 하는 사람이라면 '온-오프'의 구분이 없는 상태에서 행복을 맛보는 경우가 종종 있다.

언젠가 한 단체의 장학생들을 대상으로 강연을 진행한 적이 있었다. 강연이 끝날 무렵 "일을 하면서 성공과 행복을 동시에 느끼는 것은 가능합니까?"라는 진지한 질문을 받았다. 여러분이 이러한 질문을 받는다면 어떻게 대답하겠는가?

현대인은 보통 자신이 가진 절대시간의 60~70퍼센트 이상을 일에 쏟아붓는다. 이런 활동에서 행복을 끌어낼 수 없다면, 즉 일에서 행복감을 느끼지 못한다면 그 사람의 인생을 행복한 인생이라 부를 수 없다. 마땅히 스스로를 사랑하고 자신의 인생을 주도적으로 살고자 한다면 그 60~70퍼센트의 시간에서 행복해지기 위해 노력할 것이다. 좀더 의미를 발견하고, 좀더 잘하도록 연구하고 몰입할 것이다. 그러다 보면 '성공'이라는 선물 역시 가질 수 있다. 아리스토텔레스의 행복에 대한 정의를 거듭 되새겨보아도, 행복과 성공을 결코 분리해서 생각할 수는 없다.

여러분이라면 누가 스스로를 좋은 사람이라고 평가할 수 있다고 생각하는가? 당연히 최선을 다해 살아가며 자신의 기능을 탁월한 수준까지 발휘하는 사람일 것이다. 그렇다면 행복한 사람은 누구라고 생각하는가? 이 또한 자신의 기능을 탁월한 수준까지 최선을 다해 발휘하는 사람일 것이다.

우리는 "인간적인 좋음은 탁월성에 따르는 영혼의 활동일 것이다(the good of man is an activity of the soul in conformity with excellence or virtue.)"라는 아리스토텔레스의 말을 주목해야 한다. 이런 탁월성이 여럿 있다면 이들 중에서도 최상이고 가장 완전한(the best and most complete) 탁월성에 따르는 영혼의 활동이 바로 행복이라 할 수 있다.

이런 행복은 잠시 반짝하고 마는 것이 아니라 지속적이어야 한다. 즉 반복이 필요한 것이다. 그렇다면 이러한 지속성은 어디에 뿌리를 두는 것일까? 한 인간의 품성이나 습관에서이다. 탁월성의 뿌리를 여러 곳에서 찾을 수 있지만 이 가운데 으뜸은 습관이다. 아리스토텔레스가 좋은 습관의 중요성을 강조하는 것은 바로 행복이 지속성을 통해 얻을 수 있는 것이기 때문이다. 특히 우리가 명심해야 할 부분이다.

> ✿ "제비 한 마리를 발견했다고 봄이 온 것은 아니며, 오늘 하루 따사로운 햇살이 비쳤다고 봄이 온 것도 아니다. 이와 마찬가지로 짧은 시간이 한 사람을 지극히 복되고 행복하게 만드는 것은 아니다."

행복을 이루기 위한
두 가지 조건을 갖추었는가

"잘됨과 못됨은 행운에 의존하지 않으며, 행운은 인간의 삶에 단지 부수적인 요소일 뿐이다. 행복은 탁월성에 따르는 활동이고, 그 반대의 활동은 불행을 불러올 것이다. 인간적인 성취들 중에서 탁월성에 따르는 활동만큼 안정성을 갖는 것도 없다. 탁월성에 따르는 활동들은 학문적 인식보다 더 지속적인 것처럼 보인다. 이들 활동 중에서도 더 영예로운 활동이 더 오래 지속되는데 그 이유는 어떤 활동에서 행복을 크게 느낀 사람은 그런 활동을 더 열심히 더 오래 지속하기 때문이다. 이런 활동들을 망각하지 않는 것도 이런 이유 때문이다." 1권 10장 1101a7-17

이따금 강연장에서 나는 "삶의 궁극적인 목적이 무엇일까요?"라는 질문을 청중에게 던진다. 이때 어김없이 "행복하기 위해서요"라는 대답이 돌아온다. 그러면 나는 "그러기 위해 행복이 생겨나는 원리나 행복을 만드는 방법을 배우기 위해 노력한 적이 있나요?"라고 다시 물어본다. 그러면 이구동성으로 "글쎄요, 그런 적은 많지 않았던 거 같아요"라는 대답이 돌아온다.

나는 행복이란 주어지는 것이 아니라 주도적으로 만들어가는 것이라고 생각한다. 똑같은 상황이 주어졌을 때 행복을 느끼는 사람과 그렇지 못한 사람이 있는 것만 보아도 알 수 있다. 그렇기에 자신이 처한 상황 이전에 어떻게 하면 인생의 매순간에서 행복해질 수 있을지 그 태도와 생각을 갖추는 것은 정말 중요한 일이다.

우리는 앞에서 행복은 '최고의 선' 혹은 '좋음(좋은 것)들 중에서 최고로 좋음(좋은 것)'임을 확인하였다. 그렇다면 좋음은 어떻게 나뉘는가? 좋음은 일반적으로 세 가지, 즉 영혼에 관계된 좋음(goods of the soul), 외적인 좋음(external goods) 그리고 육체와 관련된 좋음(goods of the body)으로 나눌 수 있는데 아리스토텔레스는 영혼에 관계된 좋음이 '가장 진정하고 으뜸가는' 것이라고 말한다.

그렇다면 최고의 좋음, 즉 행복은 어떻게 얻을 수 있을까? 다행스럽게도 『니코마코스 윤리학』 1권의 9장은 '행복을 성취하는 방법'을 정확히 설명해 준다.

행복을 얻을 수 있는 방법은 모두 세 가지이다. 첫째, 배움을 통해서 얻을 수 있고, 둘째, 좋은 훈련이나 습관을 받아들임으로써 얻을 수도 있고, 셋째, 신적인 운명이나 우연에 의해 생겨날 수도 있다.

특히 아리스토텔레스는 이 방법들 중에서도 "탁월성을 획득하는 능력이 손상되지 않았다면 누구나 배움과 노력을 통해 행복을 성취할 수 있다"라고 말한다. 물론 행운과 같은 우연에 의해서도 행복을 얻을 수 있겠지만, 우리가 가장 귀하게 여기는 행복을 우연에 내맡겨둔다는 것은 그다지 현명한 일이 아니다.

여러 사람을 만나다 보면 사람마다 가치관에 따라 살아가는 방식이 다름을 알 수 있다. 가치관의 차이는 행복을 성취하는 방법에서도 차이를 낳는다. 계획을 세워서 하나하나 벽돌을 쌓아가듯이 삶을 만들어가는 사람이 있는 반면 별다른 계획 없이 세상의 흐름에 자신을 내맡긴 채 '될 대로 되라' 혹은 '내일 일은 내일 걱정하라'는 식으로 살아가는 사람도 있다.

전자는 행복을 얻는 방법으로 배움과 습관을 선택한 경우이고 후자는 우연에 내맡긴 경우이다. 예를 들어, 카지노, 경마, 복권 같은 사행산업에 탐닉하는 이들이 후자에 속한다고 볼 수 있다. 이러한 산업은 그 중독성의 위험을 누구나 잘 알고 있지만, 어떤 산업보다도 성장세가 빠르다. 단 한 방에 인생 역전을 노리는 사람들이 그만큼 많아졌다는 이야기이다. 이는 귀하게 여겨야 할 행복을 배움이나 노력이 아니라 우연과 행운에 내맡겨버린 대표적인 사례이다.

아무튼 배움과 훈련을 통해서 행복을 얻을 수 있다는 사실은 우리들에게 대단히 희망적이고 실질적인 메시지이다. 인간은 누구든지 자신의 분야에서 기능을 최고로 갈고 닦음으로써 행복을 얻을 수 있다.

그런데 기능을 갈고 닦는 것은 배움이나 훈련과 같은 인간적인 활동의 결과물이지만 이는 그 이상의 의미를 지닌다. 곧바로 신의 선물을 받는 것처럼 대단한 일이다. 아리스토텔레스는 "설령 행복이 신들이 보내준 것이 아니라 탁월성과 배움이나 훈련을 통해서 생겨나는 것이라 할지라도, 그것은 여전히 가장 신적인 것들 중 하나이다"라고 말한다. 또한 그는 "탁월성에 대한 보상이자 탁월성의 목적인 행복은 최고의 것일 뿐만 아니라 신적인 것이며 축복받은 것이기도 하다"라는 찬사를 아끼지 않는다.

그런데 이처럼 탁월함을 얻기 위한 배움과 노력을 신적인 것이나 신의 선물이라고 해석할 수 있는 특별한 이유가 있는 것일까? 흔히 학교 다닐 때 지능지수(IQ)가 높은 사람을 두고 공부머리를 타고났다는 표현을 사용하곤 한다. 한편 사회생활에서는 어떤 사람이 '굳센 의지를 갖고 귀한 것을 얻기 위해 집요하게 노력하는 능력'을 또다른 지능이라 부를 수 있다. 즉 일종의 타고난 실용지능이라 말할 수 있다. 그런 의미에서 행복을 얻기 위한 배움과 노력에 뛰어난 사람이라면 그런 지능을 타고났다는 점에서 신의 선물 혹은 신적인 것이라고 해석할 수 있을 것이다.

그렇다면 행복은 탁월성을 향한 배움과 노력으로만 얻을 수 있는가? 그렇지 않다. 왜냐하면 우리들의 삶은 통제할 수 있는 영역과 통제할 수 없는 영역으로 나뉘기 때문이다. 이를 두고 아리스토텔레스는 "사람들은 탁월성[德]을 행복과 동일시하지만, 어떤 사람들은 행운(eutychia)을 행복과 동일시"한다고 말한다. 열심히 배우고 훈련하면 대부분 행복에 이를 수 있지만 때로는 운이라는 우연적인 요소가 이를 방해할 수도 있다. 인간의 삶이 가진 불확실성 때문이다.

사람들은 젊은 날에는 삶 자체를 완전하게 자신이 통제할 수 있는 대상으로 본다. 그러나 세월이 흐르고 이런저런 경험을 하면서 삶에는 자신이 통제할 수 없는 광대한 영역들이 있음을 머리로만이 아니라 가슴으로 받아들인다. 그때부터 운명에 대해 겸허한 마음을 갖는다. 사회적으로 명망 있는 지식인들 가운데 인생의 후반기에 어떤 계기로 인해 깊은 신앙인으로 돌아서는 경우를 목격할 수 있는데, 이런 경우도 이성 너머의 광대한 세계에 대한 깊은 인식을 하기 때문이다.

어느 시대에 어디서 태어나는 것처럼 우연적인 것이 있을까? 만일 여러분과 내가 이 시대에 태어났다고 하더라도 한반도의 다른 반쪽에서 태어났더라면 어떠하였을까? 행복은 고사하고 참담함을 면하지 못하였을 것이다.

남녀 차별이 심했던 조선 시대에도 문재(文才)가 뛰어난 여인들이 있었다. 한글 소설 『홍길동전』을 남겼던 허균의 친누이 허난설헌은 불운함으로 가득 찬 삶을 살다가 27세에 요절한 천재 문인이다.

15세 때 안동 김씨인 김성립과 혼례를 올렸지만 남편은 계속해서 가정을 겉돌았고 마침내 집을 나가버렸다. 모진 시집살이에 더해 아이 셋을 모두 어린 나이에 앞세우고 말았다. 그녀는 자신이 여자로 태어난 것, 조선에서 태어난 것, 그리고 김성립과 혼인한 것을 가장 후회하였다. 자신의 운명을 스스로 선택하지 못하고 집안 어른의 선택에 따라 운명이 결정되던 시대를 살았던 것이 허난설헌의 불행이었다.

훗날 누이의 죽음을 안타까워한 허균이 누이의 시를 묶은 시집 『난설헌고(蘭雪軒藁)』를 펴냈다. 재상 유성룡이 그 시집의 서문을 썼는데, 그녀의 재능을 안타까워한 나머지 "훌륭하도다. 부인의 글이 아니다, 어떻게 하여 허씨 집안은 뛰어난 사람이 이토록 많단 말인가?"라고 평할 정도였다. 시대를 잘못 만나면 이렇게 모두 허사가 되고 만다.

결론적으로 아리스토텔레스는 두 가지 조건이 함께할 때 비로소 사람은 평생에 걸쳐 완전한 행복을 얻을 수 있다는 점을 강조한다. 하나는 '완전한 탁월성에 따라 활동'하는 것이며 다른 하나는 '외적인 좋음(external goods)'이다. 여기서 외적인 좋음은 적당한 재산이나 좋은 시대에 태어나는 것만이 아니라 어느 정도의 행운이 뒤따르거나 지나친 불행을 당하지 않는 것까지를 포함한다. 전자는 '행복에 필수적인 것'이고 후자는 '행복의 조력자로서 유용한 것'이다.

> "행복은 외적인 좋음을 필요로 한다. 일정한 뒷받침이 되지 않으면 고귀한 일을 행하는 것 자체가 불가능하거나 쉽지 않다. 세상의 많은 일들이 친구, 부(富) 그리고 정치력과 같은 수단을 통해 이루어질 수 있다. 또한 좋은 태생, 훌륭한 자식, 준수한 용모와 같이 그것의 결핍이 지극한 복을 방해하는 것들도 있다." 1권 8장 1099a32-1099b7

이처럼 아리스토텔레스는 행복에 얻는 데 외부적인 조건의 중요성을 이야기한다. 좋은 부모를 만나는 일, 훌륭한 자식들을 두는 일, 뛰어난 외모와 재능을 타고나는 일, 전쟁이 없는 좋은 시대에 태어나는 일 등과 같은 요인들은 행복을 결정하는 또다른 축에 해당한다. 그런데 이들은 대부분 인간의 힘으로 어찌해 볼 수 없는 것들이며, 우연히 주어지는 것들이다. 우리가 흔히 "영웅은 시대를 타고난다"라고 이야기하지 않는가? 이는 그만큼 삶에서 우연적인 요인이 차지하는 비중이 크다는 사실을 비유적으로 나타내는 표현이다.

그런데 신의 행복은 영원불멸하지만, 인간의 행복은 영원하지 않다. 인간이 누리는 행복의 지속성이란 인간의 힘으로 완벽하게 통제할 수 없는 것이다. 고대 그리스인들은 인간과 신의 행복 사이에 놓인 이러한 차이점을 인식하였고, 인간의 행복은 삶만큼이나 불확실하다는 사실을 받아들였다.

다시 말하면 행복은 인간의 노력으로 이룰 수 있는 것이 대부분을 차지하겠지만, 한편으로는 아무리 노력해도 우연적인 요소들이 함께 준비되지 않으면 행복할 수 없다. 따라서 지금 좀 잘 나간다고 해서 크게 뻐기지 않도록 해야 한다. 어느 누구도 앞일을 알 수 없기 때문이다.

그런데 나는 아리스토텔레스가 제시하는 행복의 두 가지 조건 가운데 후자에 대해서는 사람마다 의견이 다를 수 있다고 생각한다. 예를 들어 아리스토텔레스처럼 평탄한 삶을 살아온 사람들에게는 훌륭한 자식을 두는 일이 행복일 수도 있지만, 플라톤처럼 아예 결혼을 하지 않고 자식을 두지 않은 사람도 있다. 그렇다고 플라톤이 자식이라는 외적인 조건이 제대로 구비되지 않아서 불행한 사람이라고 말할 수는 없을 것이다. 좋은 부모를 만나서 좋은 교육을 받는 것도 행복에 도움이 되지만, 그렇지 않은 부모를 만나서 제대로 된 교육을 받을 수 없더라도 자수성가함으로써 행복을 성취한 사람도 얼마든지 찾을 수 있다.

미국에서 가장 사랑받는 동화작가로 살다간 타샤 튜더는 버몬트 주의 시골 마을에 살면서 70여 년간 100권이 넘는 그림책을 세상에 내놓았다. 그녀는 부모의 이혼으로 친척집을 여기저기 돌아다니면서 자랐다. 훗날 자신의 결혼생활도 원만하지 못해 이혼한 뒤 혼자서 아이들을 키우면서 생활을 꾸려가야 했다.

그녀는 저서 『행복한 사람, 타샤 튜더』에서 많은 사람들이 처지를 불평하지만, 나아가는 자는 자신의 환경을 만들어간다고 말하면서 "우리가 바라는 것은 온전히 마음에 달려 있어요. 난 행복은 마음에 달렸다고 생각해요"라고 이야기한다. 그녀의 행복은 그녀의 표현대로 딱 한 문장,

즉 "우리 손이 닿는 곳에 행복이 있어요"라고 요약할 수 있다.

　모두에게 적용할 수 있는 이야기는 아니겠지만, 인간은 외적인 조건에 크게 연연하지 않고도 얼마든지 행복할 수 있는 존재라고 생각한다. 따라서 아리스토텔레스가 제시하는 행복을 성취하는 두 가지 방법 가운데 외적인 조건의 구비는 참조할 만한 내용이긴 하지만 모두에게 그대로 적용되어야 할 것은 아니라고 생각한다.

　　❧ "가장 위대하고 가장 고귀한 행복을 우연에 맡기는 것은 바람직하지 않다."

그 누구도 영원한 행복을
장담할 수 없다

"트로이 전쟁의 프리아모스가 당한 것과 같이 성공적으로 살다가 노년에 엄청난 불행을 당할 수 있다. (……) 그런 비극적인 상황에서도 행복한 사람은 지극히 복될 수 없을지라도 결코 비참하게 되지는 않을 것이다. 행복한 사람은 변덕스럽게 변할 수 있는 사람이 아니다. 그는 행복으로부터 쉽게 내버려지지 않을 것이고, 그 어떤 불운에 의해서도 흔들리지 않을 것이다. 단 큰 불행들이 연속해서 닥친다면 그가 짧은 시간 안에 다시 행복해지는 일은 불가능할 것이다. 그가 완전히 행복해지는 데는 어느 정도 긴 시간이 필요하고 그시간 동안 고귀한 일들을 성취한 다음에야 비로소 행복해질 것이다."

1권 10장 1100a7-12

사람의 운이란 정말 알 수 없을 때가 있다. 이 글을 쓰고 있을 즈음 나는 1966년부터 2003년까지 이탈리아의 세계적인 자동차 회사 피아트의 회장을 지냈던 지안니 아그넬리라는 인물에 대한 글을 읽었다. 좋은 집안에서 태어나서 젊은 날에는 플레이보이로서 명성을 얻었고 기업가로 변신한 40대부터는 유럽 재계와 정계 그리고 사교계에서 가장 유명하고 막강한 영향력을 발휘한 인물이었다. 사업도 고속 성장해서 한때 피아트 그룹은 이탈리아 전체 노동자의 3퍼센트를 고용하고 이탈리아 국민 총생산의 5퍼센트를 만들어냈다.

그러나 노년에 그는 피아트의 몰락과 아들들이 요절하는 비극을 지켜봐야 했다. 그가 후계자로 지명했던 조카 움베르토 아그넬리는 33세의 젊은 나이에 희귀 암으로 죽고 장남인 에두아르도는 2000년에 자살했다. '제왕', 즉 무관의 이탈리아 왕으로 불렸던 그의 노년은 행복과는 거리가 멀었다. 이처럼 우리는 아무리 피해가려 해도 이따금 인간의 힘으로 어찌할 수 없는 불운을 만난다.

트로이 전쟁의 프리아모스(Priamos, 라오메돈의 아들로 트로이의 왕)가 바로 이러한 상황을 보여주는 대표적인 인물이다. 그는 헥토르, 파리스, 안티포스 등을 비롯해서 50여 명의 왕자를 둔 트로이의 위대한 왕이었다. 번성하는 트로이를 이끌면서 인자한 아버지이면서 권위 있는 왕으로 모두가 부러워할 정도로 성공적인 삶을 살아왔다.

하지만 삶이란 얼마나 불확실한가? 영원히 계속될 것만 같았던 행복에 급브레이크가 걸리면서 그의 운명이 급격하게 추락해 버리는 일이 노년에 일어났다. 트로이 전쟁에서 아킬레우스의 손에 아들들을 모두 잃고 나자 밤중에 맏아들 헥토르의 시신을 되찾기 위해 혈혈단신으로 아킬레우스를 찾아가 아들의 시신을 돌려달라고 애원하기에 이른다.

"신과 같은 아킬레우스여, 그대의 아버지를 생각하시오! 나와 동년배이며 슬픈 노령의 문턱에 서 있는 그대의 아버지를.(……)

하나 나는 참으로 불행한 사람이오. 드넓은 트로이에서 나는 가장 훌륭한 아들들을 낳았건만 그중 한 명도 안 남았으니 말이오.(……)

한데 그들(50명의 아들) 대부분의 무릎을 사나운 아레스가 풀어버렸소. 그리고 혼자 남아서 도성과 백성들을 지키던 헥토르도 조국을 위해 싸우다가 얼마 전에 그대의 손에 죽었소.

그래서 나는 그애 때문에, 그대에게서 그애를 돌려받고자 헤아릴 수 없는 몸값을 가지고 지금 아카이오이족의 함선들을 찾아온 것이오. 아킬레우스여! 신을 두려워하고 그대의 아버지를 생각하여 나를 동정하시오. 나는 그분보다 더 동정 받아 마땅하오." —호메로스, 『일리아스』, 제24권, 천병희 역, pp.670~671

이러한 사례는 역사에도 수없이 등장한다. 페리클레스(기원전 495~429년)는 정치인으로서 군인으로서 페르시아 전쟁과 펠로폰네소스 전쟁 사이에 아테네의 황금기를 이끌었던 인물이다. 정치가로서 군인으로서 가장으로서 그가 무엇을 부러워하였을까? 스파르타가 주축이 되었던 펠로폰네소스 동맹에 맞서 전쟁을 일으킬 당시만 하더라도 페리클레스는 전쟁의 승리를 의심하지 않았다.

하지만 전쟁이 발발한 지 두 번째 여름에 정체불명의 질병이 아테네를

트로이의 목마 많은 이들에게서 행복을 앗아간 트로이 전쟁은 고대 그리스 이후 수많은 예술 작품의 주제가 되었다. 1880년경의 목판화.

휩쓸고 아테네 중장보병 가운데 3분의 1이 그 역병으로 사망할지 어느 누가 예상할 수 있었던가? 페리클레스는 장남 크산티포스와 차남 파랄로스가 전염병으로 목숨을 잃는 참담한 상황까지 목격하였다.

페리클레스는 정치인으로서 더 이상 완벽할 수 없을 정도로 화려한 날들을 보냈고 조국 아테네를 제국의 자리까지 끌어올렸다. 하지만 역병 앞에 두 아들을 잃어버린 채 차남 파랄로스의 시신을 장작더미 위에 올릴 때 털썩 주저앉아 사람들 앞에서 흐느껴 울었다.

유일하게 살아남았던 서출(庶出)인 아들 소(小)페리클레스 역시 기원전 406년, 아르기누사이 해전에서 죽은 수병들의 시신을 수습하지 못한 책임을 지고 5명의 다른 장군들과 함께 억울하게 사형당하고 말았다. 그의 죽음과 함께 아테네의 명문가였던 페리클레스 가문은 역사 속으로 사라지고 만다.

때때로 운명은 이처럼 가혹하기 짝이 없다. 그래서 아리스토텔레스는 "행복은 완전한 탁월성도 필요하지만 완전한 생애도 필요로 한다"라고 말한다. 아무리 좋은 부모를 만나서 행복한 어린 시절을 보냈다 하더라도 그에게 계속해서 달콤한 인생이 펼쳐지리라는 보장은 없다.

어머니가 아는 분 중에 일제시대 때 진주에서 통영으로 시집을 온 분이 있었다. 그는 부유한 친정 덕에 온갖 것을 싣고 시집을 왔다고 한다. 그러나 일본 유학까지 다녀온 인텔리 신랑이 생활에는 무능하였기 때문에 삯바느질과 힘든 허드렛일을 하면서 자식을 키워야 했다. 그분은 부모 복은 타고 났지만 남편 복은 없었던 것이다.

긴 인생에서 어떤 불운이 덮칠지는 아무도 모르는 일이다. 배우자를 잘못 만날 수도 있고 불의의 사고를 당할 수도 있다. 아리스토텔레스가 말하는 '완전한 행복'은 한때가 아니라 생애 전반에 걸쳐 행복한 상태가 유지되는 것을 말한다.

이러한 현실을 생각하면 우리가 누리고 있는 행복의 기초란 때로는 너무나 취약하다는 사실을 깨닫게 된다. 불행이라는 우연은 누구라도 뜻하지 않게 만날 수 있다. 그래서 자신의 삶을 단단하게 이끌고 싶어하는 사람들은 강한 믿음을 찾는다.

우리 속담에 "길고 짧은 것은 대봐야 안다"는 말이 있지 않는가! 생각보다 인생은 길고, 한때의 행복을 성취한 사람(혹은 행복한 사람)이라 할지라도 긴 인생에서 계속해서 행복을 누릴 수 있을지 어느 누구도 확신할 수 없다. 인간의 미래는 너무나 불확실하다.

그럼에도 불구하고 매사에 탁월성을 추구하며 활동하고 재산과 건강

그리고 집안배경이나 행운과 같은 외적 조건들이 적절히 구비된 사람이라면, 그는 현재뿐만 아니라 비교적 긴 생애를 행복한 사람으로 살아갈 가능성이 높을 것이다.

행복한 사람은 설령 불운이 덮치더라도 크게 동요하지 않으며 의연하게 대처할 가능성이 높다. 왜냐하면 행복한 사람은 이미 자신의 삶을 탁월함에 이르도록 노력하면서 불운이 닥치기 전에 고통 앞에서도 고결하고 담대한 성품의 소유자로 자기 자신을 닦아놓는 데 성공한 사람이기 때문이다. 다만 계속적으로 큰 불운을 만났을 때는 행복한 사람도 일정 기간 동안 행복에서 멀어질 수 있다. 그러나 이런 경우조차 어느 정도 시간이 경과하면 불운의 후유증을 극복하고 행복에 선뜻 다가서게 될 것이다.

사실 삶이 순풍에 돛을 단 듯이 나아갈 때에는 사람들 사이에 큰 차이가 나지 않는다. 그러나 불운이라는 파고가 덮쳤을 때, 예를 들어 전직의 실패, 투자의 실패, 결혼의 실패, 입시의 실패 등과 같은 위기가 닥쳤을 때 이제까지 어떻게 살아왔는가가 위기를 극복하는 데 큰 영향을 미친다. 위기의 시점까지 자신의 기능을 탁월성에 맞추어서 한껏 발휘해 온 사람은 위기를 극복해 가는 것조차도 중요한 문제 해결 과정으로 생각하고 최선을 다해 활동을 계속한다.

그래서 평소에 탁월성이라는 기준에 맞추어서 자신의 삶을 살아가는 것이 매우 중요한다. 그런 사람은 업무에 있어서 전문가로만 성장하는 것이 아니라 생활 전반에 걸쳐서 내공을 갖춘 인물로 성장할 것이다. 또 어떤 풍파가 오더라도 여전히 행복한 사람으로 남을 수 있다.

> 🎗 "어떤 사람이 큰 불운을 자주 당할 때라도, 고귀함은 이러한 불운들 속에서도 빛을 발휘한다."

2장

행복의 제1조건,
탁월성에 대하여

"인간의 탁월성이란 좋은 사람이 되도록 만들어주고,
자신의 고유 기능을 잘 수행할 수 있게 만들어주는 품
성상태를 뜻한다."

탁월성이란 무엇인가

강연이 끝나고 나면 내가 펴낸 책에 사인을 요청하는 분들이 가끔씩 있는데, 그럴 때마다 평소에 좋아하는 문구를 써드리곤 한다. 그중 가장 많이 써드리는 말이 바로 "탁월성을 향한 열정(Passion for Excellence) 혹은 "탁월성을 향한 질주(Drive for Excellence)"이다. 그만큼 '탁월성'이란 내 가슴을 뛰게 하는 단어일 뿐만 아니라, 살면 살수록 우리의 인생을 행복하고 풍요롭게 만드는 핵심 키워드라고 생각한다.

그렇다면 과연 탁월성이란 무엇일까? '탁월성(卓越性)'은 사전적으로 '남보다 두드러지게 뛰어난 성질'을 뜻한다. 아리스토텔레스 또한 탁월성을 이와 비슷하게 정의하고 있다. '좋은 것(좋음, agathon)'을 실현해야 할 기능이나 본성을 중심으로 이해할 때, 탁월성은 그러한 기능이나 본성을 지속적으로 잘 실현할 수 있는 품성상태이다. 예를 들어, 탁월한 지도자라는 말은 지도자의 기능을 잘 수행하는 품성상태를 가진 사람을 뜻한다. 탁월성은 흔히 '아레테(aretē, 德, virtue)'와 동의어로 해석되기도 한다. 그 반대에는 무능함과 열등함을 뜻하는 '카키아(kakia, 惡德, vice)'가 있다.

그런데 나는 지금까지의 내 생을 추동해 왔던 '탁월성'이란 주제에 대해 아리스토텔레스만큼 체계적이고 깊이 있게 정리한 사람을 보지 못했다. 현대의 무수한 자기계발서에서 탁월성을 외쳤지만 그 모든 이야기들이 아리스토텔레스에게 빚을 지고 있는 듯한 느낌을 받을 정도이다.

그렇기에 바쁜 속에서도 자신만의 행복과, 더할 수 없는 탁월성에 다가가고자 하는 이들이라면 꼭 한번 아리스토텔레스의 말에 귀기울여볼 필요가 있다.

물론 그의 이야기가 아주 독창적인 것은 아니다. 이미 플라톤은 『국가』에서 탁월성(아레테)을 '기능(ergon)' 중심으로 정리한 바 있다. 플라톤은 사람이나 나라나 저마다 수행해야 할 기능이 있다고 보았다. 바로 그런 기능을 언제나 잘 수행하는 상태가 아레테이다.

무엇보다 탁월성은 행복과 더불어 『니코마코스 윤리학』에서 심도 있게 다루는 주제이다. 두 가지 사이의 관계를 저수지에 비교해 보면 이해에 도움이 된다. 맑은 물로 가득 찬 저수지가 있고, 이와 달리 불순물이 이것저것 가득한 저수지가 있다고 가정해 보자. 맑은 저수지에서 콸콸 쏟아져 나오는 것을 행복이라 한다면 그 행복을 가능하게 하는 저수지가 바로 아레테이다. 반면에 불순물이 섞여 있는 물을 담고 있는 저수지에서는 행복을 쏟아낼 수 없는데 그런 저수지가 카키아이다.

아리스토텔레스는 탁월성을 지적 탁월성과 성격적 탁월성으로 나눈다. 특히 『니코마코스 윤리학』에서는 대부분 성격적 탁월성을 다루며 지적 탁월성의 비중은 상대적으로 적은데, 6권 5장부터 13장에서만 다룬

다. 이는 윤리학 저서라는 점이 한 가지 이유일 것이고 다른 하나는 아리
스토텔레스 자신이 철학자로서 성격적 탁월성을 더욱 중요하게 생각하
였기 때문이다.

그러나 나는 원전과 달리 먼저 지적 탁월성도 성격적 탁월성 못지않게
중요하다고 생각한다. 특히 지적 탁월성은 오늘날과 같은 지식사회에서
한 개인으로서는 물론이고 직업인으로서의 성공에 결정적인 부분이다.
그만큼 현대인이 가장 많은 시간과 에너지를 쏟는 것이 지적인 영역이
다. 직업의 세계에서 탁월성을 발휘하지 못한 사람은 결코 행복할 수도
성공할 수도 없기 때문이다.

왜, 아리스토텔레스는 행복에 이어 탁월성에 이렇게 많은 부분을 할애
한 것일까? 왜냐하면 그에게 "행복은 완전한 탁월성에 따르는 영혼의 활
동"이기 때문이다. 따라서 탁월성을 제대로 이해하면 할수록 행복 역시
보다 명확히 이해할 수 있을 것이다.

열의와 실행이
지적 탁월성을 가능케 한다

"인간적인 탁월성은 육체의 탁월성이 아니라 영혼의 탁월성을 가리킨다. 그리고 행복 역시 영혼의 활동이다. (……) 탁월성의 한 부분은 '지적 탁월성'이고, 다른 한 부분은 '성격적 탁월성'이다. 지혜와 이해력, 실천적 지혜는 지적 탁월성으로, '자유인다움'과 절제 등은 성격적 탁월성으로 부른다. 흔히 어떤 사람의 품성을 말할 때 우리는 그가 지혜롭다거나 이해력이 있다고 하지 않고, 온화하다거나 절제력이 있다고 말한다. 하지만 지혜로운 사람을 칭찬하는 것도 영혼의 상태에 근거한 것이다. 이러한 영혼의 상태(hexis)들 중에서 특히 칭찬받을 만한 것을 탁월성이라고 한다." 1권 13장 1102a16-17, 1103a5-10

나는 자주 '탁월성을 향한 열정'이란 표현을 사용하곤 한다. 이때의 탁월성은 직업인으로서의 탁월성과 아울러 한 인간으로서의 탁월성 혹은 인격적 탁월성을 말한다. 아리스토텔레스의 표현을 따르면 전자는 지적 탁월성(intellectual excellence, 우리가 수행해야 할 여러 기능 중에서 일이 차지하는 중요성을 고려해서 나는 '직업적 탁월성'이라 부르기도 한다)을, 후자는 성격적 탁월성(moral excellence, 나는 이를 '인간적(인격적) 탁월성'으로 부르기도 한다)을 말한다.

　아리스토텔레스는 "대체로 가르침이 지적 탁월성을 성장하게 한다"라고 말한다. 여기서 주목해야 할 부분은 '대체로'라는 유보적인 표현이다. 이는 지적 탁월성을 얻기 위해서 가르침과 배움이 중요하지만 이런 행위가 제대로 이루어지기 위해서는 두 가지 조항, 즉 태어날 때부터 갖고 있는 '영리함'이나 습관에서 오는 '영혼의 상태'가 필요하다는 점을 지적한다. 다시 말해 타고난 능력이 뛰어나면 지적 탁월성에 도달할 가능성이 높다는 사실을 지적한다. 이는 우리의 경험과도 일치한다.

　그런데 지적 탁월성에 도달하고자 하는 사람에게 그 무엇보다 중요한 것은 스스로 그 가치를 알고 이를 달성하려는 강력한 욕구가 있어야 한다는 점이다.

　나는 자주 "공 선생님, 어떤 책을 읽어야 하나요?"라는 질문을 받곤 한다. 그런데 내가 제안하는 도서 리스트를 똑같이 접했다 하더라도 이를 소화하고 자기 것으로 만드는 정도는 저마다 다르다. 그래서 소설가 무라카미 류는 "중요한 것은 독서 자체가 아니라 그 사람이 얼마나 새로운 정보에 목말라하는가에 달려 있다"라고 말하기도 한다.

자기경영 아카데미에서 학생들을 가르칠 때와 사업가들을 대상으로 강연할 때 한 가지 공통점이 있다. '학습에 대한 열의'로 무장된 사람에게서는 마치 초강력 자석처럼 온몸으로 지식이나 정보를 끌어당기는 '힘'을 느낄 수 있다는 사실이다. 가르치는 입장에서도 참으로 짜릿하고 감동적인 순간이다. 아무리 귀한 지식을 풀어놓더라고 받아들이는 사람이 열의가 없으면 별 효과를 거둘 수 없다.

지적 탁월성을 달성하고자 하는 사람이나 성격적 탁월성을 달성하고자 하는 사람이 공통으로 취해야 할 것은 다름아닌 '실행'이다. 이를 아리스토텔레스는 '능력(dynamis)'에 대비해서 '활동(energeia)'이라는 용어로 자주 사용한다. '능력(dynamis)'은 영어로 '잠재능력(ability, potentiality)'으로 번역된다. 능력은 구체적인 성과로 만들어지기까지 잠재되어 있는 것으로 여기에 활동이 더해질 때 비로소 결실이 나온다.

"행복은 탁월성에 따르는 영혼의 활동이다." 아리스토텔레스의 이 말은 행복은 무엇을 할 수 있는 능력을 갖고 있는 것만으로 충분치 않음을 뜻한다. 스스로 좋은 것과 올바른 것을 실행에 옮기지 않는다면 어느 누구도 지적 탁월성에 도달할 수 없고 결국 행복도 이룰 수 없다. 즉 행복은 주어지는 것이 아니라 스스로 활동을 통해 만들어내는 것이다. 지적 탁월성에 다가서기 위해 실행에 옮기는 일이 얼마나 중요한가에 대해 아리스토텔레스는 이렇게 강조한다.

"탁월성은 여러 기예(technē)들과 마찬가지로 먼저 실행에 옮김으로써 얻게 된다. 어떤 것을 어떻게 만들어야 하는지 배워야 하는 사람은 그것을 만들어봄으로써 배우게 된다. 예를 들어, 건축가는 집을 지어봄으로써 건축가가 되며, 키타라 연주자는 그것을 연주함으로써 키타라 연주자가 된다. 이와 마찬가지로 우리는 정의로운 일을 행함으로써 정의로운 인물이 되며, 절제된 일들을 행함으로써 절제하는 사람이 되고, 용감한 일들을 실천함으로써 용감한 사람이 된다." 2권 1장 1103a30~1103b1

지적 탁월성을 얻고자 하는 사람은 일단 시도해 봐야 한다. 그것도 대충이 아니라 치열하게 그리고 꾸준히 실행에 옮길 때에만 탁월성에 도달할 수 있다. 아리스토텔레스도 지적 탁월성의 기원과 성장은 가르침이기 때문에 일정한 경험과 시간이 필수적이라고 말한다.

이 부분을 읽을 때 『아웃라이어』의 저자인 말콤 글래드웰이 역설하는 '1만 시간의 법칙'이 떠올랐다. 그는 모차르트가 인정받기까지는 10년의 치열한 연습과 시도가 있었고, 비틀즈가 인정받기까지는 약 1,200회 넘게 열었던 콘서트가 있었다고 말한다. "성공한 사람들은 모두 열정과 인고의 시간을 거쳤다. 무슨 일이든 1만 시간(하루 3시간씩 10년간)을 투입하면 달인의 경지에 접어들 수 있다"라고 강조한다.

사실 내 생각에는 과연 하루에 3시간씩 10년을 투자해서 달인의 경지에 도달할 수 있을지도 의문이다. 그 정도로는 충분하지 않다고 생각한다. 거의 혼신의 힘을 다해서, 우리가 흔히 이야기하는 전력투구 상태에서 최소 10년은 보내야 달인에 다가설 가능성을 한층 높일 수 있다고 본다. '10년 법칙'이 진리에 더 가깝다.

그런데 현실을 둘러보면 열심히 노력한다고 해서 모두가 지적 탁월성에 도달할 수 있는 것은 아니다. 이때 우리가 새겨두어야 할 교훈은 설령 노력해서 탁월성에 도달하지 못하더라도 그에 가까이 갈 수만 있다면, 그곳을 향해 나아가는 과정에서 자긍심, 쾌락, 유쾌함 등 다양한 소득을 거둘 수 있다는 사실이다. 목표는 이루지 못했을지언정 그 과정만으로도 충분히 아름답고 가치가 있다는 사실이다.

말콤 글래드웰 글래드웰은 아무리 성공한 사람들에게도 그것을 이루기 위한 경험과 반복의 '1만 시간'이 있었음을 강조한다.

아리스토텔레스는 "영혼의 상태들 중에서 특히 칭찬받을 만한 것을 탁월성이라고 한다"는 말로 탁월성이야말로 우리가 치열하게 추구해야 할 것임을 다시 한 번 강조한다.

탁월성은 그 자체로 좋은 것이고 행복한 인생을 가능하도록 해주기 때문에 힘껏 추구할 만하지만, 사람마다 탁월성을 대하는 태도는 다르다. 탁월성을 추구하는 것을 의무로 생각하는 사람이 있는 반면에 선택으로 생각하는 사람이 있다. 또한 탁월성 자체에 깊은 관심이 있는 사람이 있는 무관심한 사람도 있다. 어떤 선택을 하는가에 따라 삶의 모습과 행복의 정도는 크게 달라질 것이다.

❦ "영혼의 상태들 중에서 특히 칭찬받을 만한 것을 탁월성이라고 한다."

성격적 탁월성은 끊임없이
갈고닦아야 할 품성상태이다

"탁월성에 대해 검토해 보자. 영혼 속에서 생겨나는 것에 세 가지, 즉 감정 (pathos), 능력(dynamis), 품성상태(hexis)가 있는데, 이들 세 가지 중 하나 가 탁월성이다. 여기서 감정은 욕망, 분노, 두려움, 대담함, 시기, 기쁨, 친애, 미움, 갈망, 질투, 연민 그리고 일반적으로 즐거움이나 고통이 뒤따르는 것 들이다. 그리고 능력은 이런 감정들을 느끼게 하는 것들로, 가령 화를 내거 나 고통스러워하거나 연민을 느낄 수 있게 하는 능력들을 말한다. 그리고 품 성상태는 감정과 관련하여 올바른 태도를 취하거나 올바르지 않은 태도를 취하는 것을 뜻한다. 예를 들어 분노에 있어서 너무 지나치게 화를 내거나 아예 화를 내지 않는다면 이는 올바르지 않다. 그러나 중용을 지켜 적당히 화를 낸다면 분노와 관련된 품성이 좋다고 할 수 있다. 이는 다른 감정에 대해서도 동일하게 적용할 수 있다." 2권 5장 1105b19-27

젊은 날의 나는 무척 격정적이었다. 사소한 일에도 화를 낼 때가 종종 있었기에 스스로 고민하거나 부끄럽게 생각하곤 했다.

그럼에도 불구하고 요즘에도 이런 성질이 이따금 나오곤 한다. 한번은 공항의 검색대에서 내 가방을 함부로 다루는 젊은 직원에게 화를 낸 적이 있다. 사실 이성적으로 따지고 보면 그렇게 화를 낼 만한 일도 아니었다. 그 젊은 직원에게는 피치 못할 사정이 있었을 수 있다. '내가 왜 이러지?'라는 자괴감에 빠졌다. 인간적인 부족함을 고치려고 부단히 노력하지만 이런 경우처럼 실패를 맛볼 때면, 나는 인간이라는 존재가 얼마나 약한지에 대해 생각한다.

근래에 들어서 화를 내는 빈도는 크게 줄어들었지만 나는 여전히 나라는 존재를 그다지 믿지 못한다. 솔직히 조금이라도 방심하면 언제든지 실수를 범할 수 있는 존재로 생각한다. 아마도 나를 포함한 인간에 대해 더 깊이 이해하고 싶은 욕구가 나를 고전 공부로 이끈 중요한 요인이 되었을 것이다.

그렇다면 성격적 탁월성은 무엇을 말하는 것일까? 성격적 탁월성은 어떤 사람이 "탁월한 품성상태를 갖는 것"을 뜻한다. 이때 품성상태(hexis)란 '어떤 것의 성질을 나타내는 질의 범주'에 속하는 것을 뜻한다. 품성상태는 어느 날 갑자기 만들어지는 것이 아니라 일정 기간에 걸쳐서 지속적으로 이루어진 결과물이기 때문에 어떤 '성질'의 사람인가를 나타내는 표식이 된다. 여러분이 아는 사람들 가운데 인품이 훌륭한 사람이 있다면 그가 어떤 품성을 갖고 있는지 잠시 머리에 떠올려보라. 그들의 품성은 보통사람들과 뚜렷한 차이가 있을 것이다. 앞으로 상세히 살펴보겠지만 절제, 용기, 온화, 관후(寬厚), 진실성, 재치 등은 모두 성격적 탁월성의 한 부분이다.

그렇기 때문에 탁월성과 그 반대인 악덕은 감정을 뜻하는 것이 아니다. 어떤 사람이 화를 벌컥벌컥 낸다고 해서 그를 두고 나쁜 사람이라고 말하지 않는다. 또한 어떤 사람이 두려워한다고 해서 나쁜 사람이라고도 하지 않는다. 흔히 우리는 "저 사람은 화를 자주 내는 게 문제야"라고 말하긴 하지만 그 사람 자체에 대해 나쁜 사람이라는 평가를 내리지 않는다.

여기서 품성, 능력 그리고 감정을 구분해 둘 필요가 있다. 감정(파토스, pathos)은 행위자가 적극적으로 만들어내는 것이라기보다는 자신도 모르는 사이에 빠져드는 수동적인 성격이 강하다. 그래서 감정은 자극에 대한 반응의 의미를 갖고 있다. 때로는 감정이 어느 정도 지속성을 가지고 있기 때문에 감정 대신에 '감정상태'로 표현하기도 한다. "저 사람은 감정적이야"라고 이야기할 때는 한두 번 감정을 드러내는 것이 아니라 반복적으로 드러내기 때문에 감정이 아니라 '감정상태'라는 표현이 올바르다.

인간은 모두 희로애락과 관련된 감정을 겪을 수 있는 능력을 타고난다. 우리가 좋은 사람이 되거나 나쁜 사람이 되는 것은 이러한 감정이나 능력에 대해 평소에 어떤 태도를 취하는가에 달려 있다.

따라서 성격적 탁월성은 단순히 감정이나 능력이 아니라 감정이나 능력에 대한 지속성을 특징으로 하는 어느 정도 굳어져버린 태도를 말하며, 이는 특정한 '품성상태(hexis, characteristics)'이다. 여기서 감정이나 능력에 대해 보이는 태도를 '반응'이라고 할 수도 있지만, 그런 표현을 사용하지 않는 이유는 지속성 때문일 것이다. 지속성은 특정한 품성상태에서만 가능하다.

사람들은 저마다 굳어진 기질과 습성을 갖고 있다. 탐욕스럽다는 표현을 사용할 정도로 무절제하게 쾌락을 추구하는 사람이 있는 반면에 언제 어디서나 모든 종류의 쾌락이 일정 수준을 넘지 않도록 절제하는 사람이 있다. 훌륭한 품성상태가 있는 반면에 열등한 품성상태가 있다. "사람 아래 사람 없고 사람 위에 사람 없다"라고 하지만, 품격의 차이까지 피할 수는 없다.

이같이 특정한 품성상태에 놓이는 것은 어떤 의미를 갖는 것일까? 영혼의 모든 품성상태와 그것을 더 낫거나 더 나쁘게 만들었던 것(즐거움이나 쾌락) 사이에는 상호작용이 일어난다. 예를 들어, 절제하는 사람은 즐거움을 억제함으로써 절제라는 훌륭한 품성상태를 더 좋게 만들 수 있다. 동시에 이미 절제라는 품성상태를 갖고 있기 때문에 즐거움을 더 잘 억제할 수 있다.

따라서 별다른 노력을 하지 않는다면 영혼의 품성상태가 훌륭한 사람은 더욱 훌륭한 품성상태를 가지며, 영혼의 품성상태가 열등한 사람은 더욱 열등한 품성상태를 가지게 될 것이다. 왜냐하면 특정한 품성상태와 특정한 행위는 서로를 더욱 강화하는 경향이 있다. 그냥 내버려둔다고 해서 품성상태가 저절로 나아지는 것은 아니다. 그렇기 때문에 우리가 성격적 탁월성이라는 특정한 품성상태에 도달하기 위해서는 체계적인 노력이 필요하다.

이를 위해 성격적 탁월성의 특성을 좀더 깊이 이해할 필요가 있다. 성격적 탁월성은 즐거움이나 고통과 밀접하게 관련되어 있다. 그래서 아리스토텔레스는 "탁월성은 즐거움과 고통에 관계해서 최선의 것들을 행하도록 만드는 품성상태인 반면, 악덕은 그 반대의 품성상태이다"라고 말한다. 세상에는 육체적인 즐거움을 삼가면서 이러한 행위 자체에서 기쁨을 누리는 사람이 있는 반면에 그런 행위에 답답함을 느끼고 본능이 원하는 대로 거리낌 없이 행동하는 사람들이 있다. 누구든지 두 가지 태도를 취할 수 있다. 전자는 올바른 태도를 선택하는 것이고, 후자는 잘못된 태도를 선택하는 것이다.

그런데 살다 보면 나쁜 일, 장기적으로 인생의 행복으로부터 멀어지게 하는 일들의 경우 주로 순간적인 쾌락 때문인 경우가 많다. 나쁜 일들은 대부분 즉흥적인 기쁨, 즉 단기적인 이득을 주기 때문에 뿌리치기가 힘들다. 반면 고귀한 일들을 멀리하는 것은 단기간에 걸친 고통 때문이다. 대표적인 예로 술이나 마약과 같이 중독성이 강한 물질들을 생각해 볼 수 있다. 이들은 즉흥적인 즐거움을 주기 때문에 중독성에 빠진 사람이 이를 멀리할 때 고통을 느낀다. 이렇게 보면 나쁜 사람이 되는 것은 복잡하지도 어렵지도 않다.

이를 두고 아리스토텔레스는 나쁜 사람들의 선택에 대해 "해서는 안 되는 것들을, 혹은 해서는 안 되는 시기에, 해서는 안 되는 방식으로, 혹은 해서는 안 되는 방향으로 추구하고 회피함으로써 나쁜 사람이 된다"라고 말한다. 그런데 문제는 그런 잘못된 선택이 한두 번에 그치는 것이 아니라 계속해서 반복된다는 점이다. 반복은 결국 품성상태를 결정한다.

성격적 탁월성의 생생한 사례를 한 가지 들어보면 도움이 되겠다. 권력이 주는 즐거움은 그 어떤 즐거움보다 강력하기 때문에 과거나 지금이나 정치에 참여하려고 기웃거리는 학자들이 많다. 만일 기회가 주어진다면 사양할 지식인이 얼마나 있을까 싶다.

그러나 자신의 그릇됨을 알고 시류에 영합하지 않은 드문 인물이 있다. 광복군 출신으로 고려대 총장을 지냈던 김준엽 박사이다. 그분은 자신이 무엇을 해야 하는 사람인지를 알았고, 이를 위해서 무엇을 하지 말아야 하는지를 정확히 알고 평생 동안 올곧게 살다간 인물이다. 훌륭한 품성상태가 훌륭한 행위를 낳은 멋진 사례 가운데 하나이다.

전두환 정권의 서슬이 퍼렇던 시절, 말을 듣지 않는다고 김준엽 총장을 고려대에서 쫓아낸 지 3년이 지났을 무렵 이번에는 총리가 되라고 했다. 1988년 4월 30일, 고려대에서 있었던 특별강연에서 김준엽 박사는 젊은이들에게 이런 이야기를 들려주었다.

"세상에, 3년 전에 나를 쫓아내고서 3년이 지나니까 나보고 국무총리하라는 겁니다. 그건 나를 잘못 봐서 그런 겁니다. 나는 능력도 없는 사람이고 또 일생 벼슬하지 않겠다는 생각은 20대 초기에 이미 나로서는 결심을 했습니다. …… 나는 일생 동안 항상 못난 조상이 되어서는 안 되겠다는 생각을 했습니다. …… 고생을 할 때마다, 죽음터에 갈 적마다, 그때마다 부르짖는 것은 다시는 못난 조상이 되어서는 안 되겠다. 반성과 자기성찰로써 일생을 보내온 것만은 틀림없다고 자부하고 있습니다." — "현실에 살지 말고 역사에 살라", 김준엽 총장 특별강연 중에서, 1988. 4. 30

한 인간으로서 우리는 일정한 위치에 올라서면 안주하려는 습성이 있다. 그것이 올바르지 않다는 사실을 잘 알면서도 변화에 대한 두려움이

고대 철학자 헤라클레이토스의 두상 그는 "분노보다 즐거움과 싸우는 것이 더 어렵다"라고 말했다.

나 귀찮음 때문에 성장을 향한 시도를 주저한다. 변화를 향한 고통을 피하고 당장의 즐거움을 찾으며 그로 인해 장기적인 이익을 희생시킨다. 인간적인, 너무나 인간적인 본능은 항상 단기적 이익에 손을 들어준다. 결과적으로 나쁜 선택으로 나쁜 사람이 되어버리며, 성격적 탁월함이라는 특정 품성상태에 도달하는 것에 실패하고 만다.

그래서 나는 종종 "행복한 삶을 살기 위해서 어떻게 해야 합니까?"라는 질문을 받으면 "가장 손쉽고 쾌감을 주는 일을 피해 일부러라도 가장 어려운 일을 시작하세요"라고 조언하곤 한다. 술이나 담배, 자극적인 놀이, 게임 등 접하기 쉽고 빠져들기 쉬운 것치고 성격적 탁월성에 도움이 되는 것은 많지 않다.

성격적 탁월성은 현명한 사람들의 몫이다. 문제는 이런 선택이 쉽지만은 않다는 점이다. "사람들마다 갖는 즐거움은 어릴 때부터 함께 자라왔기 때문에 삶 속에 스며든 이 감정을 떨쳐내는 것은 어렵다"라는 지적은 성격적 탁월성이라는 특정한 품성상태에 사람들이 도달하기가 얼마나 힘든가를 말해 준다. 고대 철학자 헤라클레이토스는 "즐거움과 싸우는 것이 분노와 싸우는 것보다 더 어렵다"라고 말하기도 하였다.

누구나 훌륭한 사람이 되기를 소망하며, 성격적 탁월성이 즐거움과 고통과 관련된다는 점을 고려한다면, 우리는 가까이하지 않아야 할 즐거움은 가능한 한 멀리 해야 하며, 그런 즐거움을 누릴 때도 최대한 절제할 수 있어야 한다. 처음부터 손쉽게 얻을 수 있는 즐거움이라면 찬찬히 전후 효과를 따져본 이후에 시작해야 한다.

또한 고통 역시 힘들다는 이유로 무조건 피할 게 아니라 후일을 위해 고통을 참을 필요가 있다면 기꺼이 인내할 수 있어야 한다. 귀한 것일수록 당장의 즐거움을 주지 않으며 대부분 일정 기간 동안 고통을 치른 다음 그 대가로 얻는 것임을 명심해야 한다.

그런 의미에서 "사람은 어린 시절부터 마땅히 기뻐해야 할 것들에 기뻐하고 마땅히 괴로워해야 할 것들에 고통을 느끼도록 길러져야 한다. 이것이야말로 올바른 교육이다"라는 플라톤의 조언은 여전히 유효하다.

이것은 어린 시절뿐만 아니라 삶이 끝나는 날까지 우리가 가슴깊이 새기고 실행에 옮겨야 할 인생의 지혜이다.

　　♔ "탁월성은 감정도, 능력도 아니고 하나의 품성상태이다."

지행합일(知行合一),
탁월성은 습관으로 만들어진다

"성격적 탁월성은 습관(ethos)에 의해 만들어진다. (······) 성격적 탁월성은 본성적으로 생겨나는 것도 아니며, 본성에 반하여 생겨나는 것도 아니다. 우리는 본성적으로 성격적 탁월성을 받아들일 수 있는 능력을 가지고 태어나며, 습관은 이런 능력을 완성시킨다. (······) 한마디로 말하면, 특정한 품성상태는 이에 대응하는 활동들에서 비롯된다. 따라서 우리는 우리의 활동이 어떤 성질의 것이 되도록 해야 한다. 이런 활동의 차이가 품성상태에 반영되기 때문이다. 따라서 어린 시절부터 어떻게 습관을 들였는가 하는 점은 결코 사소한 차이를 만드는 문제가 아니다. 그것은 대단히 큰 차이, 아니 모든 차이를 만드는 문제이다." 2권 1장 1103a16, 1103a22-24, 1103b20-24

어떻게 해야 탁월성을 이룰 수 있을까? 나아가 어떻게 해야 행복할 수 있을까? 우리가 관심을 갖는 것은 '어떻게'에 대한 답이다.

　그것은 말이나 생각이 아니라 행위이다. 누구든 훌륭한 품성상태를 원하면 "올바른 이성에 따라 행위해야 한다"라는 점에서 예외는 없다. 성격적 탁월함에 도달하는 것은 올바른 행동이 있을 때에만 가능한 일이다.

　하지만 행동은 쉬운 일이 아니다. 고대 그리스 시대에도 늘 말만 앞세우고 말로만 먹고 사는 사람들이 많았던 모양이다. 그래서 아리스토텔레스는 "많은 사람들은 이런 일들(정의로운 일들이나 절제된 행동들)은 하지 않고 말로 도피한 채 자신들은 철학을 하고 있다고 생각하고, 이런 방식으로 신실한 사람이 될 것이라고 생각한다"라고 지적하면서, 그런 사람들은 결코 성격적 탁월성에 도달할 수 없다고 말한다.

　예를 들어, 의사와 환자 사이를 보자. 의사가 아무리 좋은 처방을 주더라도 환자가 병을 고치려는 의지를 갖고 처방에 따르지 않으면 아무 소용이 없다. 아버지와 자식 사이도 마찬가지이다. 아버지가 자식에게 "젊음을 낭비하지 말고 세월을 아껴라"라고 귀에 못이 박히도록 말해도 스스로 깨닫고 행동하지 않으면 아무런 소용이 없다.

　아리스토텔레스는 인간이라는 존재는 어떤 활동을 반복함으로써 이에 상응하는 품성상태를 갖는다고 말한다. 그래서 습관의 중요성을 강조한다.

　성격적 탁월성에 도달하기 위해서는, 다시 말하면 행복한 사람이 되기 위해서는 제대로 아는 것보다 올바르게 행동하는 것이 중요하다. 여러분은 정의로운 사람이 되기를 원하는가? 그렇다면 단순히 정의롭게 행동하는 것에서 한 걸음 나아가 이미 정의로운 사람이라면 하였을 법한 행동을 반복해서 하라. 여러분은 절제하는 사람이 되고 싶은가? 그렇다면 단순히 절제력 있게 행동하는 데 그치지 말고 절제하는 사람이 취할 법한 행동을 반복하라. 여러분은 사려분별이 있는 현명한 사람이 되기를 원하는가? 그렇다면 단순히 사려분별 있게 행동하는 것에 그치지 말고 이를 넘어서 사려분별 있는 사람이 취할 법한 행동을 반복하라. 누구든지 몸소 올바른 행동을 반복적으로 행한다면 그는 성격적 탁월성에 다가설 수 있을 것이다.

물론 성격적 탁월성을 갖기 위해서 탁월성에 대해 정확히 아는 일이 필요하지만 이보다 합리적 선택에 의해서 올바로 행동하는 것이 더욱 중요하다. 아리스토텔레스는 이를 두고 "어떤 사람이 탁월성을 가질 수 있느냐에서 안다는 것이 차지하는 비중은 아무런 중요성을 가지지 않거나 작은 중요성을 가질 뿐이다"라는 설명을 더할 정도로 앎과 행동 사이의 차이를 강조하고 있다.

아리스토텔레스는 "탁월성은 앎으로 이루어진다"라는 소크라테스와 플라톤의 주지주의 전통에 반대하였던 인물이다. 그가 남긴 유명한 이야기 중에 "아는 자들이여 실천하라, 이해하는 자들이여 가르쳐라"는 말이 있을 정도이다. 물론 앎보다 행동이 중요하다. 하지만 행동 또한 앎에 따라서 올바른 행동과 올바르지 못한 행동으로 나뉘기 때문에 앎의 중요성을 과소평가하는 일도 위험하다. 다만 올바른 행동의 기초에는 반드시 올바른 앎이 있어야 한다는 점은 분명히 해둘 필요가 있다.

우리는 흔히 '지행합일(知行合一)'이라는 사자성어를 사용하곤 한다. 아는 것과 행동하는 것이 일치하는 것을 말한다. 누구든지 탁월성에 도달하기를 원한다면 탁월성이 무엇인지를 정확히 알고 있어야 하고, 이를 가능하게 해주는 필수 조건을 자신의 것으로 만들기 위해 삶 속에서 반복하여 실천할 수 있어야 한다.

그 과정에서 자연스럽게 만들어지는 것이 습관이다. 탁월성이라는 결과와 좋은 습관이라는 원인 사이에는 서로 인과관계가 있다. 올바른 행동을 반복하면서 좋은 습관을 만들어야 하고 동시에 좋은 습관을 통해서 성격적 탁월성을 가질 수 있다.

플라톤이나 아리스토텔레스를 비롯한 헬라인(고대 그리스인)들은 성격이나 품성을 뜻하는 헬라어(그리스어)인 '에토스(ēthos)'를 반복되는 언행이나 몸가짐과 같은 '습관(ethos)'에 의해서 굳어진 특정한 품성상태로 이해하였다.

젊은 날에는 "세살 버릇 여든까지 간다"는 속담을 그냥 속담으로만 여겼다. 하지만 세월이 가면서 점점 더 그 속담 안에 삶의 깊은 지혜가 담겨 있음을 깨닫는다. 특히 나는 탁월성과 행복에 관한 아리스토텔레스의 지혜를 접하면서 이 점을 더욱 확고히 하게 되었다.

가끔 별로 의식하지 않고 가볍게 시작한 행위가 습관이 되어서 삶의 앞날에 큰 그림자를 드리우는 경우를 만날 수 있다. 사소하게 보이는 것이라도 훗날 문제가 될 법한 행위에 대해서는 시작 단계부터 주의하는 것이 현명하다. 그런 만큼 우리는 분주한 삶의 일상 속에서도 습관적으로 말하고, 행동하고, 생각하는 것에 어떤 것이 있는지 차분히 점검해 보고, 더 나아지기 위해 의도적으로 노력해야 한다.

🐾 "특정한 품성상태를 갖기 위해서는 올바른 이성에 따라 행위해야 한다."

탁월성은
자기 자신에게 달려 있다

"탁월성이 자신에게 달려 있는 것처럼 악덕도 그렇다. 탁월성에 따라 행동할 수 있는 힘이나 행동하지 않을 힘이 우리에게 달려 있는 것처럼 악덕도 마찬가지이다. 우리는 어디서든 '네' 또는 '아니오'라고 답할 수 있다. 우리가 고귀한 일을 하는 힘을 갖고 있는 것처럼, 반대로 우리는 비천한 일을 하는 힘도 갖고 있다. 만일 우리가 고귀하게 행동하거나 비천하게 행동하는 힘을 갖고 있고 또 그렇게 행동하지 않을 힘을 갖고 있다면, 그리고 그렇게 행동하는 것과 행동하지 않는 것이 각각 탁월성과 악덕을 만든다면, 스스로 훌륭한 인물이 되는 것이나 비천한 인물이 되는 것은 자신에게 달려 있다는 결론을 내려야 한다." 3권 5장 1113b7-14

"나라의 정책이야 어떻게 할 수 없더라도 뱃살, 음주, 금연, 과식, 과체중만은 최대한 자기 뜻대로 조절할 수 있어야 합니다. 자기 몸과 마음을 잘 다스리는 사람이야말로 정말 훌륭한 사람입니다."

얼마 전 내가 홈페이지에 올렸던 글이다. 무언가 지금 뜻대로 일이 풀리지 않는다고 하소연하는 이들에게 나는 거창한 조언을 전하기에 앞서 오늘부터 바로 동네 공원이나 학교 운동장에 가서 한두 시간 걷거나 달려보라고 한다.

당장 처해 있는 상황은 자신의 의지만으로는 쉽게 해결할 수 없다. 하지만 이렇게 자신과의 약속을 지키며 몸과 마음을 강건하게 만들다 보면 최소한 지난한 터널을 빠져나갈 수 있는 체력과 의지가 만들어진다. 자신이 인생을 주도한다는 자신감도 조금씩 회복된다. 한마디로 상황을 탓하며 자신을 갉아먹지 않을 수 있게 된다.

이처럼 외부 환경에 휘둘리지 않고 스스로 책임지고 관리하고 한 걸음 앞으로 나아가는 것, 이는 한 인간이 탁월성을 향해 나아갈 때 반드시 지녀야 할 태도가 아닐까 싶다. 이 부분에서 아리스토텔레스가 성격적 탁월성에 관해 들려주는 이야기는 현대의 우리들에게 큰 울림을 준다.

성격적 탁월성은 "본성적으로 생겨나기도 하지만 주로 습관을 통해서 완성된다"라는 사실 때문에 아리스토텔레스는 "모두 다 자기하기 나름이다"라고 강조한다. 훌륭한 사람이 되는 것이나, 열등한 사람이 되는 것이나 모두 다 자기가 어떻게 하느냐에 달려 있다.

하지만 인간은 연약한 존재이다. 항상 장기적인 이익을 생각하면서도 눈앞의 이익에 무릎을 꿇고 만다. 아리스토텔레스는 인간이 악덕에 치우치기 쉽고 뻔히 알면서도 실천하지 못하는 것은 이처럼 인간적인, 너무나 인간적인 약점 때문이라는 사실을 지적한다.

그는 병든 사람이 건강하기를 소망하는 것만으로 어떻게 건강해질 수 있느냐고 반문한다. 건강을 유지하기 위해 절제된 행동을 하지 않고 의사의 말을 듣지 않는다면, 그 사람이 병에 걸리지 않을 수 있겠느냐는 것이다.

여기서 그는 뻔히 알고 있으면서도 악덕을 선택하는 인간에 대해 "돌을 던지는 것은 그에게 달려 있는 일"이라고 말한다. 이미 엎질러진 물을 담을 수 없다는 표현처럼 아리스토텔레스는 "돌을 던지고 난 후에 그것을 잡을 수 없듯이"라는 표현을 사용한다.

"보육시설에 산다고 해서 망가지고 싶지 않았어요. 꿈을 향해 계속 달렸어요." 부모의 이혼, 아버지의 가출이란 불우한 환경을 딛고 거친 세상에 두 발로 우뚝 서는 데 성공한 한 젊은이가 자신과 세상을 향해 던지는 말이다.

이처럼 누구에게든 탁월성과 악덕에 대한 가능성의 문이 모두 열려 있다. 어떤 문을 열고 어떤 길을 선택하느냐 하는 것은 자발적으로 그런 사람이 되기를 선택하는 것을 말한다.

한편 아리스토텔레스는 준엄한 경고를 하는데, 한번 악덕의 길에 들어서고 난 다음에는 좀처럼 그 길을 벗어나기 힘들다는 의미에서 "일단 악덕을 가진 사람이 된 이후에는 그런 사람이 되지 않을 가능성이 더 이상 없다"라고 말한다. 이는 현실의 사례들을 미루어봐도 충분히 이해할 수 있는 부분이다.

얼마 전 삼성에서 금연을 하지 않는 사람은 앞으로 임원이 되기 어려워진다는 기사를 본 적이 있다. 백해무익이라지만 담배만큼 손쉽게 빠져들고 벗어나기 고통스러운 것도 없다. 나 역시 대학 때 배운 담배를 끊는 데 적지 않은 시간이 걸렸다. 그래서 누군가는 "담배를 끊는 사람과는 사귀지도 말라. 그는 정말로 '독한' 사람이다"라는 농담을 하기도 한다. 사회적으로 담배의 해악이 널리 알려지고 있음에도 기대만큼 흡연율은 크게 떨어지지 않는다. 한번 담배라는 '악덕'에 빠져들면 그만큼 벗어나기가 힘든 것이기에, 어릴 때부터 이런 습관을 들이지 않도록 각별한 노력이 필요할 것이다.

무절제한 삶의 길에 들어선 사람이 중도에 반성하고 그동안 걸어온 길을 벗어날 수는 있지만 그것은 정말 고통스러운 일이다. 그래서 이러한 '궤도 변경'의 고통을 아는 사람은 잠깐의 기쁨을 주는 일을 선택할 때 신중하게 처신한다.

자신의 인생에 대해 전적으로 스스로 책임을 지라는 아리스토텔레스의 메시지는 현대의 '자립론(自立論, self-help)'과 맥을 같이한다. 그는 영혼의 악덕뿐만 아니라 신체까지 개인의 자발적인 선택의 결과물임을 강조한다. 몸을 함부로 다룸으로써 발생하는 모든 질병 또한 그런 질병을 낳도록 행동한 개인이 책임을 져야 한다고 말이다.

"어느 누구도 태어날 때부터 볼품없는 사람을 비난하지 않지만, 운동을 하지 않고 자기 몸을 돌보지 않아서 볼품없게 된 사람은 비난한다. 허약함이나 불구에 대해서도 그렇다. 누구나 태어날 때부터 눈이 먼 사람이나 질병 또는 부상 때문에 눈 먼 사람을 비난하지 않는다. 오히려 그를 불쌍히 여길 것이다. 하지만 폭음이나 그 밖의 다른 무절제한 행동으로 눈이 먼 사람은 비난할 것이다. 이처럼 신체에 관련된 악덕 중에서도 우리 자신에게 달린 것들은 비난받지만, 우리 자신에게 달려 있지 않는 것들은 비난받지 않는다. 만일 신체가 이렇다면, 다른 경우에 있어서도 악덕들 중 비난받는 것은 우리 자신에게 달려 있는 것이다." 3권 5장 1114a23-31

한편 아리스토텔레스의 경고에 대해 어떤 이들은 지나치게 개인에게만 책임을 묻는다고 비판할 수도 있다. 그의 이야기가 가혹하게 들릴 수도 있다.

또 어떤 사람은 아리스토텔레스 역시 먹고살 만한 유한계급에 속한 사람이었기 때문에 그런 주장을 폈다는 오해를 할 수도 있다. 그런데 이런 주장은 단순히 그의 믿음이나 느낌에 바탕을 둔 것이 아니며, 흔히 가진 자를 옹호한다고 비난받는 사람들이 주장하는 개인의 책임론에 뿌리를 두고 있지 않다.

개인의 책임을 강조하는 아리스토텔레스의 주장은 자발성과 비자발성, 합리적 선택, 숙고, 실천적 지혜와 같은 주제에 대한 충분한 논의 끝에 이끌어낸 이성적이고 경험적인 결론이다.

여기서 자기책임론과 관련해서 한 인물의 파란만장한 인생 이야기를 소개한다. 수원의 부유한 집안에서 태어난 그의 아버지는 젊은 날 좌익사상에 이끌려 6·25전쟁과 함께 인민군에 자원입대를 하였다. 입대 후에 이상과 현실의 괴리에서 오는 갈등을 느낀 나머지 탈영하였는데 젊은 날의 선택은 그의 인생이 끝날 때까지 암울함을 드리운다.

용공 행위에 대한 처벌이나 감시가 철저했던 시대였던 만큼 한때 좌익사상을 가졌던 사람이 살아가기에 한국 땅은 너무나 척박하였다. 결혼해서 1남 2녀를 두었지만 그의 아버지는 직장을 제대로 구할 수 없었다.

딱하게도 그가 여섯 살되던 무렵에 그의 아버지는 아내가 죽자 아이들을 고아원에 맡겼다. 세상을 원망하던 그의 아버지는 술독에 빠진 폐인으로 살다 저 세상으로 떠나고 말았다.

그런 어려운 상황에도 불구하고 그에게 운명의 여신이 미소를 지었다. 전쟁고아를 지원하는 페스탈로치 장학재단이 1978년에 그에게 유학의 기회를 주었다. 당시 그렇게 혜택을 받은 모든 유학생들이 다 잘된 것은 아니다. 50여 명 가운데서 두 명은 스스로 죽음을 선택하였고 여러 명은 마약에 무릎을 꿇었다.

그러나 그는 역경에 굴하지 않고 자신의 인생을 반석 위에 세우는 데 성공하였다. 이 인물이 바로 한국로슈진단의 안은억 대표이다. 그의 인터뷰 마지막 한 문장이 가슴을 저며온다.

"누나들은 꽤 오랜 시간 아버지를 원망했습니다. 하지만 나는 그저 '시대의 비극'으로 받아들입니다. 해야 할 일이 많은 지금, 과거는 그다지 중요하지 않으니까요." —심재우, "북인민군 아들이 매출 65조 글로벌 기업서……", 《중앙일보》, 2012. 2. 20

부모를 잘 만나는 일, 그리고 좋은 지능과 품성을 타고나는 일은 정말 큰 행운이다. 그러나 모두가 그런 행운을 가질 수는 없다. 좋든 싫든 이는 자신이 어떻게 해볼 도리가 없는 어떤 제약이 주어지게 된다. 그것을 어떻게 받아들일 것인가 그리고 그런 제약조건 하에서 자신을 어떻게 만들어갈 것인가는 전적으로 자신이 결정할 사항이다. 전적인 재량권을 갖고 있기에 우리는 과거의 일은 어떻게 해볼 도리가 없지만 현재와 미래의 일은 원하는 쪽으로 만들어볼 수 있다.

그래서 나는 늘 어떤 인생이든 한번 진하게 살아볼 만한 가치가 있다고 생각한다. 안은억 대표의 굴곡 많았던 인생 이야기를 읽으면서도 그런 생각을 다시 한 번 되새긴다.

✤ "탁월성은 자기 자신에게 달려 있으며, 악덕 역시 마찬가지이다."

모자라지도 넘치지도 않게
살아가라

"모든 탁월성은 그 자체를 좋은 상태에 있게 하고, 그것의 기능을 잘 수행할 수 있도록 해야 한다는 점에 주목해야 한다. 예를 들어 눈의 탁월성은 눈과 눈의 기능을 좋게 만든다. 왜냐하면 좋은 시력은 눈의 탁월성에서 비롯되기 때문이다. 마찬가지로 말[馬]의 탁월성은 말 자체를 좋게 하고 잘 달리고 짐을 잘 실어 나르고 전쟁터에서 적에게 잘 맞서게끔 만든다. 다른 경우들도 이와 같다면, 한 사람의 탁월성이란 그를 좋은 사람으로 만들고 그의 기능을 잘 수행할 수 있게 만드는 품성상태일 것이다. (……) 탁월성은 감정 및 행동과 관련이 있으며 감정과 행동에 있어서의 중간을 지향하면 칭찬을 받고 성공할 수 있다. 칭찬과 성공 모두 탁월성을 나타내는 표시로서, 탁월성은 중

간적인 것을 지향하는 중용이라 할 수 있다." 2권 6장 1106a14-22, 1106a24-27

탁월성이 특별한 품성상태라면 구체적으로 어떤 상태를 말하는 것일까? 일찍이 플라톤은 『국가』에서 탁월성에 대해 자세히 설명하였는데, 탁월성은 고유한 기능과 능력을 최고로 잘 발휘하는 상태를 말한다.

아리스토텔레스는 이런 이상적이고 바람직한 상태를 '중용'이라는 용어를 사용해서 좀더 상세하게 설명한다. 그에게 성격적 탁월성은 지나침과 모자람 사이에 어떤 중간을 말하는 '중용'을 뜻한다. 즉 지나침과 모자람이 악덕의 특징이라면 그 중간인 중용은 탁월함의 특징이다. 또한 탁월함은 중용에 따라 행동하거나 합리적 선택과 결부된 품성상태이기도 하다.

지나치게 무모하게 행동하거나 지나치게 소심하여 비겁하게 행동하는 것이 양극단으로 악이라 한다면, 중용은 그 중간의 용기를 말한다. 또한 욕망의 노예가 되어 방탕하게 행동하는 것과 아무런 감정 없이 무감각하게 행동하는 것이 양극단이라 한다면, 중용은 그 중간의 절제를 말한다. 아무 목적 없이 지나친 친절함이 비굴함을 뜻한다면, 그 반대로 자기 자신의 이익을 위해 그렇게 행동하는 것은 아첨이 될 것이다. 비굴함과 아첨의 중용은 친절일 것이다.

"그렇게 해야 할 때에 대해, 그래야 할 대상에 대해, 그래야 할 사람들에 대해, 그래야 할 이유 때문에, 또한 마땅히 그래야 할 방법으로 두려움, 믿음, 욕망, 분노 등과 같은 감정들을 과하지 않게, 그리고 부족하지 않게 경험하는 것은 중용이자 최선이다. 이것이야말로 탁월성의 한 징표이다. 이런 감정들과 마찬가지로 행위들도 지나침과 모자람 그리고 중간이 있다." 2권 2장 1106b21-24

그러나 우리가 확실히 이해해야 할 점은 아리스토텔레스가 말하는 중용은 단순히 양극단의 중간만을 의미하는 것이 아니라는 사실이다. "탁월성은 그것의 실체와 본질에 대한 정의(定意)를 따르자면 중용(mean)이지만, 최선과 잘해내는 것에 관한 한 극단(extreme)이다"라는 말을 주목해야 한다.

이는 탁월성의 이해에 있어서 자칫 오해하기 쉬운 점을 날카롭게 지적하고 있다. 탁월성은 고유한 기능을 잘 수행한다는 점에서 극단이지만, 두 개의 악덕 사이에서는 중간인 중용을 뜻한다. 앞의 것은 주로 지적 탁월성을 말하고, 뒤의 것은 성격적 탁월성을 말한다.

지적 탁월성과 성격적 탁월성

- 지적 탁월성 = 고유 기능과 능력을 최고로 잘 수행한 상태
- 성격적 탁월성 = 지나침의 악덕과 모자람의 악덕 사이에 중용

《타임》 편집장과 CNN 대표이사를 지냈던 월터 아이작슨은 베일에 가려져 있던 스티브 잡스의 일대기를 책에 담아냈다. 그는 잡스가 사망하기 전 2년 동안 50회가량 그를 인터뷰하고 지인들과 동료들을 취재하면

서 잡스를 속속들이 파악하였다. 그는 잡스와 만나는 동안 불쑥불쑥 튀어 나오는 욕설과 다혈질적인 행동을 목격하였음을 이렇게 전한다.

"나는 잡스의 다혈질 성격을 수시로 목격했다. 이를테면 '홀 푸즈(Whole Foods, 유기농산물을 주로 파는 슈퍼마켓)' 음료 코너에서 스무디를 주문했는데, 직원의 동작이 굼떠 시간이 오래 걸리자 바로 온갖 모욕적인 말로 그 직원을 비난하는 식이었다. 사람들은 보통 그럴 때 속에서 '짜증내지 말자'라는 필터가 작동하는데, 스티브에게는 그런 필터가 아예 없었다. 나는 절대로 아이폰을 발명하지도 못하겠지만, 슈퍼마켓에서 스무디를 만드는 직원에게 화를 내지도 않을 것이다." — 한현우, "욕쟁이 천재에 빠져버린 50번의 산책", 《조선일보》, 2012. 4. 20

스티브 잡스는 성격적 탁월성의 관점에서는 문제가 있었던 인물임에 틀림없다. 50대 남자라면 타인의 사소한 실수에 대해서는 웬만하면 이해하고 넘어 갈 것이다. 하지만 아이작슨은 "그는 참을성이 부족하고 종잡을 수 없는 사람이었지만, 점점 더 현명해진 사람이기도 했다"라고 말한다.

그러나 기업가가 수행해야 할 고유 기능이라는 면에서 스티브 잡스는 역사에 큰 족적을 남긴 인물이었다. "스티브는 스스로를 역사에 남을 인물(historic character)로 생각했다"라는 말에 동감한다. 그는 어느 누구도 만들어낼 수 없었던 새로운 '콘셉트'를 세상에 선보인 탁월한 사람이었다.

나는 밥을 먹을 때도 운동을 할 때도 연구실 이곳저곳은 물론 심지어 식탁에서도 아이패드를 놓고 무엇인가를 듣곤 한다. 비슷한 제품들이 쏟아져 나오고 있지만 잡스가 만든 신선한 제품은 두고두고 그를 생각하게 만든다. 지적 탁월성의 측면에서 그는 최고의 인물이었다.

우리는 어떤 예술 작품에 대해서 더하고 뺄 필요도 없이 완벽한 작품이라는 평가를 내릴 수 있다. 이때는 지나침과 모자람의 중간이 아니라 예술가의 고유한 기능을 최고로 잘 발휘한 상태에서 나오는 최고의 완벽함이라는 점에서 지적 탁월성에 해당한다.

반면 무모함과 비겁함과 같은 성격적 탁월성에는 중간의 선택, 즉 균형이 필요하다. 취미나 여가 활동으로 어떤 즐거움을 취하되 그 즐거움이 직업이나 삶을 흔들지 않는 선에서 머물도록 하는 일, 사람과의 만남에서 지나치게 과묵하지도 않고, 그렇다고 해서 지나치게 수다스럽지 않도록 하는 노력이 필요하다. 훌륭한 품성상태는 일과 가정 그리고 사회생활에서 균형을 유지하도록 만들어주는 든든한 배경이다.

성격적 탁월성을 위해 중용을 유지하는 일은 일생을 통해서 노력해야 할 부분이다. 김열규 교수가 쓴 『노년의 즐거움』이라는 책에는 나이 들어서 권하고 싶은 다섯 가지와 피해야 할 다섯 가지가 나오는데, 이들 가운데 많은 부분이 '중용'과 관련되어 있다.

> "5금: 잔소리와 군소리를 삼가라. 노(怒)하지 마라. 기(氣) 죽는 소리는 하지 마라. 노탐을 부리지 마라. 어제를 돌아보지 마라. 5권: 유유자적하라. 달관하라. 소식(小食)하라. 사색하라. 운동하라." ─김열규, 『노년의 즐거움』, pp.72~85, 92~105

성격적 탁월성의 이상적인 품성상태를 중용에 두지만 그렇다고 해서 모든 감정과 행위에서 중용이 인정되는 것은 아니다. 처음부터 중용의

다양한 성격적 탁월성들에 대한 소묘

관계 있는 것	모자람	중용	지나침	사람
두려움과 대담함	비겁함	용기	무모함	비겁한 사람 (무모한 사람)
즐거움과 고통	무감각	절제	무절제	목석 같은 사람 (무절제한 사람)
금전	인색	자유인다움 (관후)	낭비	인색한 사람 (낭비하는 사람)
	좀스러움	통이 큰 것	속물근성	좀스러운 사람 (속물적인 사람)
명예와 불명예	소심함	포부가 큼 (긍지)	허영심	소심한 사람 (허영심이 많은 사람)
	명예에 무관심함	작은 명예	명예욕	명예욕이 없는 사람 (명예욕을 가진 사람)
분노	화낼 줄 모름	온화	성마름	화낼 줄 모르는 사람 (성마른 사람)
진리	자기비하	진실	허풍	자신을 비하하는 사람 (허풍선이)
유쾌함	촌스러움	재치	(저급한) 익살	촌스런 사람 (저급한 익살꾼)
	뿌루퉁함	친애	아첨	뿌루퉁한 사람 (아첨꾼)
감정	숫기 없는 사람	부끄러움	파렴치	숫기 없는 사람 (파렴치한 사람)
부당함에 대한 의분	시샘	의분	심술	시샘하는 사람 (심술궂은 사람)

대상이 될 수 없는 일부 감정이나 행위는 그 자체만으로도 나쁜 것들이다. 예를 들어, 심술, 파렴치, 시기와 비슷한 유형의 감정들이나 간통, 절도 그리고 살인과 같이 처음부터 고려의 대상이 될 수 없이 나쁜 행위들은 중간이 존재할 수 없다. 그런 감정들과 행위들은 언제 어디서나 잘못된 것들이라 할 수 있다.

우리 모두가 완벽한 인간일 수는 없기에 이따금 지나침이나 모자람 때문에 감정을 주체하지 못할 때도 있다. 그러나 훌륭한 품성상태를 알고, 그것을 향해 나아가는 것만으로 삶은 가치가 있는 일이다.

한편 『니코마코스 윤리학』 2권 7장에는 '성격적 탁월성들의 소묘'라는 제목으로 감정과 행위와 관련해서 우리가 흔히 범하는 양극단의 악덕과 중용의 사례들을 정리하였다. 7장의 내용을 정리하면 왼쪽의 표를 참조하면 성격적 탁월성과 중용에 대해 이해하는 데 도움이 될 것이다.

🍃 "성격적 탁월성은 중간(중용)을 겨냥하는 것이다."

쉽고 편안한 길일수록
돌아가라

"모든 경우에 있어 중간을 찾는 일이 쉽지 않기에 신실한 사람이 되는 것은 어려운 일이다. 마치 원의 중심을 찾는 일은 누구나 할 수 있는 게 아니라 그에 대해 아는 사람만 할 수 있듯이 말이다. 그렇기에 누구든 화를 내거나 돈을 써버릴 수 있지만, 적절한 사람에게 적절한 만큼 적절한 때에 적절한 목적을 위해 적절한 방식으로 그렇게 하는 것은 누구나 할 수 있는 쉬운 일이 아니다. 따라서 이런 일을 잘 하는 것은 드물고 칭찬 받을 만하며 고귀한 일이다." 2권 9장 1109a24-28

젊은날 한겨울 과음으로 거리에서 '필름이 끊긴' 상태를 맞이한 적이 있었다. 그 추운 겨울날 어떻게 집에 무사히 들어왔는지 기억이 나지 않는다. 지금은 술을 거의 마시지 않지만 한창 직장생활을 할 때는 이런저런 핑계로 술에 손을 자주 댈 수밖에 없었다. 그런 날들이 늘어날수록 참담하게도 어느 순간부터 내가 술을 마시는 것이 아니라 술이 나를 마셔버리는 상황이 일어났다. 어김없이 2차, 3차로 이어진 술자리에서는 과한 행동으로 인한 부끄러운 기억들이 자리잡고 있다. 한겨울에 의식이 없는 중에 도로변에서 무슨 일이라도 일어났다면 어떻게 하였을까? 참으로 위험한 순간이었다.

살다 보면 즐거움을 주는 일에 있어서 적도(適度)를 지키기가 여간 어려운 게 아니다. 그래서 나는 그런 즐거움들을 줄이기보다는 아예 손을 끊는 쪽을 선택하는지도 모른다.

중용은 말처럼 쉽게 손에 넣을 수 있는 것이 아니다. 그러니 성격적 탁월성을 얻는 일 자체가 만만치 않다. 어떻게 하면 중용에 도달할 수 있을까? 2권의 마지막 장인 9장은 중용을 얻기 위한 실천적 지침 세 가지를 소개하고 있다.

첫째, 먼저 양극단에서 중간의 것과 더 반대되는 악덕을 피해야 한다. 대개 양극단 중에 하나는 다른 하나보다 더 나쁘기 때문에 우선 더 나쁜 것을 멀리해야 한다는 이야기다. 중용을 기준점으로 놓고 보면 정도 면에서 더 악덕인 것과 덜 악덕인 것을 구분하는 일은 그리 어렵지 않을 것이다.

〈오디세우스와 세이레네스〉 이 그림의 배경에는 오디세우스가 스킬라와 카리브디스로 인해 겪게 될 위험이 예고되어 있다. 프란체스코 프리마티치오.

누군가를 만났을 때 우리는 대화를 나눈다. 그런데 이때 나이가 많은 사람이거나 성공한 사람들 치고 자기 이야기를 적당히 하지 못하는 경우가 많다. 중용을 지키기가 어렵다. 그런 경우는 어떻게 하는 것이 좋을까? 자기 이야기를 잔뜩 하는 것이 더 나쁘기 때문에 차라리 과묵한 편이 낫다. 이때는 더 나쁜 것을 피함으로써 중용에 한 발자국 가까이 다가설 수 있다.

호메로스의 『오디세이아』에는 트로이 전쟁을 끝내고 고향으로 귀환 중인 오디세우스가 좁은 해협(이탈리아 반도와 시칠리아 섬 사이의 메시나 해협으로 추정된다)에서 위기 상황을 맞는 장면이 등장한다. 이때 엄청난 양의 바닷물을 삼켰다가 토해내는 카리브디스라는 바다 괴물이 큰 물보라를 일으키고 있고, 해변가에는 머리 여섯에다 발 열둘이 달린 괴물 스킬라가 호시탐탐 오디세우스 일행을 기다리고 있다. 오디세우스는 키잡이들에게 "배를 저기 저 물보라와 너울에서 떨어지게 하여 바위 옆에 바싹 붙어 통과하도록 하시오"라고 호소한다.

오디세우스는 '더 나쁜' 것인 큰 물보라를 피해서 '덜 나쁜' 것인 해변가로 바짝 붙어서 항해하라고 주문한다. 중용을 기준으로 더 잘못된 것과 덜 잘못된 것을 구분한 다음에 우선 더 잘못된 것으로부터 멀어져야 한다는 뜻이다.

둘째, 자신이 선호하는 즐거움과 고통으로부터 의도적으로 반대 방향으로 자신을 이끌어야 한다. 다시 말하면 본능의 명령에 따라 쉽게 기울어지는 방향과 반대쪽으로 향하면 된다. 누구에게나 본능이 원하는 길은 쉽고 이성이 원하는 길은 어렵다. 많이 배우지 않은 사람이라도 무엇이 본능의 목소리를 따르는 행위인지는 쉽게 알 수 있다. 왜냐하면 그것들은 특별한 노력 없이 쉽게 행동으로 옮길 수 있기 때문이다.

인간이란 본래 고통을 피하고 쾌락을 쫓는 존재이다. 인간이 추구하는 쾌락 가운데 본성적이고 육체적인 것이 '성(性)'이다. 흔히 그것은 인간의 본능이기에 어찌할 수 없다고 한다. 하지만 평생을 독신으로 지냈던 플라톤은 식욕과 달리 성욕은 적절히 극복될 수 있는 것으로 받아들였다.

얼마 전에 현직 판사가 지하철에서 20대 여성을 성추행하다 현행범으로 체포되어 법복을 벗은 사건이 있었다. 본능의 명령에 따라가다가 평생 쌓아온 명예와 지위를 한순간에 날려버린 것이다. 쾌락 앞에 어떻게 하는 것이 올바른 일인지 망설여지거든 무조건 본능의 목소리와 반대 방향으로 자신을 이끄는 일이 무척 중요하다.

셋째, 손쉽게 얻을 수 있는 즐거운 것들과 즐거움 자체를 가까이 하지 않는 것이다. 세상을 살면서 특별한 교육을 받지 않더라도 손쉽게 손에 넣을 수 있는 쾌락을 경계할 수 있다면 올바르게 사는 데 큰 도움을 받을 것이다.

학생이라면 당장 얻을 수 있는 쾌락은 공부를 멀리하고 게임을 가까이 하는 일이다. 게임하는 즐거움은 쉽게 손에 넣을 수 있지만 공부하는 즐거움은 일정한 고통을 지불한 다음에 얻을 수 있다. 젊은 직장인이라면 맡겨진 일을 적당히 처리하고 나머지 시간은 여가를 즐기는 일에서 손쉬운 즐거움을 얻을 수 있다.

성공한 사람이 돈으로 쉽게 살 수 있는 것들은 대부분 즉흥적이고 가벼운 즐거움이다. "힘들게 자기 손으로 벌어봐야 돈의 가치를 안다"는 옛말처럼 가벼운 즐거움은 쉽게 벌어들인 돈처럼 쉽게 왔다가 쉽게 사라져버리곤 한다.

트로이의 마지막 왕인 프리아모스가 어떻게 나라를 잃었는가? 트로이의 원로들처럼 스파르타의 왕비 헬레네에 대해 경계하는 태도를 취하였다면 트로이는 비극적인 상황을 맞지 않았을 것이다. 트로이의 원로들은 쾌락에 굴복하는 것이 얼마나 위험한 선택인지를 인생의 지혜로부터 알고 있던 사람들이었다. 하지만 프리아모스의 아들인 미남 파리스는 스파르타의 왕비 헬레네의 미모에 취한 나머지 그녀를 데려왔다. 그리고 결국 이로 인하여 트로이 전쟁이 일어나고 그 많았던 아들들이 모두 죽임을 당하고 백성들은 말로 표현할 수 없는 참상을 겪었다. 원로들의 충고를 무시하고 쾌락을 취한 결과 트로이의 비극이 발생하였다.

투기성 투자에서 돈을 벌어들이는 즐거움을 맛보기 시작하거나, 매수 합병을 통해서 주로 기업을 성장시켜 왔거나, 사업가로서 입신한 이후에 정치가로서 대중 앞에 서는 즐거움을 맛본 사람은 제조업처럼 창업 이후에 오랜 시간을 필요로 하는 사업을 계속하기가 쉽지 않다. 왜냐하면 쉽게 버는 즐거움이나, 쉽게 규모를 확장하는 즐거움이나, 골치 아픈 경영성과로 고민하기보다는 대중의 환호가 주는 즐거움이 너무 강력하기 때문이다.

성공한 벤처 기업인으로 기대를 모았던 한 인물이 천신만고 끝에 상장에 성공하고 2년이 채 되지 않아서 국회의원으로 정치에 입문하였다. 이후 해외 광물자원 개발과 관련하여 허위 공시를 통한 주가 조작 혐의로 구속되었다. 그리고 거액의 배상 책임을 물어야 할 처지가 되었다. 제대로 정치다운 정치도 해보지 못하고 거액의 배상금을 갚기 위해 지분의 대부분을 팔아야 하는 딱한 상황에 내몰린 것은 물론이고 기업도 상장 폐지되고 말았다.

이런 일을 보면서 사람이 취해야 할 쾌락과 멀리해야 할 쾌락에 대해 생각하게 된다. 매일의 삶에서 우리들 주변에 널리 퍼져 있는 손쉬운 쾌락의 유혹을 받는다. 일단 너무나 달콤하고 쉽게 도달할 수 있는 쾌락이라면 한 번 정도 더 생각해 보라. 이러한 태도만으로도 여러분은 중용 혹은 성격적 탁월성을 향하여 나아갈 수 있다.

아리스토텔레스는 성격적 탁월성을 성취하고자 하는 사람들에게 대단히 구체적인 조언을 제시한다. 이 조언은 우리가 일상생활에서 손쉽게 곧바로 실행에 옮길 수 있는 일이다. 가능한 한 쉽고 편안한 길에서 반대편을 선택하라는 것이다.

쉽고 편안한 길을 멀리한다는 이 원칙만 지킬 수 있다면 우리는 탁월성에 성큼 다가갈 수 있을 것이다. 특히 지위가 올라가고 주변 사람들의 주목을 받는 사람이라면 무조건 남들이 모두 가기 꺼리는 힘든 길을 선택하면 된다. 이렇게 단순한 실행 규칙이 우리를 완전한 행복의 길로 인도한다.

물론 이런 세 가지 지침을 모두 따른다고 하더라도 중용을 찾기가 쉬운 일은 아니다. 예를 들어, 막상 화를 내야 하는 상황이라면 얼마나 화를 내면 좋을지 중용을 찾기가 쉽지 않다.

훌륭한 사람이 되기 힘든 이유는 이처럼 중용을 찾아내기가 힘들기 때문이다. 이를 두고 아리스토텔레스는 "원의 중심을 찾는 일은 누구나 할 수 있는 게 아니라 그에 대해 아는 사람만이 할 수 있다"라고 말한다. 그럼에도 불구하고 한 가지 확실한 것은 중간에서 지나치게 벗어나지 않는 한 주변 사람들로부터 심한 비난을 피할 수 있다는 점이다. 중용이란 완벽한 수준에 도달할 수 없더라도 이것에 다가서는 것만으로도 의미 있는 일이다.

중용을 찾는 일은 수학 공식이나 과학 법칙처럼 언제 어디서나 통용되는 진리가 존재하지 않기 때문에 쉽지 않다. 상황에 따라서 중용이 조금씩 변화하기 때문이다. 우리가 차선책으로 선택할 수 있는 방법은 위의 세 가지 지침을 사용해서 중용으로부터 지나치게 벗어나지 않도록 행동하는 것이다.

🐝 "중간을 겨냥하는 사람은 가장 먼저 중간에 대립적인 극단을 피해야 한다."

탁월성은 자발성에 뿌리를 두고 있다

"탁월성은 감정과 행위에 관련된다. 이들이 자발적인 경우에는 칭찬과 비난이 가해지지만 비자발적인 경우에는 용서가 주어지며 경우에 따라서는 연민까지 주어진다. 따라서 탁월성에 대해 알고자 하는 사람은 반드시 자발적인 것과 비자발적인 것을 구분해야 한다. (……) 강제적인 것은 그 단초가 바깥에서 오는 것이고 이때 강제를 당한 사람은 그 단초에 아무런 관여도 할 수가 없다. (……) 비자발적인 것이 무지 혹은 강제에 의한 것이라면, 자발적인 것은 그것의 단초가 행위자 자신 안에 있는 것이다. 또 그때 행위자는 행위를 이루는 개별적인 것들을 알고 있는 경우이다." 3권 1장 1109b29-33, 1110b16-17, 1111a20-22

"스스로를 초월하여 이루고자 한 바를 성취할 수 없다면 인간은 얼마나 불쌍한 존재이겠는가!(Unless above himself he can erect himself, how poor a thing is man!)"

시인이자 역사학자인 새무얼 다니엘의 감동적인 문장이다. 탁월성은 어렵긴 하지만 누구든 일생을 통해서 도전할 만한 멋진 인생 프로젝트이다. 그런데 탁월성은 누군가 우리를 대신해서 결정해 주는 것이 아니다. 자발적으로 탁월해지기로 결심하는 것에서부터 탁월성을 향한 인생 프로젝트가 시작된다.

이처럼 어떤 행위가 자발적인지 혹은 비자발적인지를 제대로 구분하는 일은 탁월성에서 중요한 의미를 갖는다. 완전한 품성상태에서 비롯되는 탁월성은 자발적 행위에서만 가능하기 때문이다. 반면에 비자발적 행위인 경우 악행을 저지르더라도 개인이 책임을 지지 않아도 되고 주변 사람들의 용서나 위안을 받을 수도 있다.

그렇다면 비자발적인 행위는 언제 혹은 어떤 상황에서 일어나는가? 아리스토텔레스의 설명대로 행위의 단초가 행위자의 외부에 존재함으로써 행위자가 통제력을 발휘하지 못하는 상황에서 일어난다. 비자발적 행위의 대표적인 사례는 모두 네 가지로 설명할 수 있다.

첫 번째는 두려움을 조장하는 행위나 무력 등에 행위자가 강제나 강요를 당할 때이다. 드문 경우이긴 하지만 인질로 잡힐 때 이런 상황이 일어난다. 유괴범들이 아이를 인질로 삼은 다음 부모에게 자신의 말을 듣지 않으면 아이를 가만두지 않겠다고 위협하면서 돈을 강요하는 사건들이 종종 발생한다. 이 경우 부모들은 자식의 목숨이 위험해질지 모른다는 두려움 때문에 그들의 요구를 들어주는데 이는 비자발적인 행위이다.

그런데 이따금 강제나 강요 상황에서도 자발성이 비자발성보다 더 큰 비중을 차지할 때도 있다. 대양을 항해하던 상선이 예기치 않은 폭풍우를 만났다고 해보자. 선원들이나 표류하고 있는 난민들을 구조하기 위해서 화물의 일부를 포기해야 할 때도 있다. 이런 상황을 만나면 선장은 고심할 것이다. 폭풍우 속에서 배의 침몰이라는 위급한 상황이긴 하지만 화물의 일부를 포기한다는 행위의 단초(archē)를 선장이 쥐고 있다는 점에서 자발성이 비자발성보다 더 큰 비중을 차지한다. 이런 경우는 비자발적인 사례로 들 수 없다.

만약 모든 강제나 강요의 경우에 자발적으로 행동할 수 없다고 간주해 버리면 조금이라도 힘들 때 사람들은 습관적으로 상황에 책임을 돌릴 뿐 아무런 노력을 기울이지 않을 것이다. 인간의 이러한 본성에 주목한 아리스토텔레스는 그 자체로는 비자발적인 것들이라도 자발적인 것이 될 수 있다고 이야기한다. 예를 들어, 어떤 특정 상황에서 선택할 만하고 그 단초가 행위자 자신 안에 있다면, 이런 경우는 오히려 자발적인 것에 더 가깝다고 말할 수 있다.

두 번째 사례는 강제나 강요 가운데서도 드물게 일어나는 특수 사례이다. 이에 대해 아리스토텔레스는 아무리 강제되었다고 하더라도 인간으로서 절대 해서는 안 되고, 차라리 그런 가장 끔찍한 일들을 직접 겪어내면서 죽는 것이 나은 경우도 있을 것이라고 말한다.

이 대표적인 사례가 그리스 3대 비극작가 중 한 명으로 꼽히는 에우리피데스의 『알크마이온』에 등장하는 알크마이온의 어머니 살해 사례이다. 아르고스의 왕이자 알크마이온의 아버지인 암피아라오스는 자신의

에우리피데스의 두상 에우리피데스는 아이스킬로스, 소포클레스와 함께 그리스 3대 비극작가로 꼽힌다.

의지와 관계없이 부인인 에리필레로부터 테베로 출정하는 7인의 원정대에 가담하도록 강요받았다. 암피아라오스는 원정대에 참가하면 죽임을 당할 것을 미리 감지하고 완강히 반항하지만 결국 떠날 수밖에 없는 상황에 내몰렸다.

그러자 그는 아들 알크마이온에게 자신을 대신해 복수를 해달라고 요구하는데 복수의 내용이 자신의 아내이자 알크마이온의 어머니인 에리필레를 살해하라는 것이었다. 아버지는 아들에게 그가 자신의 부탁을 들어주지 않는다면 기근이 닥치고 후손이 끊기는 화를 당할 것이라고 강력하게 경고하였다.

알크마이온은 어머니를 죽이지 않을 수 없는 절체절명의 위기에 봉착하였는데, 이에 대해 아리스토텔레스는 아무리 상황이 급박하더라도 어머니를 살해하는 것은 올바르지 않다는 점을 분명히 하였다. 즉 아리스토텔레스는 설령 강제로 이루어졌다 하더라도 개인이 선택할 수 있는 여지가 조금이라도 있는 경우라면 강제에 의한 악행을 정당화하는 것을 주의해야 한다고 경고하였다.

몇 해 전 20세기 최악의 대학살 가운데 하나로 꼽히는 일명 '킬링필드(Killing Field)'의 전범에 대한 재판이 사건 발생 32년 만에 열렸다. 알려진 바와 같이 캄보디아의 폴 포트 정권은 1975년에 집권하여 단 4년

킬링 필드의 흔적 크메르 루주 정권 당시 학살당했던 이들의 유골들. 당시 관련자들은 폭압적인 정권 하에 비자발적인 선택이었다고 항변했지만 캄보디아 대법원은 그들에게 종신형을 내렸다.

만에 '악덕 세균'의 청소라는 미명하에 인구의 3분의 1을 학살하였다. 키우 삼판 전 크메르 루주 공산당 주석을 비롯한 핵심 전범 4명은 이구 동성으로 자신은 잘못한 것이 없다고 주장하였다.

이에 반해서 지식인들을 주로 수감했던 투올 슬랭 교도소의 소장으로 1만 4,000여 명의 살해를 주도하였던 카잉 구엑 에아브는 죄를 인정하였다. 그는 수용소의 최고 책임자로 당시 공산정권의 2인자이자 이론적 설계자인 누온 체아 등의 지시에 따랐다고 했다. 하지만 그는 누가 그 자리에 있었다고 하더라도 고위층으로부터 주어진 명령을 수행할 수밖에 없었다고 증언하였다.

그러나 캄보디아 대법원은 전범 재판소가 내린 형량인 35년을 거부하고 종신형을 선고하였다. 비자발적인 상황이긴 했지만 그는 얼마든지 스스로 재량권을 행사할 수 있었기 때문에 재판관들은 중벌을 선고

하였다.

비자발적인 행위의 세 번째 사례는 무지로 인한 경우이다. 한 예로 교실에서 친구를 그냥 놀래킬 목적으로 걸상을 갑자기 빼버렸는데, 뒤로 넘어진 친구가 뇌진탕 등 심각한 부상을 입는 경우이다. 걸상을 뺐던 아이들은 친구를 해칠 목적이 없었지만 결과적으로 친구를 해치고 말았다. 무지로 인한 비자발적 행위의 전형적인 사례이다. 아이들은 엄청난 후회를 하며 고통스러워하겠지만 이미 일어난 결과를 거스를 수 없다. 이외에도 무지로 인한 여러 가지 행위들이 있는데, 사실 이들 가운데 명백하게 비자발적 행위라 부를 수 있는 것은 드물다.

한편 술에 취해서 악행을 저지르거나 화가 나서 마구잡이로 행동하는 사람이 있다면 그가 무지해서 그런 행동을 한다기보다는 무의식적으로 행동하는 사람으로 이해하는 것이 올바르다. 그렇다면 이런 경우는 자발적인 행위일까, 아니면 비자발적인 행위일까? 이 경우 모두 행위의 단초가 자신 안에 있을 뿐만 아니라 스스로 통제할 수 있기 때문에 당연히 자발적인 행위이다.

무지와 비자발성과의 상호관계를 이해함에 있어서 우리가 주의 깊게 봐야 할 것이 있다. 한마디로 무지가 모든 행위를 합리화시키지는 않는다는 점이다. 이에 대해 아리스토텔레스는 어떤 사람이 단지 자신에게 이로운지 아닌지를 모른다고 해서 그의 행위가 비자발적인 것을 뜻하지 않는다고 분명히 말한다.

충분히 합리적 선택이 가능함에도 불구하고 무지를 선택하였다면 이는 나쁜 행위의 원인이 된다. 이때 비자발성과 사악함을 구분하는 기준은 비자발성의 경우에는 개별적인 것에 대한 무지와 관련이 있고, 사악한 행위의 경우에는 보편적인 것에 대한 무지와 관련이 있다. 전자의 경우에는 연민과 동정을 얻을 수 있지만 후자의 경우에는 그것이 불가능하다.

"사람들은 보편적인 것에 대한 무지 때문에 비난을 받는다. 보편적인 것에 대한 무지가 아니라 개별적인 것에 대한 무지, 즉 행위와 관련된 환경과 주제들에 대한 무지는 비자발성의 원인이 되기 때문에 연민과 용서를 받기도 한다." 3권 1장 1110b32-1111a1

아리스토텔레스의 이 같은 구분은 우리에게 주는 시사점이 크다. 중고교 시절 사춘기를 경험하고 있는 학생들의 경우를 보자. 부모는 방황하는 아이에게 시간은 너무나 소중한 것이기에 좋은 친구를 사귀고 귀한 시간을 잘 보내서 나중에 후회하지 않도록 하라고 조언한다. 이때 부모의 조언에 학생이 귀를 닫아버린다면 이는 '시간의 중요함'이라는 보편적인 것에 대한 무지를 선택한 경우에 해당한다.

보편적인 것에 대해서는 사실 사전에 얼마든지 합리적 선택이 가능하다. 그럼에도 불구하고 주위의 충고를 무시한 채 방황하고 시간을 낭비해 버렸다면 이들은 자발적으로 그릇된 행동을 선택한 것이나 다름없다. 즉 보편적인 것에 관한 무지에 바탕을 두고 있기 때문에 연민과 용서의 대상이 될 수 없다.

반대로 개별적인 무지에 관해서는 어느 정도 동정과 이해를 받을 수도 있다. 특정 상황에서 고심 끝에 투자 결정을 하였지만 사후에 보니 어떤 것을 몰라서 잘못된 결정을 내린 사례들이 그런 경우이다.

언젠가 우연히 60대 중반의 분을 만나서 세상 돌아가는 이야기를 나누던 중이었다. "젊은 날을 돌이켜보면 무엇이 가장 아쉽습니까?"라고 물어보자, 그분은 이런 이야기를 해주었다.

"저는 지금 신장 투석 중입니다. 젊은 날부터 몸을 잘 챙겨야 합니다. 건강을 제대로 간수하지 못한 것이 가장 후회가 됩니다. 술을 너무 많이 마셨어요. 무슨 생각으로 그렇게 많이 마셨는지 모르겠습니다."

그분은 지나치게 술을 많이 마신 결과 60대 중반임에도 불구하고 오랫동안 병원 신세를 지고 있었다. 이러한 경우는 자신의 몸을 돌봐야 한다는 보편적인 지식에 대해 무지한 것이기 때문에 연민과 동정의 대상이 되기 힘들다.

이때 우리가 주의해야 할 점은 아리스토텔레스의 구분은 이해하되 인간적으로는 그런 일에 대해서 연민과 동정을 표해야 한다는 사실이다. 다만 아리스토텔레스는 사람에 따라 개별적인 지식에 대해서는 무지할 수 있지만 보편적인 지식은 모두가 다 알 수 있는 것이기 때문에 제대로 준비하지 못하는 것은 자발적 행동으로 간주한다. 즉 "합리적 선택 안에 있는 무지는 비자발성이 원인이 아니라 못됨이 원인이다"라는 그의 표현을 명심해야 한다.

비자발적 행위의 네 번째 사례는 분노(thymos)와 욕망에서 비롯된 경우이다. 겉으로 보기에 이들은 비자발적인 것처럼 보이지만 거의 대부분 자발적 행위에 해당한다.

우리가 어떤 것에 대해 분노할 때에 "그 사람이 나를 화나게 했기 때문에 나도 모르게 한 대 먹였어요"라고 항변할 수 있다. 하지만 그런 행위의 원인에 관계없이 사람을 때린 일은 자발적 행위인 것은 분명하다. 살다 보면 분노할 수도 있고 욕망할 수도 있지만, 그 분노와 욕망은 자신 안에 머물러야 한다. 만일 불가피하게 바깥으로 향하는 경우라면 법적·윤리적 한계를 넘지 말아야 한다. 분노나 욕망으로 인해서 발생하는 우발적인 범죄일지라도 행위자에게 그 책임을 묻는 이유도 자발적 행위이기 때문이다.

예를 들어 차량 접촉 사고 때문에 운전자들이 다툼을 벌이는 경우를 보자. 사소한 일로 옥신각신 밀고 당기다가 갑작스럽게 넘어진 사람이 심한 부상을 입었다. 이 경우 넘어진 사람이 넘어뜨린 사람을 크게 화나게 했다 하더라도 넘어뜨린 사람에게 책임이 있다. 왜냐하면 화나게 한 사람은 넘어진 사람이지만 화가 난 것에 대해 어떻게 반응할지를 결정한 사람이 행위의 주체이기 때문이다.

욕구 또한 마찬가지이다. 우리는 무엇이든 욕구할 수 있다. 아름다운 여인을 보고 사랑하고픈 욕구를 갖는 것은 자유이다. 그러나 그런 감정을 표출하는 방식은 당연히 법과 관례를 따라야 한다. 뉴스에 자주 등장하는 지하철의 성추행 사건을 보자. 지하철 성추행범 중 70퍼센트 이상이 대학 교육을 받고 문제없이 사회생활을 하는 사람이라고 한다. 이따금 사회적인 지위로 볼 때 "어떻게 그런 실수를 할 수 있을까?"라는 생각이 들 정도의 인사들이 실수를 범해서 직업적으로나 가정적으로 어려움에 처하는 경우까지 있다.

아리스토텔레스는 분노와 욕망에 의해 상식적으로 이해할 수 없는 악행을 저지르는 경우에 과연 행위자에게 선택의 여지가 없었는가라는 점을 되묻는다. 그렇기에 분노와 욕망에 바탕을 둔 대부분의 악행도 비자발적인 행위로 해석할 수 있는 경우는 드물다.

사람은 자신의 문제임에도 불구하고 그에 대한 책임을 가능한 한 외부로 돌리려고 한다. 이런 인간적인 약점에 주목한 아리스토텔레스는 강제나 강요 혹은 욕구나 분노 그리고 무지 등에 의한 비자발적인 행위의 범위를 아주 좁게 해석한다. 그는 오직 개인에게 아무런 선택의 여지가 없는 경우에만 비자발적인 행위가 정당화될 수 있다고 말한다.

이런 면에서 보면 아리스토텔레스는 개인의 사유나 행위에 있어서 자기책임론에 큰 비중을 두었던 것 같다.

누구라도 스스로 탁월성에 이르기를 소망하고 이를 향해 나아갈 때 다양한 방해 요인들이 등장한다. 탁월함은 멀고 유혹은 가깝다. 그렇기에 누구나 스스로 탁월할 수 없는 이유를 손쉽게 둘러댈 수 있다.

하지만 강제나 강압이 주어진 상황에서도 비자발적인 행위를 할 수밖에 없는 아주 예외적인 경우를 제외하면 탁월성의 성취 여부는 전적으로 개인이 책임져야 할 부분이다. 아리스토텔레스는 겉으로 보기에 강제나 무지처럼 비자발적인 행위로 보이는 경우라도 그 대부분이 자발적 행위라는 사실을 강조한다. 스스로 모든 것에 대해 책임을 지겠다는 당찬 각오로 살아야 한다는 조언과 일맥상통하는 말이다.

> 🐚 "선택의 여지가 조금이라도 있는 경우의 행위는 자발적인 것으로 이에 대해 개인 스스로 책임져야 한다."

합리적으로
선택하라

"바람은 목적에 관계하지만 합리적 선택은 목적을 돕는 것들, 즉 수단에 관계한다. 한 예로 우리는 건강하기를 바라지만, 건강을 가져다주는 것들은 합리적으로 선택한다. 또한 우리는 행복하기를 원하고 이것을 우리의 바람이라고 말하지만, 행복하기를 '합리적으로 선택한다'고 말하는 것은 올바르지 않다. 일반적으로 합리적 선택은 우리들이 선택할 수 있는 것들에 관한 것이다. (……) 그렇다면 합리적 선택은 '미리 숙고했던 것'의 결과인가? 합리적 선택은 이성과 사유를 동반하기 때문에 이것은 사실이다. '합리적 선택'이라는 이름은 다른 것들에 '앞서(pro) 선택된 것(haireton)'을 의미하는 것과 같다." 3권 2장 1111b26-29, 1112a14-17

아리스토텔레스는 『수사학』에서 "합리적 선택에 따라 행동하는 것은 성격적 탁월성을 가진 사람의 뚜렷한 특징이다"라고 말한다. 이처럼 탁월성에 가장 고유한 것은 합리적 선택(prophairesis, rational choice)이며, 합리적 선택 없이는 탁월성이 존재할 수 없다. 따라서 탁월성을 제대로 이해하기 위해서는 합리적 선택에 대한 이해가 반드시 필요하다.

합리적 선택을 이해하기 위해서는 네 가지 관계, 즉 합리적 선택과 자발적인 행위 사이의 관계, 합리적 선택과 욕망 및 분노와의 관계, 합리적 선택과 바람 사이의 관계, 합리적 선택과 의견(doxa) 사이의 관계를 명확히 해야 한다.

첫째, 합리적 선택은 자발적인 행위의 부분집합에 속한다. 즉 합리적 선택은 반드시 자발적인 행위이지만, 반대로 자발적인 행위가 꼭 합리적 선택인 것은 아니다.

예를 들어, 아이들이나 동물들은 욕망에 따라 자발적인 행위를 하지만 이는 합리적 선택이 아니다. 뿐만 아니라 우리가 하는 즉흥적인 행위는 자발적인 행위이지만 합리적 선택에 따른 것이라 하기 힘들다. 즉흥적인 것과 합리적 선택 사이의 차이를 미루어 짐작하건대 합리적 선택에는 숙고가 필요하다.

만나는 사람이 어떤 인물인지를 알고 싶다면 "말이 아닌 행동을 보라"는 격언이 있다. 이때 행동은 즉흥적이고 우발적인 행동이 아니라 합리적 선택에 따른 행동을 보라는 의미이다.

둘째, 합리적 선택은 욕망이나 분노와 함께할 수 없다. 즉 합리적 선택은 이성이 결여된 것들과는 함께하기 힘들다. 자제력이 있는 사람은 합리적 선택에 의해 행동하지만 자제력이 없는 사람은 욕망에 따라 행동한다. 따라서 합리적 선택과 욕망 혹은 분노는 서로 대척점에 있다고 할 수 있다.

아리스토텔레스는 욕망과 합리적 선택 사이의 관계에 대해 욕망은 즐거운 것과 고통스러운 것에 관계한다고 할 수 있지만 합리적 선택은 괴로운 것과 즐거운 것 어느 것에도 관계하지 않는다라고 말한다. 더욱이 분노는 가장 합리적 선택에 따르지 않는 것이라고 말한다.

예를 들어, 서로 의견이 충돌되는 건에 대해 토론이나 논쟁을 할 때가 있다. 이때 우선되어야 할 일은 '사실'이 무엇인지를 정확히 확인하는 것이다. 그러한 의지를 갖는 것만으로도 합리적 선택에 따라 행동하고 있다고 할 수 있다. 그런데 사실을 확인하기 이전에 특정인에 대해 감정적으로 비난하는 사람들이 의외로 많다. 이러한 행위는 본능을 따르는 일이며, 그 본능은 주로 욕망이나 분노에 뿌리를 두고 있다.

사실 아이들에게 익숙한 일은 우리 편과 남의 편을 구분하는 일이 아닌가? 어른이 아이와 다른 점이 있다면 편을 가르기 전에 사실이 무엇인지를 살펴보는 일일 것이다.

셋째, 합리적 선택은 자신의 능력 범위 안에서 가능한 것만을 대상으로 한다. 이때 합리적 선택에 반대되는 것은 바람인데, 바람은 가능성 여부에 관계없이 욕구하는 모든 것들을 바랄 수 있다. 우리는 누구나 유명한 축구선수나 가수가 되기를 바랄 수는 있지만 그것은 합리적 선택의 대상이 될 수는 없다. 왜냐하면 타고난 재능뿐만 아니라 재능을 발휘하게 만드는 실행력이 뒤따라야 하기 때문이다.

또 사업에서 성공하기를 바랄 수는 있지만 사업의 성공 여부는 성공이 가능하도록 수단이나 방법을 선택하고 이에 따라 행동할 때만 가능할 뿐이다. 이처럼 합리적 선택은 가능한 것을 대상으로 하지만 바람은 불가능한 것도 포함한다.

다시 말하면 사람은 자기 자신에 의해 이룰 수 있다고 생각하는 것들을 합리적으로 선택할 수 있을 뿐이다. 이런 면에서 합리적 선택은 목적에 이바지하는 수단이나 도구 혹은 방법의 선택과 깊은 관련이 있음을 알 수 있다.

시중에 선을 보이는 실용서들 가운데는 지나치게 희망이나 꿈 그리고 바람을 강조하는 책들이 있다. 바람은 손쉽게 당장 만들어질 수 있다는 점이 사람들을 유혹한다. 왜냐하면 사람들은 본성적으로 고된 것보다는 쉬운 것을 좋아하기 때문이다. 바람은 쉽지만 합리적 선택과 실행력은 고될 뿐만 아니라 일정한 시간을 필요로 한다. 그냥 바라는 것만으로 무엇을 이룰 수 있겠는가? 반드시 합리적 선택과 지속적인 실천이 뒤따라야 한다는 사실을 잊지 않아야 한다.

넷째, 합리적 선택은 그 어떤 의견과도 다르다. 합리적 선택은 좋음과 나쁨으로 나뉘지만, 의견은 참과 거짓으로 나뉜다. 의견은 합리적 선택과 달리 영원한 것과 불가능한 것을 모두 포함한다. 참된 의견에 대해서는 칭찬이 주어지고 거짓 의견에 대해서는 비난이 주어지긴 하지만 우리는 의견을 자유롭게 가질 수 있다. 물론 그 참과 거짓 자체도 모호할 때가 있다.

그러나 합리적 선택은 이처럼 모호한 것을 대상으로 하지 않으며, 확실히 좋은 것만을 선택할 대상으로 삼을 뿐이다. 좋은 것과 나쁜 것이 모호하다면 여러분은 선뜻 선택하기보다는 무엇이 좋은 것인가를 더 숙고하기를 원할 것이다. 고가의 물건을 구입할 때 좋은 상품이라는 확신이

서지 않는 상태에서 이를 사려는 사람이 있는지를 생각해 보면 된다.

훌륭한 사람이 되는 일은 나쁜 것을 피하고 좋은 것을 선택함으로써 가능한 것이지, 좋은 의견을 가짐으로써 가능한 것은 아니다. 그런데 좋은 의견을 갖고 있음에도 불구하고 나쁜 것을 선택해서 사악한 사람이 되는 경우를 종종 보곤 한다. 그만큼 훌륭해진다는 것은 단지 잘 아는 것만으로는 충분하지 않다.

1933년 1월 31일, 2차 세계대전이 한창이던 때 피터 드러커 교수는 다니고 있던 신문사 프랑크푸르트 게네랄 안차이거에 사표를 쓰고 독일을 떠날 차비를 하고 있었다. 그때 신문사 동료였고 나치에 적극적으로 협조하여 훗날 나치 비밀경찰의 제2인자가 되는 라인홀트 헨슈의 방문을 받았다. 사표를 던지고 독일을 떠나려는 드러커는 헨슈와 시국에 대해 깊은 이야기를 나누었다.

헨슈는 드러커에게 나치의 실세들로부터 유대인들을 죽이고 전쟁을 치를 것이며, 히틀러의 말에 반대의견을 내는 사람들도 모두 죽이거나 감옥에 넣을 계획이라는 이야기를 전하였다. 헨슈는 사실 자신도 그런 일들이 잘못된 것이며, 겁이 난다고 말하였다.

그러자 드러커는 헨슈를 열정적으로 설득하기 시작하였다. 아직 서른 살도 되지 않았고 경제학 박사학위를 갖고 있으니 어디서든 살아가는 데는 문제가 없을 것이라면서 독일을 떠나라고 권하였다. 그러자 그는 자신의 속내를 드러커에게 이렇게 털어놓았다.

"난 권력과 돈을 갖고 싶은 거요. 중요한 사람이 되고 싶다고요. 그래서 4~5년 전 나치가 처음 시작했을 때 일찌감치 합류한 거요. 이제 나는 앞 번호 당원증을 갖고 있고, 곧 중요한 사람이 될 거란 말이오! 똑똑하

독일 나치 전범들을 단죄한 뉘른베르크 재판 당시 군사재판 피고인 루돌프 헤스의 모습. 제2차 세계대전 당시 헨슈처럼 많은 지식인들이 선택의 기로에서 눈앞의 이익과 그릇된 욕망에 눈이 먼 채 역사의 오점을 남기게 된다.

고 훌륭한 집안에서 태어나고 연줄이 많은 사람들은 까다롭든지, 융통성이 없든지, 아님 그런 마음이 없어서 궂은일은 못해요. 그 틈을 이용해 내 위치를 확보한 거요. 내 말 잊지 마시오. 곧 나에 대해 듣게 될 거요."

— 피터 드러커, 『피터 드러커 자서전』, p.354

얼마 뒤 피터 드러커는 헨슈의 말처럼 그에 대해 듣게 되었다. 히틀러가 몰락할 무렵 『뉴욕타임스』의 단신에서 헨슈가 프랑크푸르트의 폭격당한 집 지하실에 숨어 있다가 미군에게 잡히기 직전에 자살했다는 소식을 접하였다. 그는 중장으로 나치 비밀경찰의 제2인자까지 올라갔으며, 유대인의 집단 학살을 진두지휘하였던 인물이었고, 잔인한 행동으로 '괴물'이란 이름이 붙기도 하였다.

헨슈는 피터 드러커 교수와 마찬가지로 좋은 선택과 나쁜 선택의 기로에 서 있었다. 두 사람 모두 참된 의견과 거짓 의견이 무엇인지도 정확하게 구분하고 있었다. 헨슈는 좋은 의견이 무엇인지를 알고 있었지만, 개인적인 야심 때문에 선택해서는 안 될 것을 선택하고 말았다.

결과적으로 최선의 의견을 가지는 사람이 최선의 선택을 하는 것은 아니라는 사실은 명백하다. 훌륭한 사람이 되는 것은 나쁜 것은 피하고 좋은 것을 선택할 때만 가능하다. 이에 대해 아리스토텔레스는 "우리는 좋은 것들이나 나쁜 것들을 합리적으로 선택함으로써 어떤 성격을 가진 사람이 되는 것이지, 의견을 가짐으로써 그렇게 되는 것은 아니다"라고 강조한다.

합리적 선택에 대한 네 가지의 특성들 중에서도 "바람은 목적에 관계하지만 합리적 선택은 목적을 돕는 것들, 즉 수단에 관계한다"라는 문장을 다시 한 번 새겨둘 필요가 있다. 탁월성은 일종의 산출(output)에 해당한다. 뛰어난 산출을 위해서는 뛰어난 투입(input)이 있어야 하는데, 이는 합리적 선택으로 가능하다. 누군가 탁월성을 향해 나아가고 있다면 반드시 합리적 선택을 몸에 익혀야 할 것이다.

🦎 "'합리적 선택은 탁월성에 가장 고유한 것일 뿐만 아니라 행위보다는 품성을 판단하는 믿을 만한 기준이다."

삶은 문제 해결의 연속이다, 신중하게 숙고하라

"우리는 목적이 아니라 목적들을 얻는 수단에 대하여 숙고한다. 의사가 병을 치료해야 할지를 숙고하지 않으며 연설가는 설득을 해야 할지에 대해 숙고하지 않는다. 정치가도 훌륭한 법질서를 세울지에 대해 숙고하지 않고, 다른 전문가들 중 어느 누구도 자신의 일을 통해서 성취하려는 목적에 대해서는 숙고하지 않는다. 오히려 사람들은 목적을 당연한 것으로 받아들이면서 그 목적을 어떻게, 그리고 어떤 수단들을 이용해서 성취할지에 대해 고찰한다. 이때 목적을 달성할 수 있는 수단들이 여러 가지 있으면, 사람들은 그중 목적 달성을 위해 가장 쉽고 가장 훌륭한 수단을 찾는다." 3권 3장 1112b11-17

아이들이 대학 졸업을 앞두고 진로 문제로 고심하는 것을 보고 옛 생각이 났다. 가세(家勢)가 기울던 시절에 대학을 다녔던 나도 진로 선택을 두고 정말 심각하게 고민을 했다. 당시 정보도 턱없이 부족하고 성과 역시 불확실했지만 나는 숙고(熟考) 끝에 미국 유학을 결정했다.

되돌아보면 직업 세계에서의 성공은 물론 인생을 살아가는 데 도움이 되는 중요한 결정 중 하나였다. 어쩌면 인생은 굵직굵직한 문제에 대한 숙고와 이를 따르는 합리적 선택들의 조합으로 이루어진다는 생각이 든다.

우리가 탁월성이 어떤 것인지를 아는 일은 쉽지만, 탁월성에 도달하는 것은 쉽지 않다. 탁월성의 성취라는 목적을 이루기 위해서 반드시 숙고를 통한 합리적 선택이 필요하다.

그렇다면 사람들은 무엇을 숙고하는가? 사람들은 인간이 상상할 수 있는 모든 것들에 대해 숙고하지는 않는다. 우리는 우리 자신이 통제하거나 다룰 수 있거나 준비할 수 있는 것들에 대해서만 숙고한다. 이에 대해 아리스토텔레스는 "우리는 행위에 의해 성취할 수 있는 것에 관해 숙고한다"라고 말한다.

하버드경영대학원에서는 500명의 CEO들이 매일매일 시간을 어떻게 사용하고 있는지를 연구하는 'CEO 시간 사용 프로젝트'를 수행하고 있다. 그런데 최근 65명의 경영자가 15분 동안 지속한 모든 활동 등을 분석하여 발표하였다.(Rachel Emma Silverman, *"Where's the Boss? Trapped in a Meeting"*, WSJ, 2012. 2. 14)

조사 결과에 의하면 평균 일주일 중 55시간 동안 18시간은 회의, 20시간은 출장, 운동 그리고 개인적 약속 등의 활동, 6시간은 혼자 일하기, 5시간은 식사하기, 2시간은 행사 및 컨퍼런스콜, 그리고 나머지 2시간은 전화통화였다. 그들이 일과 시간 중에 가장 많이 숙고하는 것은 무엇일까? 아마도 대부분의 CEO들은 자신이 경영하는 기업이 더 나은 성과를 내기 위한 전략이나 구체적인 방법 등을 숙고할 것이다.

이처럼 숙고는 자신의 이익에 관련된 것, 자신의 행위를 통해서 성취할 수 있는 것, 그리고 목표 달성에 효과적인 수단이나 방법 그리고 도구와 관련된 것을 대상으로 이루어진다.

삶은 매일매일 새로운 문제를 만나는 과정일 뿐만 아니라 그 문제들을 해결하기 위해서 가장 효과적인 방법을 찾아가는 과정이다. 하루가 그렇고, 한 달이 그렇고, 1년이 그렇고, 일생이 그렇다. 무엇이 문제인지를 정확히 정의하는 일은 곧바로 삶과 활동의 목적을 정의하는 일과 같다. 어떤 문제든지 최고의 해결책이 있고 반대로 최악의 해결책도 있는데, 누구든 최고의 해결책을 선택하기 위해 숙고한다.

여기서 사람마다 문제 해결에 대한 의지가 차이를 드러낸다. 어떤 사람은 불가능하게 보이는 문제를 해결하기 위해 더욱더 심혈을 기울여서 노력하는 데 반해서 어떤 사람은 조금만 어려워도 꽁무니를 빼고 만다. 의지를 발휘하든 재능을 발휘하든 문제 해결의 단초는 우리 안에 있다.

나는 문제를 피하지 않고 늘 정면으로 맞서는 편이고, 문제를 해결하기 위해 무엇을 해야 할지를 신중하게 결정하는 편이다. 또 일단 그런 결정을 내린 다음에는 끝까지 밀어붙인다. 그런 성향은 젊은 날에도 있었지만 세월과 함께 반복을 통해서 더욱 탄탄하게 자리를 잡았다.

예전에 자유주의를 널리 알리기 위한 목적의 연구소를 만들 때의 일이다. 객관적인 정황이나 분위기도 불리했고 주변에 그런 '황당하기까지

한' 아이디어의 실현 가능성을 믿는 사람들은 더더욱 없었다. 그럼에도 불구하고 나는 가능하다는 확신에 대해 조금도 의심하지 않았다. 그런 확신이 어디에서 나왔는지 지금도 궁금하지만, 살아가면서 우직하리만 큼 자신의 길에 충실할 수 있는 힘은 '숙고-합리적 선택-결단-꾸준함' 이란 도식을 경험을 통해서 확신하기 때문일 것이다.

그렇다면 탁월성에 필수적인 합리적 선택과 숙고 사이에는 어떠한 상 관관계가 있을까? 우리는 숙고를 통해 판단한 것들을 대상으로 합리적 선택을 내린다. 즉 숙고라는 과정은 합리적 선택을 실천할 수 있는 여러 가지 방법, 도구 그리고 수단들을 만들어내는 과정이다. 따라서 합리적 선택은 행동으로 옮겨지기 전의 최종 단계이다.

세상을 살아가다 보면 지나치게 미적거리는 것도 좋지 않지만 지나치 게 서두르는 것도 바람직하지 않다. 중요한 결정일수록 하룻밤 정도 넘 겨보는 것도 괜찮다.

그런데 한 가지 주의해야 할 점은 목적이 숙고의 대상이 아니라고 해 서 목적 그 자체가 중요하지 않은 것은 아니라는 사실이다. 목적의 선택 에 있어서도 신중함이 필요하다.

우리는 살아가며 올바른 목적을 설정하고, 이를 달성하기 위한 방법이 나 수단 그리고 도구에 대해 시간을 두고 충분히 숙고해야 한다. 숙고라 는 과정을 통해 충분히 검토한 것들을 대상으로 합리적 선택이 이루어 진다. 이렇게 합리적 선택이 이루어진다면 성급하거나 잘못된 판단이나 행동은 나오지 않게 되므로 탁월성을 방해하는 요인들을 제거할 수 있 을 것이다. 이때 명심해야 할 것은 숙고를 통해 합리적 선택을 할 때에도 적절한 시간 안에 나아가야 한다는 사실이다.

숙고는 긴 시간을 뜻하지 않으며, 양(量)이 아니라 질(質)의 개념에 가깝다. 이따금 장고(長考) 끝에 악수(惡手)를 두는 딱한 사례를 만난다. 2006년 스마트 혁명의 초기 단계에 노키아는 삼성전자와는 비교할 수 없을 정도로 유리한 위치에 있었다.

하지만 씨티은행 출신으로 1985년 노키아에 합류해 1992년부터 14년 동안 최고경영자를 역임하였던 요르마 올릴라는 시가 총액 6억 5,000만 유로의 기업을 1,100억 유로로 키우는 데 성공하였지만 스마트폰 시장의 대응에 실패함으로써 패전 장수가 되고 말았다. 그들 역시 앞으로 어떻게 해야 하는가를 숙고하였지만 합리적 선택을 통해서 신속한 변화로 옮기는 데 너무 굼뜨게 행동하고 말았다. 그는 "스마트폰 시장에 대한 노키아의 대응이 너무 느렸다. 특히 스마트폰 운영체제(OS)에 대한 노하우가 없었다"라고 회한을 토로하였다.

그러나 내가 보기에는 노하우의 부족이 아니라 합리적 선택과 결단력의 부족이었다. 당시 노키아는 얼마든지 상황을 반전시킬 수 있는 실력을 갖추고 있었다. 다만 새로운 환경에 적응하는 과정에서 치러야 할 내부의 구조조정 비용을 기꺼이 지불하려는 사람들의 숫자가 적었다. 반면 열악한 초기 상황 속에서도 삼성전자는 신속한 대응으로 일거에 노키아의 아성을 무너뜨리는 데 성공하였다.

노키아와 삼성전자의 스마트폰 대전은 숙고 후에 합리적 선택 그리고 이후의 신속한 대응이 얼마나 중요한지를 말해 준다. 숙고는 반드시 합리적 선택과 신속한 행동이 뒤따를 때에만 빛을 발한다.

🐝 "우리는 목적이 아니라 목적들을 얻는 수단에 대하여 숙고한다."

'올바른 이성'이
탁월한 삶으로 이끈다

"이성을 가진 사람은 어떤 과녁을 중심으로 조이거나 푼다. 즉 그는 올바른 이성의 인도를 받는 수단들을 갖고 있는데, 이 수단들은 지나침과 모자람 사이에 놓여 있다. 이들의 중간에는 중용의 상태에 해당하는 일종의 기준이 있다. 그런데 이렇게 이야기하는 것이 진실이기는 하지만, 결코 명확하지 않다. 그 이유는 중용을 찾기가 말처럼 쉽지 않기 때문이다. (……) 영혼의 품성상태에 관해 이야기할 때 우리는 올바른 이성이 무엇이며 그것의 기준이 무엇인지를 정의해야 한다. 우리는 영혼의 탁월성을 둘로 나누어 한쪽은 성격(ēthos)의 탁월성이고, 다른 한쪽은 사유(dianoia)의 탁월성이라고 부른다." 6권 1장 1138b22-25, 1138b32-1139a1

여러분이 '성격적 탁월성'이라는 과녁을 향해 활시위를 당겨서 활을 쏜다고 상상해 보자. 이때 과녁은 중용(중간, mesotēs, median)을 뜻하기도 한다. 예를 들어, 용기, 절제, 온화 등과 같은 다양한 중용이 있을 수 있다.

활시위를 잘 조준하여 과녁을 맞히고 싶다면, 즉 성격적 탁월성을 지닌 훌륭한 사람이 되고 싶다면 누구든지 세 단계를 거쳐야 한다. 첫째, 목적을 명확히 해야 한다. 과녁이 무엇인지를 정확히 알아야만 제대로 활을 쏠 수 있을 것이다. 다양한 품성상태에서 중용이 무엇인지를 정확히 알아야 한다. 둘째, 자신의 언행과 사고에서 지나침과 모자람의 정도를 측정해야 한다. 과녁에서 벗어난 정도를 측정함으로써 자신이 가진 문제점을 파악할 수 있다. 셋째, 원인을 파악한 다음에 중용에 이를 수 있도록 조율한다. 어떤 요인들이 중용 상태에서 벗어나도록 만드는지를 이해하고 이를 고치기 위해 꾸준히 노력한다.

현대의 유능한 컨설턴트들이 문제를 해결하기 위해 사용하는 방법과 아리스토텔레스가 말하는 성격적 탁월성에 이르는 방법은 비슷하다. 컨설턴트들은 이렇게 말한다. "목표를 명확히 하라. 자신의 현재 상황과 목표가 얼마나 떨어져 있는지를 파악하라. 그렇게 떨어진 원인을 정확하게 진단하라. 끝으로 원인을 개선하고 혁신하라."

그렇다면 과녁을 향해 화살이 똑바로 날아갈 수 있도록 돕는 것, 즉 화살이 정확하게 과녁에 명중하도록 하는 요인이 무엇인가라는 궁금증이 생긴다.

이때 번뜩 떠오르는 단어는 숙고와 합리적 선택이다. 그렇다면 이들을 가능하게 하는 것은 무엇인가? 그것은 '올바른 이성'이다. 지나치지 않고 모자라지도 않는 품성상태엔 중용으로 인도하는 안내자 역할을 맡는 것이 바로 올바른 이성이다.

성격적 탁월성이 올바른 이성의 지시나 인도를 받는다면, 우리는 이성에 대해 더 자세히 살펴볼 필요가 있다. "행복은 완전한 탁월성에 따르는 영혼의 활동"이라는 말로 미루어보면 행복과 탁월성에 대한 논의는 영혼에 대한 이해로부터 시작되어야 할 것이다. 행복, 탁월성 그리고 영혼의 상호관계는 "영혼의 탁월성 → 인간적 탁월성 → 인간적 좋음 → 행복"으로 정리할 수 있다.

우리는 이미 앞에서 영혼을 두 부분, 즉 이성을 가진 부분(logon echōn)과 이성이 없는 부분(alogon)으로 나누었다. 다시 이성을 가진 부분 또한 두 가지로 나눌 수 있다. 하나는 이성으로써 '그 원리가 다르게 있을 수 없는 존재자들'을 성찰하는 것이고, 다른 하나는 이성으로써 '그 원리가 다르게도 있을 수 있는 존재들'을 성찰하는 것이다. 앞의 부분은 언제 어디서든 누구에게나 진실이 명확한 것으로 '학문적 인식의 부분(epistemonikon)'을 말하며, 뒤의 것은 '이성적으로 헤아리는 부분(logistikon)'을 말한다.

'학문적 인식의 부분'은 무엇이 옳고 그른지가 명확하기 때문에 중용, 즉 탁월성을 찾는 일이 상대적으로 쉽다. 마치 수학이나 과학 문제를 푸는 것처럼 명확하다. 수학이나 과학의 법칙은 어떤 경우에서든 누구에게나 그리고 언제나 진리이기 때문이다.

하지만 '이성적으로 헤아리는 부분'의 경우는 다르다. 상황에 따라서, 사람에 따라서, 대상에 따라서, 시점에 따라서 올바른 이성의 인도나 도

영혼의 두 가지 구성 요소

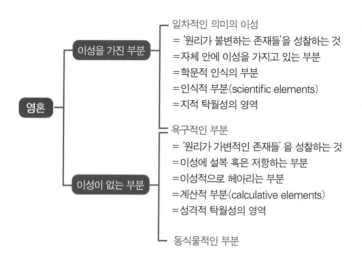

움을 받더라도 중용이 어떠해야 하는가에 대한 답이 달라질 수 있다. 그래서 성격적 탁월성에 관련된 품성상태들에 대해서 최선을 찾기는 쉽지 않다. 즉 중용이나 중간 혹은 꼭 알맞은 정도를 찾기가 쉽지 않다. 그러므로 지적 탁월성이 명료한 데 반해서 성격적 탁월성은 기준은 명확하지만 막상 실천 단계에서는 최선의 품성상태는 달라진다.

예를 들어, 씀씀이와 관련된 중용인 '자유인다움'은 보통 수준의 지출에서 중용임을 누구나 알 수 있다. 그러나 그런 명확한 기준에도 불구하고 지출에 관련된 사안별로 '자유인다움'이 조금씩 달라질 수 있다. 따라서 상황, 사람, 지출 수준, 시기에 맞춰서 최선의 품성상태를 결정해야 한다.

알고 지내는 사람의 자녀가 결혼을 해서 부조를 하는 경우를 생각해 보자. 선례나 관례 그리고 자신의 형편에 맞추어서 성의를 표시했는데도 불구하고 부조를 받는 사람은 다른 평가를 내릴 수 있다. 부조를 하는 사람이 한때 아주 잘 살았지만 최근에 상황이 상당히 어려운 경우를 가정해 보자. 부조를 받는 사람은 그의 최근 형편을 세세히 알 수는 없으므로 "저 양반은 살 만한데, 어떻게 부조를 이리도 인색하게 할까?"라고 생각할 수 있다.

성격적 탁월성의 이러한 특성에도 불구하고 용기, 절제, 온화, 자유인다움 등은 각각 특정 영역과 관련하여 최선의 품성상태인 것은 확실하다. 예를 들어, 용기는 감정의 영역에서 최선의 품성상태이며, 절제는 즐거움과 고통의 영역에서 최선의 품성상태이다. 이들은 각 부분의 탁월성이며, 이들 탁월성은 고유한 기능의 발휘와 관련된다. 이를테면 용기는 감정의 영역에서 중용의 품성상태를 말하며, 이런 품성상태에서 최고의 기능을 발휘한다.

🐛 "우리는 지나침이나 모자람이 아닌 올바른 이성이 지시하는 중용을 선택해야만 한다."

성격적 탁월성을 갖추기 위한
메커니즘을 이해하라

"성격적 탁월성은 합리적 선택과 관련된 품성상태이며 합리적 선택은 숙고적 욕구이다. 따라서 합리적 선택이 올바르다면, 이성은 참이고 욕구는 모두 올바르다. 즉 이성은 욕구가 추구하는 것을 확인해 주어야만 한다. 이와 같이 실천적이면서 행위와 관련된 이성을 '실천적 사유(productive thought)' 혹은 '실천적 참(productive truth)'이라고 부른다. (……) 합리적 선택은 행위의 출발점이자 원천이지만 목적 그 자체는 아니다. 합리적 선택은 어떤 목표를 추구하는 욕구와 이성이다. 따라서 합리적 선택은 지성이나 사유 그리고 성격적 탁월성 없이는 존재할 수 없다. 좋은 행위나 나쁜 행위는 모두 사유와 특정 품성상태의 결합 없이는 가능하지 않다. 사유 자체만으로는 아무것도 움직일 수 없으며, 어떤 목적을 가지고 이를 위한 행위와 관련된 실천적 사유만이 어떤 것을 움직일 수 있다. (……) 단적으로 목적은 행위에 의해 성취될 수 있을 뿐이다. 잘 행위하는 것이나 훌륭한 삶이 목적이라면, 욕구는 이 목적을 향하기 때문이다. 그러므로 합리적 선택은 '욕구적 지성'이거나 '사유적 욕구'이며, 인간이 바로 그러한 행위의 출발점이다.(여기서 욕구적 지성은 '욕구에 의해 동기를 부여받는 지성(intelligence motivated by desire)'을 말하며, 사유적 욕구는 '사유를 통한 욕구(desire operating through thought)'이다.) 6권 2장 1139a22-26, 1139a32-36, 1139b3-5

"읽기는 쉽지만 쓰기는 어려울 것 같은 책. 이 책이 그런 책이다. 읽기는 쉽다. 쓰기는 정말 어려울 것 같은 책."

『공병호의 고전강독 1, 2』가 선을 보이고 난 다음 독자 서평 중에 인상적인 부분을 옮겨보았다.(출처: 그랜드슬램, 알라딘 서점, 2012.6.12) 어쩌면 이렇게 정확하게 작가의 입장을 이해할 수 있을까? 사실 현대문과 달리 고전을 읽는 일은 머리를 쥐어짜야 할 정도로 고된 일이다. 짧은 문장 속에 헤아릴 수 없을 만큼 심오한 메시지가 담겨 있을 뿐만 아니라 한 문장이라도 소홀히 하고 넘어갈 수 없기 때문이다. 그만큼 고도의 집중력이 필요하다.

『니코마코스 윤리학』의 전체 내용이 만만치 않지만 특히 여기서 다루는 6권 2장 '성격적 탁월성과 사유'라는 부분은 난해하기 짝이 없다. 따라서 원문의 순서에 따라 마치 탐험을 떠나는 탐험가처럼 읽고 읽고 또

읽으면서 이해한 결과를 단계별로 나누어 정리하려 한다.

이 장에서는 성격적 탁월성이 어떻게 만들어지는가를 다루고 있다. '성격적 탁월성의 심리적 기초'라는 이름을 붙여도 좋을 것이며, '성격적 탁월성의 작동 메커니즘'이라는 이름을 붙여도 좋을 듯싶다. 8단계로 나뉜 어려운 설명은 "성격적 탁월성을 갖춘 인물이 되기 위해서 우리는 무엇을 어떻게 해야 하는가?"라는 질문에 대한 답을 얻는 과정을 정밀하게 설명한 내용이다. 결론은 성격적 탁월성을 갖추기 위해서는 단순히 욕구와 이성을 갖는 것만으로 충분하지 않다는 것이다. 그렇다면 무엇이 더 필요한 것일까? 올바른 목표를 갖추어야 하고, 목표를 향한 이성을 갖추어야 하고(욕구적 지성), 목표를 향한 욕구를 갖추어야 한다(사유적 욕구)는 것이다.

8단계를 순서대로 읽는 것도 좋고, 8단계에 대한 설명이 끝나는 부분에 소개된 요약본을 읽고 난 다음에 차근차근 복습하듯이 8단계를 읽는 것도 좋다. 지나치게 어렵다고 판단하면 건너뛰고 결론 부분만 읽더라도 책 전체의 내용을 이해하는 데는 전혀 문제가 없다. 하지만 이왕 고전 공부를 시작하였다면 이처럼 어려운 부분을 작가와 동행해 보는 일도 의미가 있을 것이다. 설령 완전히 이해가 되지 않더라도 실망할 필요는 전혀 없으며, 대략적으로 의미를 이해하는 것만으로도 대단한 일이다.

단계1: 영혼 안에는 행위와 진리를 지배하는 세 가지가 있다. 감각(aisthēsis, sense perception), 지성(nous, intelligence) 그리고 욕구(prexis, desire)이다. 이 가운데 감각은 행위를 만들어내는 데 이바지하지 못하기 때문에 "감각은 어떤 행위의 원리(archē, 출발점)가 아니다"라고 말할 수 있다. 이를 달리 이야기하면 어떤 행위는 이성과 욕구에서비롯된다. 설명의 편의를 위해 함수관계를 사용하면 다음과 같다.

- 행위 = F(이성, 욕구) ……   (1)

"어떤 행위가 이성과 욕구에서 비롯된다"라는 이야기는 어떤 의미인가? 우리가 관심을 갖고 있는 용기, 절제, 온화 등과 같은 성격적 탁월성은 특별한 종류의 행위이지, 단순한 앎은 아니다. 예를 들어, '절제력 있는 사람'은 절제라는 행위의 결과물이지 앎의 결과물은 아니다.

단계2: 성격적 탁월성은 합리적 선택과 관련된 품성상태이다. 악덕은 비합리적 선택과 관련된 품성상태이다. 예를 들어, 성격적 탁월성의 한 부분인 절제는 최선의 품성상태에서 나오는 데 반해서 악덕인 무절제는 나쁜 품성상태에서 비롯된다.

- 성격적 탁월성 ＝합리적 선택과 관련된 품성상태 …… (2)

단계3: 합리적 선택은 올바른 이성과 올바른 욕구로부터 나온다. 이성이 참이고 욕구가 올바르지 않으면 합리적 선택은 가능하지 않다. 합리적 선택은 올바른 이성과 올바른 욕구에서 비롯된다.

- 합리적 선택 = F(올바른 이성, 올바른 욕구) ……   (3)

지금까지의 논의를 종합하면 "성격적 탁월성은 올바른 이성과 올바른 욕구의 결과물이다"라는 결론을 이끌어낼 수 있다. 즉 '성격적 탁월성 = 합리적 선택과 관련된 품성상태'이고 '합리적 선택 = F(올바른 이성, 올바른 욕구)'를 말한다. 이는 A = B이고 B = C이기 때문에 결국 A = C이다.

- 성격적 탁월성 = F(올바른 이성, 올바른 욕구) …… (3-1)

단계4: 성격적 탁월성과 올바른 이성 및 올바른 욕구 사이의 관계는 원인 결과의 관계만이 아니다. 다시 말하면 올바른 이성 및 욕구 때문에 성격적 탁월성이 생겨나는 것과 마찬가지로 성격적 탁월성 때문에 올바른 이성 및 욕구가 생긴다. 각각은 서로에 대해 필요충분 조건이다. 이런 관계에 대해 아리스토텔레스는 "합리적 선택이 신실하려면 이성도 참이어야 하고 욕구도 올바른 것이어야 한다"라고 말할 뿐만 아니라 "이성은 욕구가 추구하는 것을 확인해 주어야만 한다"라고 말한다. 이런 이성은 '실천적 사유'와 '실천적 참'이라고 부른다.

- 성격적 탁월성 = F(올바른 이성, 올바른 욕구) …… (3-1)
- 올바른 이성과 올바른 욕구 = F(성격적 탁월성) …… (4)

단계5: 합리적 선택이 행위의 원리(출발점)이기는 하지만, 움직임이 시작된다는 의미에서의 원리일 뿐이다. 합리적 선택이 반드시 행위의 목적을 낳는 것을 보장하지는 않는다. 여기서 행위의 목적은 절제, 용기 등과 같은 성격적 탁월성을 말한다. 달리 말하자면 성격적 탁월성이란 목적을 얻는 데는 합리적 선택만으로 충분하지 않다는 이야기이다. 합리적 선택에 다른 무엇인가가 주어져야 하는데, 이때 중요한 점은 더하기가 아니라 곱하기란 사실이다. 있어도 그만 없어도 그만이 아니라 필수적이라는 사실이다. 합리적 선택에 곱해야 할 '알파(α)'는 무엇일까?

- 성격적 탁월성 = F(올바른 이성 × 알파, 올바른 욕구) …… (5)

단계6: 합리적 선택의 원리(출발점)는 특정 목적을 지향하는 이성과 올바른 욕구이다. 합리적 선택을 낳는 이성은 이성이긴 하지만 이 가운데 '특정 목적을 지향하는 이성(reasoning directed toward some end)'을 말한다. 여기서 알파는 특정 목적과 관련된 목표이다. 그러므로 아리스토텔레스는 합리적 선택을 낳는 요인들에 대해 "합리적 선택은 지성과 사유 없이 생겨나지 않을 뿐만 아니라 성격적 품성상태 없이도 생기지 않는다"라고 말한다. (3)으로부터 다음과 같은 함수를 이끌어낼 수 있다.

- 합리적 선택 = F(특정 목적을 지향하는 이성, 올바른 욕구) …… (6)

단계7: 성격적 탁월성은 '잘 행위한다는 것(eupraxia)'의 결과물이다. 잘 행위한다는 것은 단순한 사유가 아니라 '특정 목적을 지향하는 실천적인 사유'를 필요로 한다. 그냥 사유하는 것만으로 아무것도 움직일 수 없고 목적을 달성할 수 없다. 따라서 (5)로부터 다음과 같은 함수관계를 이끌어낼 수 있다.

- 성격적 탁월성 = F(특정 목적을 지향하는 이성, 올바른 욕구) …… (7)

예를 들어, 어떤 사람이 어떤 물건을 만든다고 가정해 보자. 물건을 만드는 일에 대해 사유하는 것만으로는 아무것도 얻을 수 없다. 구체적으로 어떤 목적을 위해 어떤 물건을 언제까지 만들어야 하겠다는 실천적인 사유가 필요하다. 이때 구체적인 목적을 향하도록 만들거나 유도하는 것이 욕구이다.

단계8: 결론적으로 성격적 탁월성은 특별한 합리적 선택의 결과물이다. 즉 성격적 탁월성은 모든 합리적 선택의 결과물이 아니라 아주 특별한 합리적 선택의 결과물이며, 특별한 합리적 선택은 '욕구적 지성'과 '사유적 욕구'의 결과물이다. 이를 종합하여 함수로 표현해 보면, 앞에서 (3) 이야기한 올바른 지성과 올바른 욕구가 훨씬 구체적인 모습을 가진다(8-1, 8-2).

여기서 구체적인 모습은 특정한 목적을 추구하는 것과 관련되어 있는데, 지성은 지성이지만 '욕구적 지성(orektikos nous)'이고 욕구는 욕구이지만 '사유적 욕구(dianoēikē orexis)'이다. 두 가지 모두 특정한 목적을 향한다는 의미를 지닌다.

- 성격적 탁월성 = F(특별한 합리적 선택) …… (8)
- 특별한 합리적 선택 = G(욕구적 지성, 사유적 욕구) …… (8-1)
- 성격적 탁월성 = H(욕구적 지성, 사유적 욕구) …… (8-2)

탁월한 품성상태에 도달하기 위해서는 어떤 목적을 추구하는 이성 및 욕구가 있어야 한다. 누군가가 절제하는 인간이 되기로 결심한다면 무절제와 소심함을 떨쳐버리고 절제라는 목표에 도달하고자 하는 욕구(사유적 욕구)가 있어야 하고, 이를 가능하게 하는 이성(욕구적 지성)이 있어야 한다.

아리스토텔레스는 이러한 '사유적 욕구'와 '욕구적 지성'을 가능하게 하는 출발점(archē) 혹은 단초를 인간이라고 말한다. 인간만이 특정한 목적을 달성하기 위한 특별한 모습의 욕구와 지성을 가질 수 있는 존재이다.

이런 논의를 바탕으로 한다면 사유적 욕구와 욕구적 지성은 올바른 지향점을 갖고 있는 특별한 욕구와 지성을 말한다.

그런데 욕구를 가진다고 해서, 혹은 지성을 작동시킨다고 해서 모든 것이 올바른 목적을 지향하는 것은 아니다. 올바른 목적은 성격적 탁월성의 인도를 받아야 한다. 쉬운 사례로 강력한 열정과 추진력 그리고 뛰어난 머리를 가진 사람들 중에서 얼마든지 대규모 부정 사건의 주역이 나올 수 있다. 왜냐하면 그가 추구하는 목적이 잘못된 것일 수도 있기 때문이다. 목적은 성격적 탁월성의 인도를 받을 때에만 수식어인 '올바른'이 붙을 수 있기 때문이다.

지금까지 다룬 성격적 탁월성을 어떻게 얻을 수 있는가라는 문제에 대한 해답은 이렇게 정리해 볼 수 있을 것이다. 성격적 탁월성의 유형이 어떠하든지 성격적 탁월성은 일정한 메커니즘에 의해 얻을 수 있다. 이는 다음과 같은 세 가지 과정을 거쳐야 한다.

첫째, 성격적 탁월성은 특별한 합리적 선택의 결과물이며, 특별한 합리적 선택은 특별한 목적(성격적 탁월성의 부분)을 추구하는 이성과 욕구의 결과물이다. 이런 이성과 욕구를 각각 '욕구적 지성'과 '사유적 욕구'라 부른다. 결과적으로 특정한 목적을 추구하는 지성과 욕구가 없다면 성격적 탁월성을 성취하는 일이 불가능해진다.

둘째, 성격적 탁월성은 이성과 욕구에게 '올바른' 목적을 제시한다.

목적이라고 해서 모두가 올바른 목적이 될 수 없다. 올바른 목적은 그냥 가능한 것이 아니라 성격적 탁월성의 인도를 받아야만 가능하다. 그러므로 성격적 탁월성의 지시나 명령 그리고 인도를 받는 목적만이 '올바른 목적'이 될 수 있다. 방금 이야기한 '욕구적 지성'과 '사유적 욕구'가 추구하는 목적은 성격적 탁월성의 지시나 인도를 받는 지성과 욕구이다.

아리스토텔레스의 이야기는 상식적으로도 충분히 이해할 수 있는 내용이다. 누군가 훌륭한 사람이 되고자 한다면 그는 훌륭한 목적을 갖고 있어야 한다. 그런 목적은 그냥 이루어지는 것이 아니라 합리적 선택에 의해서 가능한데 그 합리적 선택도 그냥 사유하거나 욕구하는 것이 아니라 구체적인 목적을 달성하기 위한 사유나 욕구이어야 한다.

끝으로 성격적 탁월성은 행위를 함으로써 변화가 가능한 것만을 대상으로 삼는다. "합리적 선택은 무엇을 대상으로 하는가?"에 대해서 생각해 보자. 앞에서 숙고라는 부분을 다루면서 이미 언급한 바와 같이 하나는 스스로 합리적 선택을 함으로써 결과를 변화시킬 수 있는 것이 대상이 되고 다른 하나는 미래에 대한 일이다. 두 가지 모두 행위를 통해 결과를 변화시킬 수 있는 것들이 합리적 선택의 대상이 됨을 확인할 수 있다.

그렇다면 과거는 어떤가? 이미 일어나버렸기 때문에 변경시킬 수 없다. 따라서 과거는 합리적 선택의 대상이 될 수 없다. 과거는 성찰의 대상이 될 수 있을지 모르지만 합리적 선택의 대상은 될 수 없다.

아리스토텔레스는 아테네의 비극 시인인 아가톤의 이야기를 인용해서 신들조차 이미 일어나버린 일들을 마치 일어나지 않은 일처럼 만드는 것이 불가능하다는 이야기를 한다. 이 이야기는 신조차 운명을 거스를 수 없다는 고대 그리스인의 믿음을 떠오르게 한다.

> "사유 자체만으로는 아무것도 움직일 수 없으며, 어떤 목적을 가지고 이를 위한
> 행위와 관련된 실천적 사유만이 움직일 수 있다."

3장

지혜로운 자가 행복하다,
그대 지적 탁월성을 지녔는가

"사람은 실천적 지혜와 성격적 탁월성을 통해서만 자
신의 기능을 제대로 발휘할 수 있다. 탁월성은 목표를
정확하게 바라볼 수 있게 해주고, 실천적 지혜는 목표
달성을 위한 방법을 제대로 사용할 수 있도록 해준다."

지식사회에서의 행복과 성공의 밑거름

"드러커 박사는 어떤 것에 '탁월'하려면 책을 읽는다든지, 원료가 기계를 원하는 대로 조작하는 것만으로는 되지 않는다고 본다. 그는 그것은 인간의 마음과 손과 정신의 질에 관련된 문제라고 단언한다. 그러므로 돈으로 살 수도 없다. 그것은 인간만이 지불할 수 있는 노력, 결단, 양심을 그 대가로 요구하기 때문이다."

경영학계의 탁월한 지성으로 통하는 피터 드러커 교수의 명언들을 모은 『피터 드러커의 리더가 되는 길』에 나오는 한 대목이다. 피터 드러커는 이미 오래전에 지식이 가장 중요한 생산 수단이자 부를 창조하는 근간이 되는 지식사회를 이야기했다. 지식사회에서는 영향력을 발휘하는 사회 집단도 지식 노동자들이다. 결국 이러한 상황에서는 지식이 없으면 국가든 사회든 개인이든 힘을 잃을 수밖에 없다. 이미 현실이 되어버린 현대의 지식사회에서 한 개인이 삶에서나, 직업적 행보에서나 자신이 원하는 바를 성취하고 주도력을 가지려면 학문적 지식이나 특정 분야에 대한 기술, 세상을 살아가는 지혜 등을 고루 지녀야 한다. 바로 지적 탁월성을 연마해야 하는 것이다.

장사를 하든 공부를 하든, 어떤 분야에서 탁월함의 경지에 다다르는 과정은 험난하기 이를 데 없다. 특히 직업세계에서 일정한 위치에 이르기 위해서는 끊임없이 지적 탁월성을 연마해야 한다. 이러한 연마의 과정에서 공통적으로 요구되는 점 가운데 하나는 한 인간이 전부를 걸 정도로 전력투구하는 충분한 기간을 가질 수 있느냐는 점이다.

인간의 두뇌는 느슨하게 이완된 상태에서는 아무리 오랜 기간을 작동하더라도 좋은 결과물을 내지 못한다. 집중적으로 에너지를 모아서 한 가지 목적을 향해 매진할 때 비로소 원하는 해답을 내놓을 수 있다. 이런 점에서 선택과 집중은 기업뿐만 아니라 개인에게도 그대로 적용되는 진리라 할 수 있다.

이러한 이야기는 비단 오늘날에만 적용되는 이야기가 아니다. 오히려 인간 본성, 삶의 진리 속에 담겨 있는 조언이라 할 수 있는데, 바로 지적 탁월성에 대한 아리스토텔레스의 이야기에서 그 뿌리를 찾아볼 수 있다.

지적 탁월성은 영혼의 두 부분 중 이성을 가진 부분이 진리 혹은 참을 가장 잘 인식하게 하는 상태를 말한다. 뿐만 아니라 이성을 가진 부분이 긍정과 부정을 통해 진리를 얻도록 하는 것이다.

지적 탁월성은 성격적 탁월성에 비해서『윤리학』의 핵심 주제는 아니지만, 현대인에게 지적 탁월성은 무엇보다 중요한 것이다. 직업인으로서 탁월성을 갖추는 것은 생존과 성장 그리고 성공과 행복에 있어서 모두 중요하다. 우리가 가장 많은 시간과 열정을 쏟아붓는 직업에서 제대로 성과를 거두지 못한다면 스스로에 대한 자존감이나 타인에 대한 여유를 갖기 힘들기 때문이다.

더 현실적인 문제는 별다른 특기 없이 세상을 살아가는 일이 점점 더 힘들어진다는 점이다. 조직을 떠나 고생하는 지인들, 갈급하게 일자리를 찾는 사람들로 가득 찬 세상, 급속한 변화에 휩쓸려 수익원 자체가 메말라가는 사업가들을 바라보는 일은 힘겹다. 이 모든 것이 결코 남의 일이 아니라는 것을 우리 모두 잘 알기 때문이다.

앞으로도 우리들의 생활은 기술과 지식의 진화 속에 날로 편리해지겠지만 그만큼 지적 탁월성 없이 세상을 살아가는 일은 더 힘겨워질 것이다. 직업인으로서 끊임없이 자신을 '쓸모 있음(usefulness)'으로 입증하는 일은 각자의 몫이며, 이때 반드시 필요한 것이 지적 탁월성이다.

한편 지적 탁월성을 가진 사람이 모두 성격적 탁월성을 갖는 데 성공하는 것은 아니지만 지적 탁월성을 닦아나가는 과정에서 우리는 훌륭한 품성상태를 닦을 가능성도 높일 수 있다. 영혼으로 하여금 진리를 인식하게 만드는 품성상태는 모두 다음 다섯 가지인데, 이들이 지적 탁월성의 품성상태에 속한다.

- 학문적 인식(epistēmē, scientific knowledge, pure science)
- 기예(technē, art, applied science)
- 실천적 지혜(phronēsis, practical wisdom)
- 철학적 지혜(sophia, theoretical wisdom)
- 직관적 지성(nous, intelligence)

이 장에서는 이 다섯 품성상태를 하나하나 살펴보도록 한다. 행복은 "영혼의 탁월성"임을 다시 한번 상기해 보면서, 지적 탁월성이란 측면에서 행복의 지름길을 찾아보자.

배우고 익혀라,
학문적 인식에는 끝이 없다

"영혼이 긍정이나 부정에 의해 참(truth)을 소유하는 탁월성에는 다섯 가지가 있다고 하자. 이것들은 기예, 학문적 인식, 실천적 지혜, 철학적 지혜, 그리고 직관적 지성이다. 추측과 의견은 거짓일 수 있기 때문에 제외한다. 학문적 인식이 무엇인지는 만약 그저 유사한 것을 따르는 게 아니라 엄밀하게 따져야 한다면, 다음과 같은 고려로부터 분명해진다. 즉 우리는 '과학적으로 아는(know scientifically)' 것은 다른 것이 될 수 없다고 확신한다." 6권 3장 1139b14-19

지금도 여전히 지식 탐험에 심취해 있지만 20대 중반 미국에서 박사 학위 과정을 위해 유학하던 시절은 정말 치열하게 학문의 세계에 몰입했다. 학위논문을 준비하면서 내가 책을 읽는 게 아니라 책이 나를 읽는다는 느낌이 들 정도로 많은 양의 공부를 해내야 했다. 기존 연구자들의 각종 가설과 공식을 숙지하고, 그 속에서 나만의 가설을 세우고, 다시 이를 증명하고…… 내가 세운 가설을 입증하기 위해 정말 미친 듯이 파고들었다. 게다가 모국어가 아닌 언어로 고등학문을 한다는 것도 생각만큼 쉽지 않았다.

그런데 누군가 인간은 망각의 동물이라 했던가. 그 뒤 세상에 뛰어들어 많은 일을 겪으며 어쨌든 증명이 가능하고 옳고 그름이 분명했던 학문의 세계가 한 치 앞을 내다보기 힘든 세상사에 비하면 수월한지도 모른다는 생각이 들곤 한다. 정해진 기준도 없고 여러 사람의 입장과 이해관계가 얽힌 상황에서 현명한 판단을 내리고 통찰력을 다져가는 일이란 인생에서 수많은 시행착오 끝에야 생겨나는 것이었다.

바로 여기에서 지적 탁월성의 하나인 '학문적 인식(epistēmē)'의 중요한 특징을 파악할 수 있다. 바로 언제 어디서나 증명할 수 있고 변함이 없다는 점이다.

학문적 인식은 일반적으로 '기예(technē)'와 더불어 가장 좁은 의미를 갖고 있다. 다음으로 '지성(nous)'이 더 넓은 의미를 갖고 있으며, '철학적 지혜(sophia)' 또한 학문적 인식에 비해 더 넓은 의미를 갖고 있다.

학문적 인식은 배우고 가르칠 수 있으며, 그 방법은 귀납적 추론이나 연역적 추론을 이용해서 이루어진다. 학교에서 배우는 대부분의 지식은 그동안 충분하게 검증된 인정되어 온 지식일 것이다. 학문적 인식이 유도해 내는 앎이나 진리는 언제 어디서나 변함이 없는 특성을 갖는다. 따라서 학문적 인식은 '증명할 수 있는 품성상태(hexis apodeikitikē)'를 말한다.

한 예로 학교 과정의 최종 단계인 박사학위는 주로 자신의 믿음이나 의견을 가설로 만들고 이를 귀납법이나 연역법을 이용해서 증명하는 일이다. 엄밀한 증명 없이는 단순히 추측 혹은 의견(doxa)에 머물 가능성이 있다. 이런 경우 학문적 인식은 아니며 단순히 우리의 믿음이나 의견 혹은 주장일 가능성이 크다.

정치인들의 학위 논문 표절과 관련해서 한바탕 소동이 일어날 때마다 안타까움을 느끼곤 한다. 자신이 주장하고 싶은 가설을 세워 그와 관련된 기존 연구들을 정리하고, 주로 귀납법(드물게 연역법)을 사용해서 자신의 가설을 입증한 다음 결론을 이끌어내는 과정은 아무리 분주하게 활동하는 사람이라도 학위 과정을 통해 훈련받을 수 있는 체계적인 논리적 사고법 가운데 하나이다. 그럼에도 불구하고 학위를 받는 데 급급한 나머지 절차와 양심을 무시하다 보니 문제가 터지는 것이다.

그런데 앞의 인용문에서 주목할 만한 대목은 "추측과 의견은 거짓일 수 있기 때문에 제외한다"라는 부분이다. 오늘날처럼 많은 사람들이 자신의 의견을 마음껏 드러낼 수 있는 시대에 새겨둘 만한 조언이다. 누군가 확신을 갖고 어떤 문제에 대해 의견을 말한다고 하더라도 의견이란 늘 허위나 거짓에 빠질 가능성이 있다. 자신의 추측, 의견 그리고 믿음에 대해 자신감을 갖는 것은 중요하지만 비판과 논박의 대상이 될 수 있음을 받아들여야 한다. 한마디로 언제나 지적 겸손함을 갖추고 자신의 주

지혜의 여신상 '학문적 인식'은 '철학적 지혜'보다 좁은 의미를 갖고 있다. 사진은 고대 그리스 지혜의 여신상, 기원전 460년경, 아테네, 아크로폴리스 박물관.

장을 펴는 자세가 필요하다.

이따금 사업을 하는 분들 가운데 사업의 연수가 더해질수록 공부에 열을 올리는 분들을 만난다. 그분들의 공부는 주로 강연과 책을 통해서 꾸준하게 이루어지는데 스스로의 필요 때문에 하는 공부라서 주변 사람들의 눈이 휘둥그레질 정도로 열심인 경우가 많다.

그분들의 반응은 대체로 일치한다. 읽으면 읽을수록, 들으면 들을수록 "그때 이것을 알았더라면 그렇게 실수를 하지 않았을 텐데"라는 후회가 많이 든다고 한다. 어떤 분은 "이렇게 무지하면서도 망하지 않고 이제까지 사업을 꾸려온 것이 놀랍다"라는 이야기도 들려준다. '그때 이것을 알았더라면'이라는 말 중에서 '이것'에는 '전문적 앎', 즉 학문적 인식이 상당 부분을 차지한다.

내가 사업의 현장에서 열심히 뛰고 있는 분들에게 자주 하는 이야기가 있다. '모르면 당한다'는 것이다. 이때도 역시 학문적 인식이 대단히 중요한 몫을 차지한다. 지적 탁월성이라는 품성상태에 도달하고자 하는 사람이라면 배움에 굶주려야 한다. 특히 자신이 가장 많은 시간을 쏟고 있는 업과 관련해서 많은 시간을 투자해서 하나하나 배워야 한다.

한편 아리스토텔레스는 현장에서 성과를 내기 위해 노력하는 분들에게 유익한 조언을 한 가지 들려준다. "만약 결론보다 원리들을 더 잘 알고 있지 않다면, 그는 단지 우연히 학문적 인식을 가지게 될 것이다."

이 말은 곱씹으면 씹을수록 중요한 의미를 지닌다. 현재 직업 세계에서 활동하고 있는 사람이라면 자신의 업이나 프로젝트에 대해 기존의 매뉴얼이나 몇 번의 경험을 통해서 '이렇게 하면 된다'는 결론을 가질 수 있다. 그러나 원리를 파고들면 들수록 업에 대한 이해도는 더욱더 넓어지고 사업 세계에서 성공을 거둘 수 있는 가능성이 커진다. 물론 세월이 갈수록 업을 더욱더 흥미진진하게 대할 수 있다.

결론에 머물지 말고 원리를 더 깊게 파고들어 가보라. 내가 오랫동안 알고 지내는 한 기업의 대표는 자신의 사업을 마치 중요한 연구 대상인 듯 접근한다. 성급하게 결론을 도출해 내지 않고 업의 본질과 원리를 파악하기 위해 계속해서 파고들어 가기 때문에 사업에서 큰 성과를 이루고 있다. 그런데 더욱 감탄스런 일은 그가 자신의 업에 대한 학문적 인식의 깊이를 더하면 더할수록 업이 단순한 성과를 위한 대상이 아니라 어느 순간부터는 예술가의 작품처럼 변화되어 간다는 사실이다.

요컨대 학문적 인식은 기예와 구분될 뿐만 아니라 다수가 흔하게 갖는 믿음이나 판단을 뜻하는 의견(doxa)과도 뚜렷이 구분된다. 또한 학문적 인식은 오늘날의 인식론(epistemology: 인식의 기원과 본질, 인식 과정의 형식과 방법 등에 관하여 연구하는 철학의 한 부분)의 어원이기도 한다. 결론적으로 학문적 인식은 '검증된 참된 지식'을 말한다.

학문적 인식이 이처럼 우리에게 중요한 이유는 현명한 판단을 내리는 데 중요한 부분을 차지하기 때문이다. 학문적 인식이 부족한 사람은 선입견이나 통념에 휘둘려 잘못된 판단을 내릴 가능성이 높다. 따라서 이를 제대로 갖추기 위해서는 기존 지식을 습득하는 노력도 중요하지만 그보다 지식이나 정보를 바탕으로 자신의 사고를 체계화하고 논리적 사고를 훈련하는 일이 더 중요하다. 보고 싶은 몇 가지 정보에 기초해서 성급한 결론을 내리는 것은 논리적으로 사고하는 훈련이 부족하기 때문에 발생하는 일이다.

이러한 훈련을 위해 아이디어를 스케치해 보거나 어떤 것에 대해 짧은 글로 자신의 생각을 정리해 보는 것도 좋은 방법이 될 것이다.

> ✍ "어떤 사람이 어떤 것에 특정한 방식으로 확신을 가지고 있고 확신이 기초하고 있는 원리들을 알고 있다면, 그는 학문적 인식을 가지고 있는 것이다."

누구보다 탁월하게
누구와도 다르게 만들어내라

"건축술은 일종의 기예(technē, applied science)이며, 기예는 이성을 동반해서 무엇인가를 제작하는 품성상태 혹은 훈련된 능력이다. 어떤 기예도 이성을 동반하지 않고는 제작적 품성상태가 아니며, 그러한 품성상태치고 기예가 아닌 것도 없다. 따라서 기예는 참된 이성의 안내에 따라 이루어지는 제작적 품성상태와 동일하다. 모든 기예는 존재 가능성이 있는 것들과 관련되는데, 이는 존재 가능성이 있는 것과 존재 가능성이 없는 것을 연구하고 무엇을 만들어내기 위해 애를 쓰는 것이다. 기예의 기원은 제작되는 대상이 아니라 제작자이다. 기예는 필연적으로 존재해야 하는 것과 자연적으로 만들어지는 것을 대상으로 하지 않는다. 왜냐하면 이들은 그 자체에 기원이 있기 때문이다." 6권 4장 1140a6-15

강남의 한 호텔을 방문하였을 때의 일이다. 놀랍게도 그 호텔에는 세계 최고 장인들이 빚어낸 18세기와 19세기의 독일산 도자기 수십 점이 복도를 따라서 전시되어 있었다. 300년 전통을 가진 독일의 마이센(Meissen) 사 작품들이었는데, 한눈에도 감탄사가 저절로 나오는 멋진 도자기들이었다.

　아마도 호텔의 소유주가 정성스럽게 한 점 한 점 모은 수집품의 일부분인 듯했다. 이런 작품들이야말로 장인들이 주도한 '참된 이성을 동반해 무엇인가를 제작할 수 있는 품성상태'인 기예(technē)의 대표 사례에 속한다.

　기예는 지적 탁월성이라는 품성상태를 이루는 다섯 가지 가운데 하나이기 때문에 이미 참된 이성에 따라 최고로 잘 만들어내는 상태가 포함되어 있다. 그러므로 원래 기술자(technician)라는 말에는 이미 합리적 이성에 따라 최고로 잘 만드는 상태에 있는 사람을 뜻한다. 현대인들이 기술자를 단순히 무엇인가를 만들거나 해결할 수 있는 기능을 가진 사람으로만 받아들이는 것과는 큰 차이가 있음을 알 수 있다.

　행위하는 것과 제작하는 것은 다르다. 아리스토텔레스는 "행위(poiēma)는 제작이 아니며, 제작(dēmiourgia)도 행위가 아니니까"라고 말한다. 배우거나, 화를 내거나, 쾌락을 욕구하는 등과 같은 행동은 능동적인 행위이지만, 이런 행위들이 반드시 눈으로 볼 수 있고 손으로 만질 수 있는 구체적인 것들을 만들어내지는 않는다. 제작은 조각품이나 건물처럼 능동적인 행위를 통해서 구체적인 것을 만들어내는 것을 뜻한다. 특히 제작은 어떤 원재료를 사용하여 사람들을 위해서 무엇인가 만들어내는 것이다.

여기서 말하는 기예는 제작과 관련되고 행위와는 관련되지 않는다. 흔히 기예는 기술로도 번역된다. 예를 들어, 건물을 짓든, 연구를 하든 어떤 목적을 갖고 무엇인가를 만들어내는 일은 기예의 한 부분이다.

애플의 창업자 스티브 잡스가 아이폰의 아이디어를 생각해 내고 동료들과의 대화를 통해서 이를 구체화해 나가는 것은 능동적인 행위이다. 그가 아이디어와 협업을 통해서 세상 사람들을 위해 아이폰이란 물건을 만들어내는 것은 제작에 속한다. 이처럼 아이디어를 내는 행위와 물건을 만드는 제작은 구분된다.

이처럼 기예는 어떤 목적을 갖고 특정한 물건이나 서비스를 만드는 지식이라는 의미에서 '제작술(craftsmanship)'이라는 의미를 갖고 있다. 이런 점에서 이론적이고 추상적인 지식을 뜻하는 학문적 인식(epistēmē)과는 대비되기도 한다. 학문적 인식이 옳고 그름에 많은 부분을 할애하는 데 반해 기예는 사람들의 필요와 욕구를 충족시켜야 할 구체적인 물건이나 서비스를 만들어내는 것과 깊이 연관되어 있다. 두 가지를 간단명료하게 비교하면 이렇게 이야기할 수 있다.

- 학문적 인식 = 참된 이성에 따라 행위(인식)하는 실천적 품성상태
- 기예 = 참된 이성에 따라 제작하는 제작적 품성상태

한편 사람들을 위해 만들어진 모든 것들에 대해서 우리는 열등, 보통, 잘함, 그리고 최고로 잘함이란 평가를 내릴 수 있다. 혹자는 평가가 주관

적이기 때문에 우수함이나 열등함도 상대적일 수밖에 없다고 이야기한다. 현대 자본주의 사회라면 고객들의 사랑을 받는 것이 한 가지 평가 기준일 수 있고, 또다른 경우에는 비평가들의 호평을 받는 경우도 한 가지 기준일 수 있다.

어떤 기준을 사용하든 사람들을 위해 만들어진 모든 것에 등급이 매겨진다. 한 예로 우리가 어떤 상품을 구입하면 "잘 샀다" 혹은 "멋진 상품이다"라는 평가를 내리는 것은 우수함이란 평가를 내리는 것이다.

또한 주변을 조금만 관심 있게 둘러보면 많은 부분에서 누가 더 기예를 잘 발휘하는지 치열한 경연이 벌어지는 것을 볼 수 있다. 대단한 기능과 멋진 디자인으로 고객의 주목을 끄는 모든 상품이나 서비스는 모두 기예가 발휘된 것이며, 우열이 가려진다.

얼마 전부터 강연 방법을 바꾼 다음 나는 빔 프로젝터의 레이저포인터를 구입하기로 했다. 이를 위해 몇 달에 걸쳐서 강연장마다 구비된 레이저포인터를 유심히 살펴보았다. 일종의 시장 조사인 셈이었다. 조악한 제품부터 매력적인 제품까지 그야말로 각양각색이었다. 마침내 강연자에게 편안함을 주면서 기능도 뛰어난 제품을 만날 수 있었는데, 그 제품을 보자마자 "최고다"라는 탄성이 절로 나왔다. 기예가 최고로 잘 발휘된 상품을 만나는 것은 대단한 행운이다.

우리가 무엇인가를 제작할 때 이는 뚜렷한 목적을 갖는다. 따라서 기예는 그 자체 안에 이미 목적을 갖고 있으며 사람들에게 도움이 되어야 할 뿐만 아니라 다른 사람들이 손쉽게 만들 수 있는 것보다 훨씬 더 잘 만들어내는 것을 뜻한다.

기예는 자연물과 같이 자연적으로 생겨나는 것을 대상으로 하지 않고 어떤 목적을 갖고 인위적으로 만들어내는 것을 말한다.

우리가 일상에서 만나는 멋진 상품들은 기능도 우수하지만 디자인도 대단한 것들이 많다. 이러한 상품들은 장인들의 특정한 품성상태, 즉 기예를 나타내는 경우이다. 그런 작품들은 '제작자'가 있기 때문에 세상에 선을 보일 수 있었다. 제작을 한 사람과 그들이 그런 작품을 만들어낼 수 있도록 뒷받침한 조직이 있었기 때문에 가능한 일이다.

아리스토텔레스는 기예의 특성에 대해서도 흥미로운 이야기를 더한다. 기예는 필연적인 것도 아니고 자연적인 것도 아니라고 말한다. 낮과 밤이 바뀌는 것이나 물이 높은 곳으로부터 낮은 곳으로 흐르는 것과 같은 자연 원리는 언제 어디서나 같다. 그러나 조각품을 만드는 원리는 자연 원리와 다르다. 제작자에게 많은 부분을 의존하는데, 탁월한 제작자가 있는 반면에 열등한 제작자가 있을 수 있다.

기예는 어디에서 비롯되는 것일까? 아리스토텔레스는 기예의 원천 가운데서·타고나는 부분도 중요함을 슬쩍 강조한다. "운은 기예를 사랑하며, 기예도 운을 사랑한다(Fortune loves art and art fortune.)"라는 아테네의 비극 시인 아가톤의 말을 인용한다. 기예라는 훌륭한 품성상태는 오랜 기간 동안의 노력을 통한 숙련이 중요하지만 타고나는 부분도 무시할 수 없음을 언급한 것이다. 토머스 에디슨이나 월트 디즈니 그리고 스티브 잡스의 천재성이 단순히 노력의 결과물이라고만 보는 사람은 없다. 새로운 것을 상상하고 만들어내는 그들의 천재성은 타고난 부분이 크게 기여하였음을 부인할 수 없을 것이다.

고대 그리스 시대에도 오늘날의 삶과 크게 다를 바가 없었을 것이다. 의식주 문제를 해결하기 위해 농부는 식량을 생산하고, 노예는 주인의 허드렛일을 도와야 했을 것이다. 그리고 장인은 오늘날 우리가 박물관에서 볼 수 있는 멋진 조각품을 만들었을 것이다. 이들이 해야 하는 일은 선과 악처럼 추상적인 것이 아니라 식량과 집안일 그리고 조각 등과 같이 구체적인 것이었다.

고대 그리스인들은 장인(匠人)을 '데미우르고스(dēmiourgos)'로 표현하고 이들이 가진 솜씨나 기술을 '데미우르기아(dēmiourgia)'라고 했다. 이들에게 제작은 물건을 만드는 일뿐만 아니라 훌륭한 품성상태를 만드는 일 그리고 나라에 자유를 실현하는 일 등에까지 넓은 의미로 사용되었다. 단 이때 제작의 의미는 주어진 것을 충분히 선용해서 만든다는 의미를 갖고 있었다. 그중에는 충분히 선용하는 사람도 있고 그렇지 않은 사람도 있었기에 참된 지성을 발휘해서 최고로 잘 만드는 상태를 뜻하는 '테크네(technē)'라는 용어가 필요하였을 것이다.

예를 들어, 아테나 아파이아 신전의 서쪽 박공(pediment)에서 나온 〈죽어가는 전사의 조각상〉은 기원전 5세기 초의 작품으로 알려져 있다. 왼쪽 손에 방패를 의지한 채 쓰러져 누운 아테네 보병의 균형미 있는 근육과 살아 있는 듯한 표정은 금세라도 조각상이 관람객에게 다가올 것 같은 착각을 심어줄 정도이다.

뿐만 아니라 기원전 450년 무렵의 작품인 미론의 〈원반 던지는 사나이〉는 완벽한 동작에서 거의 초인적인 에너지를 느낄 수 있을 정도이다. 이 작품은 로마 시대의 모조품만이 지금까지 남아 있지만 모조품조차도 감탄을 자아낼 만큼 인간 육체의 역동성과 조화를 훌륭히 표현한 걸작이다. 몇 해 전 이 작품이 국립중앙박물관에서 전시된 적이 있는데, 앞에서 보고 뒤에서 보고 옆에서 보면서 한참 동안 조각상 앞에 머물렀던 기억이 난다. 기예를 발휘한 대표 사례에 속한다.

현대는 고대 그리스에 비해 훨씬 다양한 필요와 욕구를 충족시켜야 하는 시대이다. 남다른 기술이 필요한 시대인 만큼 원래 무언가를 최고로 잘 만드는 능력 혹은 상태라는 의미가 들어 있는 기예나 기술이란 개념을 더 깊이 새겨볼 만하다.

날로 수명이 늘어나고 직업 세계에서의 경쟁이 치열해지는 이 시대에 한 인간이 직업인으로서 오래오래 '기예'를 갖추며 살아갈 수 있는 방법은 무엇일까? 그것이 비단 개인만의 문제일까? 한 가지 분명한 사실은 기예라는 용어에는 한 개인의 성공뿐만 아니라 한 조직의 생존과 성장, 그리고 한 국가의 번영에 대한 해법이 모두 들어 있다는 점이다.

〈원반 던지는 사나이〉의 대리석 복제품 초인적인 에너지를 느낄 수 있는 작품이다. 미론. 기원전 450년경, 로마, 국립미술관.

직장인, 사업가, 디자이너, 세일즈맨, 음악가, 화가, 작가, 학생 등 모든 사람들은 어떤 모습으로든 기예를 발휘해서 자신만의 '작품'을 만들어낸다. 그 작품이 다른 경쟁자들보다 더 충실하게 고객을 만족시킬 때 더 나은 삶이 보장된다.

세계화라는 거대한 흐름은 고객을 더 만족시킬 각오를 하고 더 열심히 활동하려는 직업인의 숫자를 대폭 증가시켜 놓았다.

이제는 성실하고 열심히 하는 것만으로 충분하지 않다. 더 저렴하게 더 빨리 만들 수 있는 사람들은 얼마든지 찾을 수 있는 세상이 되었다. 그보다는 자신만의 작품을 특별하게 만들 수 있어야 한다. 이를 위해 열과 성과 혼을 쏟아붓는 것은 기본이고, 자신의 작품을 더 창의적으로 만들어야 한다. 무엇보다 남들이 생각하지 못한 새로운 가치를 계속해서 더해갈 수 있어야 한다.

이러한 숨가쁜 변화 속에서도 변함없이 중요한 것은 우리가 직업인으로서 자신의 '작품'에 대해 애정을 가져야 한다는 점이다. 또한 그럼으로써 자신의 '작품'에 계속해서 집중력을 유지할 수 있는가, 세월이 갈수록 더 즐겁게 작업을 해나갈 수 있는가라는 점은 지적 탁월성을 추구하는 사람들이라면, 특히 그중 기예에 관심을 가진 사람들이라면 유념해야 할 사안이다.

기예를 최고로 발휘하고자 하는 사람이라면 무엇보다도 자신의 재능이 있을 법한 분야를 찾아내는 것이 먼저다. 모든 사람이 모든 분야를 다 잘 할 수는 없다. 인정하기 쉽진 않지만 인간은 태어날 때부터 불공평하게 태어난다. 한마디로 재능이 다르다는 말이다.

그런 다음에는 일정 기간 동안 자신의 일에 애정을 갖고 몰입해야 한다. 빠르게 변화하는 시대 탓인지는 몰라도 우직하게 한 분야와 일을 파기보다 조금이라도 가능성이 적어 보이거나 힘들면 쉽게 포기하는 경우가 많다. 하지만 어떤 시대에서도 인간이 특정 분야에서 한 획을 긋는 대가의 반열에 들어가기 위해서는 반드시 일정 기간 동안 집중적인 숙련 과정이 필요하다.

이런 숙련과 더불어 남과 차별화된 가치를 더할 수 있는 것은 직업에 대한 소명감과 고객에 대한 배려와 관심이 중요한 역할을 한다. 무엇보다도 보상 때문에 움직이는 것이 아니라 제작 대상의 완성도를 끌어올리는 일 자체에 의미를 부여하는 사람이라면 기예를 키우는 데 문제가 없을 것이다.

그런 면에서 수많은 도전 끝에 47세의 나이에 제8회 '세계문학상' 수상자로 선정되어 1억 원의 상금을 받은 전민식 작가의 이야기는 우리에게 깊은 감동을 준다.

그는 생계를 위해 전국을 떠돌며 안 해본 일이 없었지만 자신이 가장 잘 할 수 있는 일이 글쓰기라는 믿음을 저버린 적이 없었다. 그리고 자신의 기예인 글쓰기를 연마하기 위해 대필 작가로 50여 권의 책을 펴냈다. 물론 자신의 이름은 드러나지 않았다. 또한 분야도 다양해서 제약, 한의학, 풍수 등 다뤄보지 않은 분야가 거의 없었다. 하지만 그런 방식으로 계속 글쓰기를 한 덕분에 자신의 기예를 꾸준하게 연마할 수 있었고, 여러 분야의 글쓰기를 통해서 풍부한 경험을 얻을 수 있었다. 결국 작가로서 빛을 보고 성공한 것이다.

누구든 직업 세계에서 참된 지성을 발휘해 오래도록 최고의 성과물들을 만들어낼 수 있다면 성공적인 인생을 살아갈 수 있을 것이다.

※ "제작과 행위는 다르고 기예는 행위가 아닌 제작과 관계가 있다."

잘 살아가기 위한 분별력, 실천적 지혜를 연마하라

"자신에게 좋은 것과 유익한 것들에 대하여 잘 숙고할 수 있는 것이야말로 실천적 지혜를 가진 사람의 특징이다. 그런데 이때 잘 숙고한다는 것은 건강이나 체력과 같이 부분적인 것에서 무엇이 좋은지 고려하는 게 아니라, 전체적으로 잘 살아가는 것(good life in general)과 관련해서 무엇이 좋고 유익한지 잘 생각한다는 뜻이다. 기예에 의해 얻을 수 없는 대상들에 대해서 가치 있는 목표와 관련해서 제대로 숙고하는 사람은 어떤 일에 있어서 실천적 지혜를 가진 사람이다. 일반적으로 잘 숙고하는 사람이 실천적 지혜가 있는 사람이다. 그런데 아무도 다르게 있을 수 없는 것들에 관해 숙고하지 않으며, 자신이 행위하지 못하는 것들에 대해서도 숙고하지 않는다." 6권 5장 1140a25-33

입사한 지 6개월이 된 몇몇 젊은이와 그들의 고민거리를 가지고 대화를 나눈 적이 있었다. 상사와의 갈등에 대한 이야기였는데 들어보니 50대 초반의 상사에게 문제가 있었다. 퇴근 무렵이면 늘 과중한 업무를 던지고는 완수해야 할 시간을 정해버리는 것이 일상화되어 있었다. 그러다 보니 야근이 계속되고 신입사원들은 점점 지쳐가면서 직장생활에 회의감을 가졌다.

나는 대화를 나누면서 어떻게 대처하는 것이 현명한 일인지를 몇 가지로 정리해 보았다. 사실 이런 문제가 바로 똑떨어지는 정답이 없는 경우이다. 그렇지만 경험 등을 통해 그런 상황에 맞는 해결책을 찾을 수 있도록 도움을 주는 것이 바로 실천적 지혜(phronēsis, 프로네시스)이다.

살아가면서 우리는 다양한 문제들을 만난다. 그럴 때마다 문제의 원인을 생각하고 그 원인에 맞게끔 현명하게 판단해야 한다. 그런데 이들 판단에는 어떤 상황에서도 항상 정답이라 부를 만한 것이 없다. 모든 문제에 정답이 존재하고 우리가 이를 쉽게 발견할 수만 있다면 한결 고민을 덜 수 있을 것이다.

그런데 정말 많은 문제들의 경우에 이것도 답일 것 같고 저것도 답일 것 같다. 그래서 늘 갈등하고 번민한다. 이처럼 학창 시절의 수학문제 풀이와 달리 인생살이에서 문제 풀이가 힘들고, 사는 것이 어렵다.

학문적 인식은 옳고 그름이 명확하다. 또한 기예처럼 어떤 물건을 만들어낼 때는 최고로 잘 만드는 상태가 무엇인지 알 수 있다. 그렇다면 엄밀하게 증명할 수도 없고 그렇다고 제작의 대상도 명확하지 않은 문제들에는 어떤 것들이 있을까? 가정을 꾸리고, 자식을 키우고, 조직을 이끌거나 공직에 취임해서 나라의 일을 하고, 사람들 사이의 갈등을 해소하는 역할 등과 같이 우리들이 살아가며 부딪히는 모든 일들이라고 해도 과언이 아닐 것이다.

이들은 저마다 현명한 판단을 요구하지만 학문적 원리처럼 정답이 명확하지 않다. 실천적 지혜가 어려운 이유가 바로 여기에 있다. 판단이 상황에 따라 달라질 수 있는 것이다.

실천적 지혜란 지적 탁월성 가운데서도 어떤 일을 아주 잘 하기 위해서 특정 상황에 꼭 맞는 해결책을 찾아내는 품성상태를 말한다. 실천적 지혜를 가진 사람은 보통 타당성 있는 지식을 갖춘 과학자나 초월적인 것을 전문으로 하는 신학자가 아니다. 실천적 지혜를 가진 사람은 인간적인 수준에서 자신이 해결해야 할 과제를 상황에 맞추어서 잘 해결해 나가는 사람이다.

예를 들어, 삼성, 현대, LG그룹의 창업자인 이병철, 정주영 그리고 구인회 씨는 사업가로서 실천적 지혜를 가진 인물이다. 지휘자 정명훈과 바이올리니스트 정경화, 첼리스트 정명화 등 7명의 자식들을 반듯하게 키워낸 어머니 이원숙 씨는 자식 교육에 관한 한 실천적 지혜를 갖춘 인물이다. 대한민국의 박정희, 말레이시아의 마하티르 그리고 싱가포르의 리콴유 등과 같은 인물은 정치인으로서 실천적 지혜를 갖춘 인물이다. 그들은 모두 변화하는 상황에서 자신이 무엇을 하는 것이 최선인지를 알고 실행에 옮겼던 인물들이다.

우리는 이따금 사회적인 지위나 연령으로 보았을 때 타인의 모범이 되어야 할 사람들이 스캔들에 휘말려 어려움을 겪는 사건들을 목격할 수 있다. 그들의 학벌이나 경력을 보면 다들 쟁쟁하다. 그럼에도 불구하고 하찮게 보이는 스캔들에 연루되어 불명예스럽게 퇴진하는 이유는 무엇일까? 특정 상황에서 판단의 실수로 인한 잘못된 행동이 그들을 파멸로 이끌고 만다. 그들에게 부족한 것은 학문적 인식이나 기예의 부족함이 아니라 주로 실천적 지혜이다.

실천적 지혜의 의미를 좀더 잘 이해하기 위해서는 절제의 어원을 살펴볼 필요가 있다. 절제의 어원인 '소프로시네(sōphrosynē)'는 '보존하는 것(sōzein)'과 실천적 지혜 '프로네시스(phronēsis)'가 결합된 것이다. 다시 말하면 절제는 쾌락이나 고통에 휘둘려 그릇된 판단을 하는 경우에도 '실천적 지혜'를 보존할 수 있는 것을 의미한다. 즉 행동을 하기 이전에 필요한 것이 현명한 판단인데, 그중에서도 최고로 현명한 판단이 바로 실천적 지혜라는 지적 탁월성이다.

한편 기예에는 기술적 탁월함(aretē)이 중요하다. 그렇기 때문에 건축물을 짓는 상황을 가정했을 때, 그 목적이 좋은지 나쁜지에 관계없이 그에 대한 기술적 능숙함이 존재한다. 즉 목적이 나쁘더라도 최고의 기술을 갖춘 건물은 존재할 수 있다. 또한 한국에서 짓든 미국에서 짓든 좋은 건축물에 필요한 기술적 능숙함은 똑같다.

그러나 실천적 지혜는 목적이 정당하지 않는 곳에서는 존재할 수 없다. 예를 들어 어떤 과학자가 원자력 분야에서 기예를 갖고 있다고 가정해 보자. 그런데 인권 유린이 자행되는 나라가 그에게 상당한 대가를 제공하고 그의 기예를 빌리려고 한다. 이때 기예라는 맥락에서 보면 이를 제공하는 것이 아무런 문제가 없겠지만 실천적 지혜라는 점에서는 올바르지 못하다.

이따금 내세울 만한 학벌은 없지만 살아가는 데 무척 야무진 사람들을 만난다. 그들은 대개 겸손하고 배움에 대한 열의 그리고 향상심으로 가득 찬 중장년들이다. 그들 가운데 상당수가 험한 사업 세계에서 크고 작은 자기 사업을 일으키는 데 성공한 경우가 많다. 험한 사업 세계를 거쳐 오면서 그들은 상황에 맞는 해법을 찾고 그것을 실행에 옮겨온 사람들이다. 그들에게서는 독특한 분위기를 느낄 수 있다. 근면·열정·겸손·단호함·실사구시(實事求是)를 오랫동안 중시해 온 사람들 특유의 분위기이다.

나는 아리스토텔레스의 실천적 지혜에 대해 읽으면서 나의 아버지를 머리에 떠올렸다. 초등학교 졸업이라는 학벌이 정규 교육의 전부였지만, 산전수전을 겪으면서 살아온 사람들만이 가질 수 있는 독특한 정취와 지혜를 지니셨던 분이다. 아직도 나는 그것을 가슴으로 느낄 수 있다.

이처럼 실천적 지혜는 무엇보다도 판단 혹은 의견을 형성하는 부분의 탁월성을 뜻한다. 특정 상황에서 어떻게 하는 것이 좋은지에 대해 자신만의 현명한 의견을 만들어가는 일의 중요성을 뜻한다. 자신의 의견을 만드는 일은 사실에 대한 정보와 판단을 내리는 사람의 가치관, 미래에 대한 전망 등이 어우러져 이뤄진다.

그러면 실천적 지혜를 제대로 이끌어낼 수 있는 것은 무엇일까? 바로 정당하고 올바른 목표이다. 우리는 어떤 판단을 내릴 때 정답은 알 수 없지만 판단에 기초를 제공하는 정당하고 올바른 목표는 잘 알고 있을 것이다. 따라서 실천적 지혜는 정당하고 올바른 목표에 따라 특정 상황에서 현명하게 판단을 내리는 품성상태라 할 수 있다.

올바른 것과 올바르지 않은 것을 판단하는 능력, 특정 목표에 최고로 이바지하는 지식과 개념, 아이디어를 만드는 능력, 해결해야 할 문제의 본질을 정확하게 꿰뚫는 능력, 특정 문제에 대해 최고의 문제해결 방안을 찾아내는 능력, 미래를 내다보고 현명한 투자결정을 내리는 능력, 상대방의 언행에서 선의와 악의를 구분하는 능력 등은 모두 실천적 지혜의 영역이다.

한편 영혼을 중심으로 실천적 지혜를 살펴보자. 이미 설명한 바와 같이 영혼은 '이성을 가진 부분'과 '이성이 없는 부분'으로 나뉘며 '이성을 가진 부분'은 다시 '일차적인 의미의 이성(학문적 인식의 부분)'과 '욕구적인 부분(이성적으로 헤아리는 부분)'으로 나뉜다. 여기서 욕구적인 부분에는 '이성을 가진 부분'뿐만 아니라 '이성이 없는 부분'이 동시에 포함된다.

학문적 인식은 언제, 어디서나, 누구에게나 절대적인 원리나 진리가 존재하기 때문에 '일차적인 의미의 이성'에 속하지만, 실천적 지혜는 '욕구적 부분'에 속한다. 즉 상황에 맞게 잘 헤아려서 올바른 판단을 내려야 하는 것이다. 실천적 지혜에서 우리가 사전에 알고 있는 것은 올바른 목표이며, 특정 상황에서 즐거움이나 쾌락 혹은 타인의 꾐이나 주변의 분위기 등에 의해 얼마든지 현명한 판단이 흔들릴 수 있다.

특정 상황에서 '이성을 가진 부분'이 승리하면 현명한 판단을 만들어 낼 수 있고, '이성을 가진 부분'이 패배하면 현명하지 못한 판단을 만들어낸다.

요컨대 실천적 지혜는 특정 상황에서 목표에 가장 잘 이바지하는 판단 혹은 의견을 만들어내는 품성상태를 말한다. 그래서 흔히 '실천적 지혜'를 영어로 'practical wisdom'이라고 번역하기도 한다. 때때로 라틴어 'prudentia'로부터 '사려분별, 신중(prudence)'으로 불리기도 한다.

실천적 지혜를 거창하게 생각할 필요는 없을 것 같다. 조직 생활을 하다 보면 실천적 지혜를 발휘해야 할 순간들이 도처에 널려 있다. 중요한 프로젝트를 앞두고 회의를 할 때 처음부터 얼토당토하지 않은 이야기로

회의를 엉뚱한 방향으로 몰고 가버리는 직원이 있을 것이다. 어느 회의이든 분위기를 파악하는 데는 다소의 시간이 필요해서 일본의 직장인들은 이를 두고 '공기를 읽는다'라는 표현을 사용하기도 한다.

앞서 이야기한 유형의 사람들은 다른 이들이 눈치를 주더라도 잘 알아채지 못한다. 한마디로 실천적 지혜가 부족한 사례에 속한다. 그 자리에서 어떻게 처신하는 것이 좋은가는 교과서에 나오지 않지만 본인의 장래를 위해서 반드시 알아야 하는 지혜이다.

언젠가 대기업 중견 간부의 경험담을 읽다가 사소하게 보이지만 중요한 사례 하나를 발견하였다. 설날을 하루 앞둔 날, 새로 부임한 임원이 직원들을 모두 불렀다. 기대 반 걱정 반으로 모인 부하직원들에게 그의 당부는 의외로 단순명료하였다. 앞으로 승진이나 부서 이동 등으로 자리가 바뀔 때 깔끔하게 청소를 마무리하고 후임에게 넘겨주는 것이 좋겠다는 당부였다.

그 이야기를 접했을 때 다 큰 성인들에게 너무나 당연한 이야기라고 생각하였지만 실상 그런 부분까지 신경 쓰는 사람은 많지않다. 그만큼 놓치기 쉬운 부분이기도 하다.

특정 상황에서 어떻게 판단하고 처신하는 것이 좋은가? 누가 가르쳐주지 않는 것이지만 올바른 판단이 무엇인가라는 질문을 던짐으로써 얼마든지 답을 얻을 수 있다. "대접받고 싶은 대로 남을 대접하라"라는 말을 기억해 보면 된다. 자신이 전임자가 지저분하게 남기고 떠난 책상을 접했을 때의 기분이 어떨까를 생각해 보면 의외로 답은 간단하다.

실천적 지혜는 이처럼 특정 상황에서 목표를 달성하기 위해 어떤 행동을 할 것인가에 대한 구체적인 판단과도 밀접하게 연결되어 있다. 어느 누구도 타인에게 불쾌감을 주거나 타인에게 자신의 평판을 스스로 깎는 일을 하고 싶지는 않을 것이다. 그렇다면 그런 목표를 염두에 두고 이를 가장 잘 달성할 수 있는 방법을 찾으면 된다. 그것은 바로 약간의 시간과 정성을 들이는 것만으로 충분하다.

실천적 지혜는 지적 겸손을 지닌 채 향상심을 갖고 부단한 노력을 통해서 차근차근 만들어지는 품성상태이다. 큰일은 큰일대로 작은 일은 작은 일대로 실천적 지혜를 쌓는 과정이기 때문에 소홀하게 대하지 않도록 해야 한다. 아무리 오랫동안 한 분야에서 일을 해왔더라도 마음이 딴 곳에 가 있는 상태에서 일을 하였다면 실천적 지혜와는 인연이 없을 것이다. 자기 나름대로 상황을 판단하는 법, 예측하는 법, 업무를 처리하는 법, 고객을 대하는 법 등에서 독특함이 있어야 하고, 이를 위해서 부단히 새로운 방법도 시도해 봐야 한다.

독일의 대표적인 고전문학자 베르너 예거(Werner Jaeger)는 '실천적 지혜는 소시민의 지혜'라고도 말하였다. 이 말처럼 실천적 지혜는 평범한 사람이 가질 수 있는 품성상태이며 직업인으로서, 생활인으로서 평범함으로부터 위대함으로 나아가는 확실한 방법이기도 하다.

❧ "자신에게 좋은 것과 유익한 것들에 대하여 잘 숙고할 수 있는 것이야말로 실천적 지혜를 가진 사람의 특징이다."

전체를 보는 완벽한 눈, 철학적 지혜를 쌓아라

"우리는 각각의 기예에서 가장 정통하고 완벽한 장인들에게 '지혜'라는 이름을 부여한다. 우리는 페이디아스를 '지혜로운' 석공이라고 부르고, 폴리클레이토스는 '지혜로운' 청동 조각가라고 부른다. 이때 '지혜'는 '기예에서의 탁월성' 이외의 다른 뜻은 아니다. 그런데 우리는 지혜로운 사람들 중에서도 어떤 이들은 특정 분야에서만 지혜롭거나 다른 어떤 특정한 관점에서만 지혜로운 것이 아니라 전체적으로 지혜롭다고 생각한다. (……) 따라서 철학적 지혜는 학문적 인식들 중에서 가장 정확하고 완벽한 모습의 지식이다. 그러므로 지혜로운 사람은 원리에서 도출된 것을 알아야 하고 원리 자체에 대해서도 올바르게 알아야 한다. 이렇듯 철학적 지혜는 직관적 지성과 학문적 인식이 합쳐진 것이며, 가장 영예로운 것들에 대한 최고의 학문적 인식이다."

6권 7장 1141a10-13, 1141a16-18

페이디아스와 폴리클레이토스는 기원전 5세기에 활동한 그리스의 걸출한 조각가와 건축가였다. 특히 페이디아스는 고대 그리스의 건축물 가운데 백미로 일컬어지는 아크로폴리스 언덕 위의 파르테논 신전을 지은 세 명의 인물(페이디아스, 익티노스, 칼리크라테스) 가운데 한 사람이다.

폴리클레이토스 역시 남성입상 조각의 이상적인 상을 정립한 인물이다. 그는 인체 각 부위의 비례와 균형을 연구하였고 그 결과 〈창을 든 남성의 상〉〈상처 입은 아마존〉 등과 같이 육체의 아름다움을 완전하게 드러낸 조각상들을 남겼다.

그들은 자신의 분야에서 최고봉에 섰던 사람들이다. 기예라는 면에서 타의 추종을 불허할 정도로 뛰어난 인물들이었다.

한 분야에서 탁월한 능력을 소유한 이들에게 흔히 '지존' '달인' '마스터'라는 용어를 사용하곤 하는데, 나는 『내공』이란 저서에서 그런 인물을 가리켜 '내공인'이라 불렀다. 한마디로 어떤 일에서 사람들의 기대를 뛰어넘을 정도로 탁월한 능력을 발휘하는 사람들을 일컫는 말이다. 이들에게는 '지혜로운 자'라는 호칭이 주어져야 한다. 물론 여기에서의 지혜는 좁은 의미, 즉 자신의 업이라는 분야에 국한해서 최고의 기예를 가진 것을 뜻한다. 이들은 '기예에서의 탁월성'에 도달한 사람이다.

파르테논 신전 고대 그리스 건축물 중 백미로 꼽히는 파르테논 신전은 페이디아스, 익티노스, 칼리크라테스에 의해 건립되었다.

그렇다면 자신의 분야를 넘어서서 세상사의 이모저모에 대해 사려분별과 지혜를 갖추는 것으로 지혜의 범위를 넓혀보자. 앞의 인용문은 개별 분야에서의 지혜와 전체에서의 지혜, 혹은 좁은 의미의 지혜와 넓은 의미로 지혜를 대비시키고 있다. 아리스토텔레스는 이에 대해 "어떤 이들은 어떤 특수한 분야에서 지혜롭거나 어떤 특정한 관점에서만 지혜로운 것이 아니라 전체적으로 지혜롭다"라고 말한다. 현자(賢者)는 특정 분야에서 지혜를 가진 자를 말하기보다는 전체적으로 지혜를 가진 자를 말한다. (철학적) 지혜는 포괄적이고 종합적이며 사사로운 이익과 관련이 없는 지혜를 말한다.

아래에서는 지적 탁월성 중의 하나인 철학적 지혜(sophia, theoretical wisdom)를 명쾌하게 이해하기 위해 모두 여섯 가지 특징을 중심으로 실천적 지혜 등과 비교하면서 설명하도록 한다.

첫째, 철학적 지혜는 부분에 대한 지혜가 아니라 '전체적인 지혜(wise in general)'로움이다. 대부분의 성공한 사람들은 자신의 일과 관련해서는 실천적 지혜를 갖고 있는데, 이는 자신의 주력 분야에 대한 지혜를 말한다. 흔히 전문가들은 자신의 분야를 벗어난 다른 것들에 대해 전체적인 지혜를 갖는 일이 드물다. 또한 학자의 경우라면 자신의 전공 분야와 관련해서는 학문적 인식을 가질 수 있지만, 그 분야를 벗어나는 경우에까지 지혜를 갖기가 쉽지 않다.

한 예로 마이클 샌델 교수는 최근작 『돈으로 살 수 없는 것들』에서 "경제학자들은 시장의 결정이 객관적이라고 보지만 이제 시장은 삶의 방식, 사고방식, 도덕적 가치, 그리고 공동체적 가치를 변

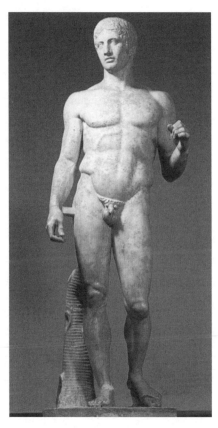

〈창을 든 남성의 상〉 복제품 폴리클레이토스는 남성 입상 조각의 이상적인 상을 만들었다. 원작은 기원전 440년경 제작.

화시키고 때로는 훼손한다"라고 하면서 시장을 향한 사람들의 생각과 태도가 근본적으로 바뀌어야 한다고 주장한다.

철학을 전공한 학자라면 능히 주장할 수 있는 의견이지만, 내가 그에게 묻고 싶은 것은 과연 시장을 통한 자원 배분이 아니라 다른 방식으로 수십억 인구가 살아갈 수 있는가라는 점이다. 학문이 분화되면서 전문

가들은 자신의 분야에서는 전문성을 갖출 수 있지만 다른 분야에 대해서까지 그런 식견을 갖추기가 점점 어려운 시절이다.

둘째, 철학적 지혜는 학문적 인식 가운데서도 '가장 정확하고 완전한 모습(the most precise and the perfect form)'을 갖는다. 철학적 지혜는 직관적 지성(nous)에다 학문적 인식을 결합한 것이기 때문에 아리스토텔레스는 "가장 고귀한 것들에 대한 학문적 인식이자 최고의 학문적 인식이다"라고 말한다.

흔히 "철학은 학문 가운데서 최고의 학문이다"라는 말과 같은 의미이다. 현대인들이 받아들이기에는 좀 과한 면이 있지만 구체적인 주제를 넘어서 삼라만상에 대한 철학적 지혜의 가치를 높게 평가한 것으로 이해하면 된다. 당장 돈벌이에 도움이 되지 않지만 선과 악, 정의와 부정의(不正義), 참과 거짓, 이성과 감정 등에 대한 탐구의 가치를 생각하면 된다.

셋째, 실천적 지혜는 자신에게 이익이 되는 것만을 대상으로 삼는 데 반해서 철학적 지혜는 자신에게 이익이 되지 않는 것을 주로 대상으로 삼는다.

이에 대해 아리스토텔레스는 흥미로운 사례를 든다. 소크라테스와 플라톤 이전의 그리스 철학자들인 아낙사고라스와 탈레스는 자신들의 이익과 관계없이 삶과 세상에 꼭 필요한 진리와 원리를 깨우치기 위해 노력한 인물이다. 사람들은 그들을 '지혜로운 자'라고 부르지만 이들은 결코 '실천적인 지혜를 가진 자'나 '기예를 가진 자'는 아니었다.

그렇다 보니 그들의 노력에도 불구하고 세상 사람들은 그들의 노력이 당장의 돈벌이가 되거나 다른 유익함이 없기 때문에 쓸모가 없다고 평가절하하기도 했다.

철학자와 같은 인문학자들은 왜 명성이나 부와는 거리가 먼 것일까? 어찌 보면 인문학은 경제학자의 용어를 빌리자면 '공공재' 성격을 지닌 지식이다. 철학자 자신에게는 당장의 이익이 되지 않지만 그들이 주도적으로 '공급'함으로써 사회 전체나 다른 사람들에게 유익함을 제공하기 때문이다. 따라서 생각 있는 사람들은 한 사회에서 인문학의 쇠락에 대해 깊이 걱정한다. 철학적 지혜를 공공재로 이해한다면 한 사회가 이를 일정 수준 이상으로 발전시키기 위해 투자하는 일은 정당하다고 할 수 있다.

사실 나는 고전 읽기를 시작하면서 그리스어 원전을 꼼꼼하게 번역해 둔 인문학자들의 노고에 대해 그냥 감사한 정도가 아니라 정말 가슴 깊이 감사한 마음을 갖게 되었다. 낯선 언어와 난해하기 이를 데 없는 텍스트를 이해하고 번역하기 위해 그들이 들인 시간과 노력을 생각하면 세상의 어떤 일에 못지않게 충분히 보상받아야 한다. 하지만 현실을 둘러보면 그 보상이 그리 충분하지 않았을 것 같다. 그럼에도 불구하고 그들의 열과 성이 더해진 작업이 있었기 때문에 오늘날 우리가 이렇게 진리를 깨우쳐갈 수 있었다.

젊은 시절 나는 우리 사회의 변화에 깊은 관심을 가졌다. 당시에 나는 연구소를 만들어서 하이에크와 미제스 등과 같은 보수적인 경제학자들의 저서를 번역하는 작업을 이끌었다. 그래서 탄생한 것이 자유기업원의 『자유주의 시리즈』인데 이제 100여 권을 훨씬 넘는 책들이 갖추어졌다.

당시 나는 이런 작업이 당장은 표가 나지 않고 '돈이 되지 않더라도' 훗날 올바른 생각에 관심을 가진 사람들, 특히 젊은이들에게 큰 도움이 될 것이라고 믿었다. 이처럼 당장 자신에게 유익하지는 않지만 누군가에게 큰 도움이 될 수 있는 지혜가 철학적 지혜이며, 이 점이 실천적 지혜와 큰 차이라 할 수 있다.

탈레스 그리스의 철학자 탈레스는 삶과 세상에 꼭 필요한 진리와 원리를 깨우치기 위해 힘썼다.

넷째, 철학적 지혜는 보편적인 것을 다루는 데 반해서 실천적 지혜는 주로 구체적인 것을 다룬다. 흥미로운 점은 사유 능력을 가진 인간만이 철학적 지혜를 지니고 있다는 사실이다. 아리스토텔레스는 "(인간만이 아니라) 모든 동물들에게도 실천적 지혜가 있다"라고 말한다. 동물들도 구체적으로 자기 자신이 살아가는 일에 관해서는 나름의 해법을 잘 찾아낸다. 그 구체적인 일 가운데 먹는 것만큼 중요한 게 있을까?

어떤 사람이 최신식 설비를 갖춘 대규모 돼지 농장을 방문하였다. 시골에서 성장한 그는 돼지 하면 지저분한 물통을 연상하였는데 뜻밖에도 물통이 없어서 놀랐다. 대신 축사에 조그만 버튼이 있었는데, 돼지들이 물을 먹고 싶을 때마다 코로 버튼을 쿡 눌러서 물을 마셨다. 그는 그런 돼지들의 모습을 보고 "돼지가 정말 똑똑하구나"라고 감탄하였다. 그러자 곁에 있던 농장 주인이 "돼지는 먹는 것에 관한 한 도사입니다"라고 말해 두 사람이 크게 웃었다고 한다. 여기서 '도사'란 자신의 먹는 문제와 관련해서 실천적 지혜를 가진 존재를 말할 것이다.

실천적 지혜는 대부분 구체적이고 개별적인 실천이나 행위와 관련된다. 따라서 실천적 지혜를 가진 사람들이 전체를 아는 사람들보다 더 나은 결과를 만들어내기도 한다. 아리스토텔레스는 전체를 알아야 하지만 두 가지를 모두 다 알 수 없다면 "차라리 개별적인 것을 알아야만

한다"라고 속내를 털어놓는다.

구체적인 것을 잘 아는 사람일수록 물질적으로 잘 살 가능성이 높다. 그것은 자신의 이익에 주로 관련되기 때문이다. 반면 보편적이고 전체적인 것을 잘 알기만 하는 사람은 물질이나 자신의 유익함을 구하기가 쉽지 않다. 모순이기는 하지만 우리가 세상살이에서 흔하게 관찰할 수 있는 일이기도 하다.

고대 그리스나 현대나 실천적 지혜를 갖추지 못한 사람들이 생활하는 데 어려움을 겪는 것은 마찬가지였던 모양이다. 물론 철학자 탈레스처럼 별과 대기의 움직임에 대한 천문학 지식을 이용해서 올리브 농사의 풍작을 예상하고 올리브 기름 짜는 기계에 미리 투자함으로써 큰돈을 번 경우도 있지만 이는 예외적인 사례에 속할 것이다.

오늘날 부모들이 인문학 분야로 뛰어드는 자식들을 걱정스럽게 생각하는 데는 다 나름의 이유가 있다. 많은 부모들이 의학이나 경영학 같은 전공을 선호하는데, 이와 같은 구체적이고 개별적인 지식이 사실 돈벌이에 크게 도움이 되기 때문이다.

뿐만 아니라 주변을 둘러보면 철학과 같은 보편적인 지식을 모르는 사람이라 할지라도 돈을 벌거나 권력을 쥐는 데 있어서 아무런 문제가 없는 경우도 많다.

다섯째, 철학적 지혜는 실현 가능성을 그리 중요하게 여기지 않지만 실천적 지혜는 반드시 실천 가능한 것에 대해서만 숙고한다. 당장 정의로운 사회를 만들 수 있는 것은 아님에도 불구하고 철학자들은 정의와 부정의에 대해 깊이 생각하는데, 이는 철학적 지혜의 대상이다.

반면에 실천적 지혜는 행동을 통해서 변화시킬 수 있는 것에 대해서만 숙고할 뿐이다. 아리스토텔레스는 "실천적 지혜는 실천적이다"라고 말한다. 그는 실천적 지혜를 가진 사람은 목표를 달성할 수 있는 것에 대해서만 깊이 생각하고 판단하고 행동한다고 말한다.

정의로운 사회, 행복한 인생 등과 같은 철학적 지혜의 주제는 비록 이를 직접적으로 탐구하는 이들은 소수일지라도 장기적으로 많은 이들에게 영향을 미친다. 그렇기 때문에 많은 사람들이 관심을 가지는 것 또한 사실이다. 이처럼 철학적 지혜는 당장에 이익이 되진 않더라도 올바른 관점(주관)을 제공함으로써 삶에 든든한 반석을 제공한다. 즉 세상의 문리(文理)를 터득하는 것은 장기적인 이익, 삶의 재미 그리고 훌륭한 사람이 되는 데 도움을 줄 것이다.

🖋 "철학적 지혜는 학문적 인식들 중에서 가장 정확하고 완벽한 모습의 지식이다."

직관적 지성은
원리 그 자체를 다룬다

"학문적 인식은 보편적인 것과 필연적인 것들에 관련된 진리를 판단하는 것이기 때문에 학문적 인식과 증명될 수 있는 모든 것들은 원리(근본 명제) 위에 서 있다. 그러므로 학문적 인식의 기초인 원리 자체(제1원리, 근본 명제)를 학문적 인식이나, 기예나, 실천적 지혜가 다룰 수 없다. (……) 만약 학문적 인식, 실천적 지혜, 철학적 지혜와 직관적 지성이 가변적인 것과 불변하는 것에 관계없이 진리를 얻도록 만들어준다면, 앞의 세 가지는 원리 자체를 대상으로 삼을 수 없다. 오직 직관적 지성만이 원리(근본 명제)를 대상으로 삼을 수 있다." 6권 6장 1140b31-33, 1141a2-8

지적 탁월성이란 특정한 품성상태는 "기예, 학문적 인식, 실천적 지혜, 철학적 지혜, 그리고 직관적 지성이다"라고 소개한 바가 있다.

　이제 남은 것은 직관적 지성(nous)뿐이다. 이것이 다른 네 가지와 다른 점은 무엇일까? 뚜렷한 차이점은 직관적 지성만이 원리(archē)를 대상으로 삼는다는 점이다. 직관적 지성은 근본 원리, 근본 명제, 제1원리, 단초, 출발(점)이라고 할 수도 있다.

　원리 가운데 가장 쉬운 사례는 직각삼각형에 관한 피타고라스의 정리(theorem)이다. '직각삼각형 세 변의 길이에서 직각을 낀 두 변(a, b)의 제곱의 합과 직각을 마주보는 변(c)은 같다($a^2+b^2=c^2$)'. 복잡하고 추상적인 기하학과 수학도 이 간단하고 중요한 원리 위에 서 있다. 우리가 흔히 말하는 수학 공식(formula), 물리 공식, 화학 공식 등은 모두 근본 명제인 직관적 지성이란 기초 위에 서 있는 구조물과 같다.

　한편 학문적 인식은 보편적이고 필연적이고 논증 가능한 것을 다루는데, 이처럼 옳고 그름을 논증할 수 있는 것은 이미 원리(근본 명제)가 존재하기 때문에 가능하다. 만일 판단하는 잣대에 해당하는 원리가 없다면 인식할 수도 없다.

　실천적 지혜도 마찬가지이다. 어떤 상황에서 어떤 목표를 달성하는 데 가장 적합한 수단이나 방법을 판단하는 잣대인 원리가 존재하지 않는다면, 실천적 지혜도 불가능하다. "타인에게 폐를 끼치지 말라" "타인의 재산에 손을 대지 말라" "정직하라" 등은 모든 인간들이 마땅히 지켜야 할 도덕률이다. 아무리 실천적 지혜가 상황에 따라 다른 해법을 찾아내는

직관적 지성 지적 탁월성을 구성하는 다섯 가지 중 유일
하게 직관적 지성만이 원리 그 자체에 관한 것이다.

것이라 하더라도 도덕률과 같은 근본 명제를 벗어날 수는 없다.

그런데 이런 원리 자체를 다룰 수 있는 것은 직관적 지성뿐이다. 이에
대해 아리스토텔레스는 "학문적으로 인식될 수 있는 것들의 원리〔자체〕
에 대해서는 학문적 인식도, 기예도, 실천적 지혜도 있을 수 없다"라고
주장한다. 다시 이야기하면 기예, 학문적 인식, 실천적 지혜, 철학적 지
혜 그 어느 것도 원리 그 자체를 다룰 수는 없다.

그러므로 사전적 의미로 직관적 지성은 "좁은 의미로는 영원한 실재
(實在)의 '제1원리(first principles)'를 파악하는 정신적 능력으로 산만하
고 단편적인 사유행위에 작용하는 것과는 구별되는 것"을 뜻한다.

부연 설명하면 '이것은 옳은 것인가 틀린 것인가' 혹은 '이것은 선한
것인가 악한 것인가' 혹은 '이것을 해야 하는가 하지 않아야 하는가' '이
것은 잘 만든 것인가 아닌가'를 구분하는 원리(근본 명제, 진리)를 인식
하는 데 학문적 인식, 기예, 실천적 지혜 그리고 철학적 지혜가 모두 각

각의 역할을 한다. 그럼에도 불구하고 원리 그 자체를 파악하는 것은 오로지 직관적 지성뿐이다.

학문적 인식과 직관적 지성을 비교해 보는 것도 의미가 있다. 지적 탁월성을 구성하는 다섯 가지(학문적 인식, 기예, 실천적 지혜, 철학적 지혜, 직관적 지성) 가운데 언제 어디서나 진리인 것은 두 가지(학문적 인식, 직관적 지성)뿐이다. 나머지는 상황에 따라 틀릴 수 있다. 그런데 정확도 면에서 보면 직관적 지성이 학문적 인식보다 훨씬 앞선다. 학문적 인식은 논증을 필요로 하기 때문에 직관적 지성의 도움을 받아야 하지만, 직관적 지성은 더 이상의 논증이 필요하지 않는 절대 진리이다.

직관적 지성은 배워서 얻는 것일까, 아니면 태어날 때부터 타고나는 것일까? 직관적 지성은 때로는 선천적으로, 때로는 학습을 통해서 얻어진다. 미국 역사상 가장 탁월한 농구 감독으로 손꼽히는 존 우든은 흔히 '현대 농구의 아버지'로 불린다. 그는 UCLA 농구팀을 12년 동안 88연승으로 이끌며, 네 시즌 우승, 그리고 10회의 NCAA 챔피언십(전미대학농구선수권) 우승이라는 대기록을 세운 바 있다.

자서전에서 그는 오염된 백신 때문에 키우던 돼지와 농장을 모두 잃어버린 아버지의 이야기를 소개한다. 그의 아버지는 고난을 동반한 운명 앞에서 나쁜 백신을 판 상인을 탓하지도 않고, 신을 원망하지도 않고, 누구 탓도 하지 않았다. 힘겨운 결정이었겠지만, 그는 농장을 타인의 손에 넘긴 다음 가까운 도시로 이사해서 요양소에 취직하고 묵묵히 가족들을 부양하였다.

"나는 아버지가 화내거나 비통함에 젖거나 불행 때문에 낙담하는 모습을 단 한 번도 본 적이 없다. 아버지는 운이 좋은 사람을 부러워하거나 자신을 다른 사람과 비교하지 않았다. 아버지는 현실을 그대로 받아들이고 그 상황을 최대한 활용했다. 그러한 모습은 내게 좋은 본보기가 되었다." — 존 우든 외 1인, 『리더라면 우든처럼』, p.287

존 우든의 아버지는 예기치 않게 찾아온 불행을 어떻게 대해야 하는지를 배우지 않고서도 잘 알고 있었다. 불행을 만나면 사람들은 다양한 모습을 보인다. 낙담해서 실의에 빠지는 사람, 어쩔 줄 몰라 하면서 당황하는 사람, 극단적인 선택을 하는 사람 등, 사람의 모습만큼이나 반응도 다양하다.

우든의 아버지는 두 가지 원칙을 분명히 한다. 불행이 닥쳤어도 가족과의 삶은 계속되어야 한다는 것이다. 또한 담대하게 불행에 맞서 다시 일어서는 것이 올바르다는 원칙이었다. 이때 무엇이 올바른 것인가를 판별하도록 돕는 것은 후천적으로 배운 교육의 힘이라기보다는 타고난 직관적 지성의 도움이 크다고 하겠다. 계속해서 살아가는 것과 역경에 굴하지 않고 다시 일어서는 원칙은 시시비비를 따질 수 있는 것은 아니기 때문에 직관적 지성에 속한다. "어떤 상황에서도 삶은 계속되어야 한다"는 원칙은 유대교와 기독교 도덕의 근본 토대를 이루는 십계명과 같은 도덕률이다.

다만 농장을 포기하고 가까운 곳으로 이사해서 임금 근로자로서 새로운 삶을 꾸려가기로 결정한 것은 실천적 지혜에 해당한다. 상황에 맞게 더 나은 선택을 한 것이다.

그러나 이런 경우 상황이 너무 힘들기 때문에 차라리 죽는 게 더 낫다고 생각하고 행동하는 사람도 있을 것이다. 이들은 자신의 선택이 틀릴 수 있다는 사실과 자신의 선택 역시 "인간은 어떤 상황에서도 스스로 목숨을 끊을 수 없다"라는 도덕률, 즉 근본 명제 위에 서 있음을 잊어버린 셈이다.

이처럼 직관적 지성은 지적 탁월성을 구성하는 모든 품성상태의 기초에 해당한다. 모든 사유와 행위는 직관적 지성 위에 서 있으며, 이를 제약 조건으로 삼아야 한다. 우리가 현명해지려면 무엇보다 직관적 지성에 바탕을 둔 선택을 해야 한다.

🦚 "오로지 직관적 지성만이 원리(근본 명제)를 대상으로 삼을 수 있다."

실천적 지혜는
개인·가족·국가에 모두 필요하다

"실천적 지혜는 무엇보다도 어떤 개인, 즉 개별자에 관련된다. 개인이 지니고 있는 지혜가 '실천적 지혜'이기는 하지만 이것은 다른 사람들과 공유하는 지혜이기도 하다. 이런 것들에는 첫째, 가정경제, 둘째 입법(nomothesia), 셋째 정치술(politikē)이 있는데, 마지막 것은 심의적인 것과 사법적인 것으로 나뉜다." 6권 8장 1141b30-33

사람들은 자신의 이익에 충실하다. 이따금 자신의 이익을 앞세우지 않는 이타적인 사람들을 만나기도 하지만 이들은 소수에 지나지 않는다. 대부분 금전적 이익이든 명성이든 자신들에게 좋은 것을 추구하고, 그렇게 하는 것을 당연하게 여긴다.

　이처럼 자기 자신에게 좋고 유익한 것에 대해 잘 생각하고 실천하는 사람들을 실천적 지혜를 가진 사람이라고 부른다. 이들에 대해 아리스토텔레스는 "자기 자신과 관련된 것들을 알고 마음을 쓰는 사람은 실천적 지혜를 가진 사람으로 생각된다"라는 표현을 사용한다. 이들은 일과 생활 모두에서 기예와 실천적 지혜를 갖추기 위해 노력을 많이 할 것이다. 현대적 의미로 이야기하면 '자기경영'과 '인생경영'에 열심인 사람들이며, 한마디로 자기 앞가림을 제대로 해내는 사람들이다.

　이처럼 실천적 지혜는 마음의 동일한 기능으로부터 나오기 때문에 그 대상이 자신을 향할 수도 있고, 나아가 가정을 향할 수도 있고, 마지막에는 사회를 향할 수도 있다. 그러므로 '가정경제(oikonomia)'를 대상으로 하는 실천적 지혜를 '가정적' 실천적 지혜로, 폴리스(polis: 도시국가)를 대상으로 하는 실천적 지혜를 '정치적' 실천적 지혜라고 부를 수 있다. 이때 정치인이 가진 정치적 지혜는 실천적 지혜와 다르다기보다는 적용 대상이 자신과 가정을 넘어서 폴리스로 확대 적용된 경우라고 보면 된다.

　세상을 살다 보면 참으로 똑부러지는 사람들을 만날 때가 있다. 어떤 사람에 대해 가질 수 있는 선입견을 주의해야 하겠지만 외모만으로도 야무진 인생 여정이 느껴지는 사람들이 있다.

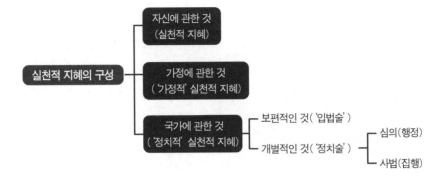

　혼히 링컨이 이야기했듯이 40대 이후엔 자신의 얼굴을 책임져야 한다고 하는데, 사실 중년 이후의 얼굴에는 삶의 역경뿐만 아니라 그 사람의 됨됨이가 고스란히 담겨 있다. 자신의 삶을 착실하게 잘 꾸려온 사람, 실천적 지혜를 갈고닦으며 살아온 사람의 얼굴에는 삶을 주도해 온 넉넉한 자신감과 작은 것도 사소하게 여기지 않는 치밀함이 함께한다.

　실천적 지혜는 전체적인 것에만 관계하는 것이 아니라 구체적이고 개별적인 것에도 관계한다. 두 가지를 모두 잘 알아야 한다. 즉 어떤 사람이 실천적 지혜가 뛰어나다는 것은 그만큼 자신의 삶을 어떻게 살아야 올바른지를 잘 알고 있을 뿐만 아니라 이를 위해 구체적으로 무엇을 해야 하는지도 잘 알고 실천해 온 것을 의미한다.

　아리스토텔레스가 전체적인 것과 구체적이고 개별적인 것을 구분해서 사용하는 사례는 실천적 지혜의 성격을 이해하는 데 도움을 준다. 어떤 사람이 연한 고기가 소화도 잘 되고 건강에도 도움이 된다는 사실을 알고 있다면 이는 전체적인 것을 잘 아는 것이다. 그러나 그가 어떤 고기를 보고 이 고기가 연한 고기인지 아닌지를 알 수 없다면 그는 구체적이고 개별적인 것을 알지 못하는 사람이다.

휘트니 휴스턴 추모 벽 필리핀에 설치된 휘트니 휴스턴의 추모 벽. 천상의 목소리를 지녔지만 자기의 인생을 꾸려가는 실천적 지혜가 부족했던 그녀는 안타까운 죽음을 맞는다.

또 한 가지 실천적 지혜에 필수적인 것은 그야말로 '실천적'이어야 한다는 점이다. 실천적 지혜는 단순히 '앎'에 머무는 것이 아니라 '실행'이나 '실천'을 전제로 하기 때문이다.

그러면 실천적 지혜를 가진 사람은 모두 공부를 많이 한 이들인가? 물론 교육을 많이 받은 사람이 실천적 지혜를 가질 가능성은 높다. 그러나 정규 교육을 받지 못한 사람들 가운데서도 많이 배운 사람들보다도 훨씬 삶의 지혜가 풍성한 사람들도 있다. 실천적 지혜가 반드시 학교 공부에 비례하는 것은 아니다. 이런 사람들을 두고 아리스토텔레스는 "보편적인 것을 알지 못하는 사람들이 간혹 보편적인 것을 아는 사람보다 더 실천적인데, 특히 다른 분야에서 경험을 많이 쌓은 사람들이 그러하다"라고 말한다.

비단 학력뿐만이 아니라 부, 유명세, 사회적 지위에 실천적 지혜가 비례하지는 않는다.

'팝의 여왕' 휘트니 휴스턴이 48세의 나이로 유명을 달리했을 때 많은 사람들은 그녀의 죽음을 안타까워했다. 생전에 1억 7,000만 장의 음반을 팔았고, 그래미 상을 여섯 번이나 받았음에도 불구하고 그녀는 파멸로 치달았다. 결혼의 실패와 약물중독으로 말년에 그녀의 타고난 목소리가 얼마나 손상이 되었는지는 아마추어 팬들조차 웬만큼 알아차릴 수 있을 정도였다. 흑진주라는 찬사를 받았던 그녀의 미모도 거듭되는 약물중독과 무절제한 생활로 망가지고 말았다. 할리우드에서 목격된 노숙인처럼 망가진 모습에 안타까움을 느낀 사람은 나만이 아니었을 것이다.

그녀는 타의 추종을 불허하는 음악적 재능이라는 기예를 타고났지만 명성을 가진 자가 어떻게 인생을 꾸려가야 하는지, 배우자를 어떻게 선택해야 하는지 그리고 결혼 실패라는 역경을 어떻게 극복해야 하는지 등과 같은 구체적이고 개별적인 지혜는 크게 부족하였다. 실천적 지혜의 부족이 그녀에게 큰 타격을 준 셈이다.

내가 정말 좋아하는 사람들은 젊은 날의 큰 명성에 상관없이 제대로 나이 들어가면서 계속해서 활동하는 가수들이다. 그런 사람들을 보는 것만으로도 마음이 즐거워진다. 요즘은 유튜브를 통해서 음악을 손쉽게 접할 수 있기 때문에 어떤 가수의 젊은 날의 모습과 노년의 모습을 얼마든지 비교할 수 있다.

이 글을 쓰면서 1940년생인 톰 존스가 2009년에 부른 과거의 히트곡 〈고향의 푸른 잔디(*Green Green Grass Of Home*)〉와 좀더 신나는 노래인 〈마지막 춤은 나와 함께(*Save the Last Dance for Me*)〉를 들었다. 그는 1960년대 중반부터 본격적으로 명성을 얻기 시작했다. 70세를 넘긴 백발의 노가수가 젊은이들이나 입을 법한 짙은 갈색 가죽재킷을 입고 젊은이들과 어울려 노래를 부르는 모습은 젊은 날의 그의 노래와 또다른 감동이 있었다. 그 모습을 보면서 명성에 따르게 마련인 숱한 유혹을 넘기고 자신을 잘 관리해 온 그의 실천적 지혜가 남다르게 느껴졌다.

물론 그 역시 여자 문제로 인해서 세상을 시끄럽게 한 적도 많다. 그럼에도 불구하고 그는 1957년에 결혼한 아내와 전 인생을 동행했고, 가수로서의 활동도 계속해 왔다. 이처럼 삶의 상황에 맞추어서 자신에게 좋은 방향으로 판단하고 행하는 실천적 지혜는 모든 사람들에게 평생에 걸쳐 필요한 지혜이다.

한편 건강보험심사평가원의 발표 자료에 따르면 우리 사회의 정신질환자 수가 크게 늘어나고 있다고 한다.

그런데 흥미로운 사실은 정신질환의 발병 분포를 연령대로 살펴보면 거의 U자 커브를 그린다는 점이다. 사람들이 심리적인 문제를 겪는 때는 10대에 한 번의 최고조가 있은 다음에 현저히 줄었다가 50대에 또 한 번의 최고조를 경험한다. 50대가 정신적으로 혼돈스러운 이유는 은퇴 이후의 불확실함, 새로운 시작에 대한 두려움, 자신의 시대가 저물고 있다는 상실감, 신체 기능의 퇴화에 따르는 불안감 등을 꼽을 수 있다. 그래도 60대부터 급증하는 치매 등을 제외하면 10대와 50대는 실천적 지혜로서 관리할 수 있는 부분이 많을 것이다.

살아가는 일은 늘 문제와 함께한다. 10대에게는 10대다운 문제가 주어지고, 20대에게는 20대의 문제가 주어지고, 계속해서 그 나이대에 맞는 문제가 주어진다. 이런 점에서 보면 삶이란 본래 문제 풀기와 같은 것이라고도 할 수 있다. 젊은 날에는 이렇게 노력하면 다음에는 편안해질 것이라는 기대감을 갖지만 계속해서 문제도 달라지고 해답도 달라진다. 하지만 인생에서 문제 자체를 면제받을 수는 없을 것이다. 그래서 모든 사람들에게 실천적 지혜가 필요하다.

그런데 자기 자신을 대상으로 실천적 지혜를 발휘해 온 사람도 결혼하고 가족을 가지면 그때부터는 가족을 먹여 살리고 아이를 낳아서 키우고 교육시키는 일들을 포함하는 두 번째 유형의 실천적 지혜가 새롭게 필요하다. 가장으로서 생계를 책임지는 일을 원활히 해내기 위해서는 실천적 지혜가 필수적이다.

예를 들어, 한 집안의 가장이 마음씨만 순해 빠져서 불순한 의도를 가진 사람들에게 속아 재정적으로 몰락하는 경우를 보자. 이때 그는 타인의 의도를 알아보고 자신을 보호하지 못한 점에서 실천적 지혜가 부족한 사람이라 할 수 있다. 또한 가장이 술과 도박에 빠져서 가산을 탕진해 버리고 가족 전체를 거리로 내모는 경우를 보자. 이때에도 사려분별과 현명함을 갖추지 못한 면에서 실천적 지혜를 갖지 못한 사람이다.

누구든지 가장의 직분을 맡으면 먹고사는 문제가 말처럼 쉽지 않다는 사실을 깊이 깨우친다. 시대는 계속해서 변화하고, 그런 변화는 승자와 패자를 끊임없이 낳으면서 앞을 향해 질주하듯 달려간다. 변화의 희생자가 나오지 않기를 소망하지만 그런 바람은 실현 불가능한 일이다.

끊임없이 시대의 변화에 맞추어서 변신을 해나가는 일이 어디 쉬운 일인가? 그래서 남자들의 경우에는 40대에 접어들면 아버지를 자주 생각한다. 철이 든 탓이라고 하겠지만 "아버지가 그 힘한 시대를 살아가면서 가족들을 부양하는 데 얼마나 힘이 들었을까?"라는 생각이 자주 들기 때문이다.

마지막으로 국가와 관련된 실천적 지혜가 있다. 각종 선거와 같은 정치적 선택을 앞두고 있는 시점에는 더욱더 이 부분에 대해 생각해 보게 된다. 특히 젊은층의 정치 무관심 등이 종종 사회 이슈로 떠오르곤 하는데 "자기 자신의 잘됨은 가정경제나 정치체제(politeia) 없이는 있을 수 없다"라는 아리스토텔레스의 이야기를 되새겨볼 만하다. 정치에 대한 이런저런 불만들이 많지만, 아리스토텔레스의 이러한 지적은 대단히 현실적이다. 공동체가 유지될 수 있을 때 자신의 성공이나 원만한 가정경제도 가능하기 때문에 누군가는 정치에 직접 참여하거나 아니면 현명한 정치인을 뽑는 과정에 참여해야 한다. 실천적 지혜 가운데서 정치술은 어떤 의미를 갖는 것일까?

정치술은 두 가지로 구성되는데, 하나는 법을 만들어내는 것, 즉 '입법술(deliberative politics)'이고, 나머지 하나는 만들어진 법을 심의하고 집행하는 것, 즉 '집행술(judicious politics)'이다. 전자는 전체적이고 기획적이지만 후자는 개별적이고 구체적이다.

정치술에 대한 이야기를 읽으면서 나는 혼자서 웃음을 지었다. 정치인으로 활동하는 지인들의 너무 바쁜 모습이 떠올랐기 때문이다. 그들을 만나면 마치 세상의 일을 그 사람 혼자서 다 하고 있다는 착각이 들 정도이다. 어렵게 만든 저녁식사 자리에서도 끊임없이 전화가 오고 수시로 식탁을 떠나서 전화를 받는 경우가 많다. 그런데 재미있는 사실은 오늘날뿐만 아니라 2,500년 전에도 정치가가 무척 바빴다는 사실이다. 아리스토텔레스는 "정치가들은 너무 활동적인 사람으로 여겨지기도 한다"라고 꼬집기도 한다.

그렇다면 정치가들이 바쁜 이유는 무엇일까? 정치가들이 다루는 주제 가운데 입법은 일반적이고 기획적이지만 정치술은 구체적이고 개별적이다. 세상에 구체적이고 개별적인 대상이 되는 사람들이며 각종 사안들이 얼마나 많겠는가? 수많은 사람들의 생활이나 사업에 영향을 줄 수 있는 것이 법이기 때문에 영향을 받는 사람들은 저마다 정치가를 만나서 자신에게 유리한 방향으로 문제를 해결하려 할 것이다.

따라서 정치가는 자신의 이익을 추구하는 일이나 가정의 이익을 추구하는 일은 소홀해질 수밖에 없다. 아리스토텔레스는 "어떤 사람이 자신의 이익과 관련해서 잘 알고 자신에게 신경을 쓰는 것이 실천적 지혜인데도, 정치가는 자신의 이익을 챙기기에는 지나치게 분주한 사람들이다"라고 말한다.

그런데 정치가도 사익을 추구한다고 반문하는 분들도 있을 것이다. 대체로 그들은 명예를 취하는 대신에 물질적인 이득을 포기한 사람들이기 때문에, 사적인 이익을 물질적인 이익에 국한하는 한 정치가들이 사적인 이득을 포기했다고 해도 무리가 없을 것이다. 실제로 자신과 가족의 이익을 제쳐두고 나랏일이라는 명예를 추구하는 사람들이 정치가인 것은 사실이다.

한편 아리스토텔레스는 자기 자신과 가족 그리고 국가에 관한 실천적 지혜가 다르다고 생각하지 않았다. 실천적 지혜의 적용 대상만을 달리할 뿐이라고 생각하였다. 따라서 자기 일이나 가정을 잘 꾸리는 사람이라면 사법이나 입법에서도 잘 할 수 있을 것이라고 판단하였던 것 같다. 그러나 오늘날처럼 복잡한 시대에 과연 그의 주장이 설득력을 가질 수 있을까?

우리는 자연스럽게 누가 뛰어난 정치가가 될 수 있는가에 관심을 갖는다. 즉 훌륭한 정치가의 조건이 궁금하다. 선거철이 되면 손쉬운 방법으로 단지 나이나 국회의원에 선출된 횟수를 잣대로 공천에서 탈락하는 사람들이 등장한다. "당신은 너무 늙었으니까 물러나야 해요"라는 주장이 손쉽게 받아들여지곤 한다. 새로운 얼굴이 더 많이 등장해야 한다는 사실에 고개를 끄덕이지만 한편 이런 의문이 들기도 한다. 혹시 사람들이 정치를 아무나 할 수 있다고 생각하는 것은 아닐까? 자신과 가정을 잘 꾸려가는 이라면 정치도 잘 할 수 있다고 생각하는 것은 아닐까? 하지만 정치에만 요구되는 특별한 능력이란 게 있지 않을까?

이 점에 대해서 아리스토텔레스는 흥미로운 조언을 한다. 그는 세상에는 수학처럼 학습을 통해서 배울 수 있는 것도 있지만, 반대로 배울 수 없는 것도 있다고 말한다. 즉 그런 지식은 오로지 세월의 흐름과 함께 쌓이는 경험을 통해서만 배울 수 있기 때문에 어떤 분야에서는 일정한 나이가 되어야만 실천적 지혜를 가진 사람이 될 수 있다. 이런 분야 가운데 하나가 바로 정치다.

"(젊은이가 실천적 지혜를 가진 사람이 되기 어려운) 이유는 지혜가 전체적인 것에 못지않게 개별적인 것들에도 관련하기 때문이며, 개별적인 것에 대한 지식은 경험에서 나오기 때문이다. 젊은이들은 경험이 부족한데, 경험을 만들어내는 데 오랜 시간이 필요하다. 한걸음 나아가 어떤 소년이 수학자는 될 수 있지만 철학자나 현자가 될 수 없는 이유도 탐구해 볼 수 있다. 수학의 관심 대상은 추상적인 작업의 결과물이지만 철학이나 자연과학의 근본원리는 오랜 시간에 걸친 노력의 결과물인 경험의 축적으로부터 나오기 때문이다." 6권 8장 1142a12–17

훌륭한 정치가는 일정한 경험을 필요로 한다는 아리스토텔레스의 주장은 새파란 젊은이들의 목소리가 유난히 높아질 때면 한 번쯤 귀담아들어야 할 조언이다. 정치를 제대로 해나가려면 현안 과제들의 본질을 꿰뚫은 다음, 우선순위를 정해서, 적시에 합리적인 대안을 실행에 옮기는 데 경륜(經綸)이 요구된다. 그런 경륜을 만들어내기 위해선 세월의 무게가 필요하다.

또한 오늘날과 같이 복잡한 시대에는 입법술과 정치술에 필요한 '실천적 지혜'는 전문적인 교육뿐만 아니라 재능도 있어야 한다. 자신의 일을 잘 해온 사업가나 학자가 공직에서 걸출한 성과를 낼 수 있는가는 또 다른 차원의 문제이다.

아리스토텔레스는 8장의 끝 부분에서 실천적 지혜의 유형과 특성에 대해서도 몇 가지 설명을 더한다. 실천적 지혜는 최종적인 진리(archē, 원리)를 탐구하는 학문적 인식과는 다르며, 더 이상 추가적인 설명(logos)을 필요로 하지 않는 원리 그 자체, 즉 정의(horos, 개념)를 다루는 직관적 지성과도 다르다. 실천적 지혜는 자신에게 유익한 목표를 달성하는 데 필요한 개별적이고 구체적인 지각의 대상이며, 그런 지각은 실천을 전제로 한다. 그러므로 특정 상황이나 특정 시점에 따라서 그리고 추구하는 목표에 따라서 실천적 지혜가 내놓는 답은 달라질 수 있다.

이를 빗대어 아리스토텔레스는 『대윤리학』에서 "과학과 신학은 영원한 것에 관한 것이지만, 실천적 지혜는 변화하는 존재에 관한 것이다"라고 말한 바 있다. 또한 그는 실천적 지혜가 영원한 것이 아니라 유리한 것을 다루기 때문에 "오늘 유리하나 내일은 유리하지 않은 것이며, 한 사람에게 유리한 것이 다른 사람에게는 유리하지 않다. 어떤 상황에서 유리한 것도 다른 상황에서는 유리하지 않다"라고 말하기도 했다. 이 말을 통해 정치술에서 경험과 경륜 그리고 판단의 중요성을 다시 한 번 되새겨볼 수 있을 것이다.

🕮 "젊은이들은 기하학자나 수학자가 될 수 있고, 또 그와 같은 일에 있어서 지혜로운 자가 될 수 있지만, 당장 실천적 지혜를 가진 사람이 될 수는 없다."

올바른 목적을 위해, 올바른 방법으로,
적절한 시간 안에 숙고하라

"어떤 사람은 오랫동안 숙고를 한 이후에 목표를 달성할 수 있고, 또 어떤 사람은 짧은 시간 안에 숙고해서 달성할 수 있다. 오랜 시간 숙고한다고 해서 숙고를 잘 하는 것은 아니다. '잘 숙고한다는 것'은 유익함을 판단함에 있어서의 정확성, 목표와 추진 방식 그리고 시점을 결정함에 있어서의 정확성을 뜻한다. 또한 어떤 사람은 아무런 조건을 달지 않고 잘 숙고할 수도 있고, 특정한 목표와 관련해서 잘 숙고할 수도 있다. 아무런 조건을 달지 않고 잘 숙고한다는 것은 아무런 제약 조건 없는 목표를 성취하는 것을 말한다. 그런데 특정 목표와 관련해서 '잘 숙고한다는 것'은 특정한 목표를 성취하는 데 성공하는 것을 뜻한다." 6권 9장 1142b27-31

"생각 좀 하면서 살아라!"

우리가 누군가를 나무랄 때 혹은 조언을 할 때 흔히 하는 말이다. 여기서 생각은 단순히 '생각한다'는 뜻이 아니라 '잘, 깊이 생각한다'는 뜻으로 '잘 숙고한다(excellence in deliberation)'로 해석할 수 있다. 이처럼 숙고도 잘 하는 경우와 그렇지 못한 경우로 나뉜다. 바로 실천적 지혜는 숙고를 잘하는 것을 의미한다.

나는 소니의 추락과 삼성전자의 부상을 보면서 여러 가지 원인을 생각해 본다. 이들 중에 대표적인 한 가지를 이야기하자면 최고경영자의 상황 판단 능력과 미래에 대한 통찰력을 들 수 있다. 소니의 몰락에는 두 CEO, 즉 이데이 노부유키(1995~2005년 재임)와 하워드 스트링거(2005~2012년 재임)의 책임이 크다고 본다. 그중에서도 기술 중심의 소니를 종합 엔터테인먼트 중심의 회사로 방향을 바꾼 이데이 노부유키의 판단력에는 심각한 결함이 있었다. 물론 이데이 노부유키가 숙고하지 않은 것은 아니다. 단지 그는 '잘못 숙고'한 것뿐이다. 이에 반해 삼성전자 이건희 회장은 '잘 숙고'한 전형적인 사례라 할 수 있다.

잘 숙고함에 대해 정확히 이해함으로써 이것과 실천적 지혜 사이의 관계를 제대로 파악할 수 있다. 실천적 지혜를 얻기 위한 필수 과정이 '잘 숙고함'이다. 일단 먼저 아리스토텔레스가 제시하는 숙고와 유사한 활동들에 대해 알아보자. 그 활동들에는 학문적 인식, 의견(doxa), '잘 짐작하는 것(eustochia)' 등이 있다.

첫째, '잘 숙고함'은 학문적 인식과 같은가? 결론적으로는 다르다. 왜

이데이 노부유키 위기는 성공의 정점에서 시작된다는 사실을 떠올리게 하는 소니의 몰락. 이데이 전 회장은 타이밍과 방향 설정에서 실수를 범한 패전 장수가 되었다.

나하면 숙고는 어떤 구체적인 대상에 대해 탐구하고 계산하는 것을 말한다. 예를 들어, 어떤 목표를 달성하는 데 가장 좋은 수단이나 방법을 찾는 일은 숙고에 해당한다. 그러나 사람들은 자신이 이미 학문적으로 인식하고 있는 것들에 대해서는 탐구하지 않는데, 이미 진리(참)로 판명났기 때문이다.

둘째, '잘 숙고함'은 의견과 같은가? 어떤 종류의 의견은 우리 머릿속에 떠오른 추측이나 판단을 뜻하기 때문에 올바를 수도 있고 틀릴 수도 있다. "저의 의견이 이렇습니다"라는 말을 달리 표현하면 "저의 의견은 틀릴 수도 있고 옳을 수도 있습니다"와 같은 뜻이다. 그런데 '잘 숙고함'은 항상 올바름을 뜻하기 때문에 의견과 다르다. 숙고하더라도 틀릴 수 있는데, 이런 경우는 '잘못 숙고함'에 해당한다.

셋째, '잘 숙고함'은 '잘 짐작하는 것'과 같은가? 짐작은 이성적으로 따지는 과정 없이 빠르게 진행된다. 반면 숙고는 짐작과 달리 즉각적이지 않고 일정 시간을 요구한다. 즉 짐작은 즉흥성을 특징으로 하지만 숙고는 그렇지 않다. 그렇기 때문에 '기지(anchinoia)' 또한 '잘 짐작하는' 활동이다.

한 예로 우리는 어떤 사람을 처음 만났을 때 그의 첫인상을 보고 순간적으로 그가 어떤 사람인가에 대해 대략적인 감을 잡을 수 있다. 이처럼 감을 잡는 일에 대해 짐작이란 용어를 사용할 수 있다. 이는 이성적으로 헤아리는 과정을 거치지 않기 때문에 '잘 숙고하는' 행동과는 다르다.

그렇다면, 과연 잘 숙고한다는 것은 어떤 특성을 갖고 있을까? 모두 네 가지 특성으로 정리할 수 있을 것이다.

첫째, '잘 숙고함'은 반드시 '합리적 추론(logso)'을 거쳐야 하기 때문에 사유(dianoia)하는 일 가운데 하나이다. 숙고하는 사람은 성급하게 결론을 내놓지 않지만, 의견이나 추측은 짧은 시간 안에 주장을 만들어낸다. 물론 그 주장은 참인지 혹은 거짓인지를 알 수 없는 결론에 해당한다.

둘째, '잘 숙고함'은 숙고에 있어서도 올바름을 뜻한다. 모든 숙고가 올바른 것은 아니다. 조직폭력배와 같은 범죄자도 숙고를 한다. 그들 역시 자신들이 세운 '목적'을 달성하는 데 가장 '효과적인' 수단이나 방법을 찾아서 실천에 옮긴다. 이때 그들의 숙고를 '잘 숙고함'이라고 할 수 있는가? 그럴 수 없다. 악당들은 자신의 유익함을 생각하지만 타인에게 해를 끼치는 목표를 달성하기 위해 노력하는 사람들이다. '잘 숙고함'은 올바른 목표와 아울러 올바른 수단이나 방법을 모두 충족시켜야만 한다.

셋째, '잘 숙고함'은 결과도 중요하지만 과정도 중요하다. 그러니까 '잘 숙고한' 상태에 도달하기 위해서는 올바른 과정을 거쳐야 한다. 아리스토텔레스는 이에 대해 "올바른 방법에 의하지 않고 목표를 이루는 과정은 잘 숙고하는 것이 아니다"라고 말한다.

흔히 "목적은 수단을 합리화한다"라는 말이 있다. 결과만 좋으면 어떠한 수단과 방법이라도 좋다는 무리한 주장을 뜻한다. 아리스토텔레스는 목표를 성취함에 있어서 올바른 수단이나 방법을 택하는 것은 물론이고 올바른 과정을 거쳐야 한다는 사실을 강조한다.

넷째, '잘 숙고함'은 지나치게 오랜 시간을 허락하지 않는다. 특히 숙고라는 용어 자체가 긴 시간이 걸리는 생각이란 의미를 가질 수 있기 때문에 주의해서 해석해야 한다. 사람에 따라서는 같은 문제에 대해 숙고를 하더라도 시간이 오래 걸리는 사람이 있고 짧게 걸리는 사람이 있다. 상황에 따라 적절한 시간이 얼마인지는 다를 수 있다. 하지만 분명한 사실은 지나치게 미적거리는 것이 '잘 숙고하는' 것은 아니라는 점이다. 아리스토텔레스는 "오래 숙고하는 것은 잘 숙고하는 것이 아니다"라고 말한다. 결정을 내리는 데 지나치게 미적거리거나 우유부단하는 것에 대한 경고이다.

예를 들어, 회사에서 일을 하다 보면 일을 늘 미적거리는 사람이 있다. 그런데 한두 번이 아니라 프로젝트를 수행할 때마다 번번이 미적거린다. 마감 시간을 엄수하지 못해서 다른 사람들에게 피해를 주는 일이 드물지 않게 일어난다. 이런 사람은 좋은 의미로는 생각을 너무 많이 하는 스타일이고 나쁜 의미로는 우유부단함의 대명사이다. 모든 일에는 때가 있다. 시작해야 할 때가 있고 마쳐야 할 때가 있다. 마감시간에 맞추어서 깔끔하게 마무리하는 것 또한 '잘 숙고함'의 특성이다.

직업인으로서뿐만 아니라 한 명의 인간으로서도 유능함과 성숙함을 말해 주는 지표 가운데 하나는 성급하지 않고, 경거망동하지 않고, 무모하지 않는 것이다. 한마디로 '잘 숙고함'으로 무장하는 것이다. 앞에서 살펴본 바와 같이 이를 갖추려면 세 가지 조건을 동시에 만족해야 한다. 첫째는 적절한 목적에 대하여 숙고해야 하고, 둘째는 적절한 방법이나 수단에 대해서 숙고해야 하고, 셋째는 적절한 시간 안에 결론을 도출해 낼 수 있어야 한다.

결국 숙고를 잘 한다는 것은 목적을 제대로 선정하는 지혜, 수단을 제대로 선정하는 지혜, 적시에 행동하는 지혜를 뜻하기 때문에 '잘 숙고함'이야말로 실천적 지혜의 하나로 손꼽을 수 있다.

언제 어디서나 적용되는 탁월한 판단력은 없다. 상황이나 타이밍에 맞추어서 '탁월한' '열등한' 그리고 '평범한'이란 단어들이 오고 간다. 그만큼 '잘 숙고하는' 일은 중요하지만 어렵고 정답이 없다. 따라서 목표, 방법, 시간, 과정 등 모든 것을 비춰봤을 때 결국, 잘 숙고한다는 것은 좋은 결과를 낳아야 한다.

'잘못 숙고한' 것을 '잘 숙고한' 것으로 속일 수 없다. 왜냐하면 아무리 오랜 시간에 걸쳐서 힘들게 숙고하였더라도 결과가 좋지 않으면 그것은 실천적 지혜나 '잘 숙고함'이 아니다. 실천적 지혜와 잘 숙고함은 말이 아니라 기대하는 결과의 성취로써 증명해야 하는 것이기 때문이다.

국내의 한 중견 그룹이 신규로 진출한 태양광 사업에 추가 투자를 하기 위해 그룹의 모태에 해당하는 알토란 같은 회사를 시장에 내놓았다. 그룹 매출의 30퍼센트를 담당하는 회사이다. 이렇게 주력 기업을 선뜻 내놓는 경우가 드물기 때문에 사람들은 놀랐다. 아마도 그룹의 오너는 심각하게 고민하였을 것이다. 천신만고 끝에 일으킨 사업이란 오너에게 분신과 같은 것이 아니겠는가.

그는 한 인터뷰에서 "매각 대금을 태양광 사업에 투자할 예정이다. 태양광 사업을 하려면 시간이 걸릴 수밖에 없다. 그럼에도 불구하고 투자하는 것은 나는 태양광 사업의 미래를 굳게 믿기 때문이다"라고 말한다. 그의 판단은 '숙고' 끝에 나온 것이다. 그러나 '잘 숙고함'으로 판정이 나기까지는 그의 판단이 뛰어났음을 결과로써 증명해야 한다. 여기서 우리는 다시 한 번 '잘 숙고함'에 필수적인 '마땅히 도달해야 할 목표를 위해서'라는 대목을 기억할 필요가 있다. 이것이 바로 우리가 실천적 지혜를 만만하게 볼 수 없는 이유이다.

    ❦ "숙고를 잘 하는 것이 실천적 지혜가 있는 사람의 특징이라면, 숙고를 잘 한다는 것은 목적을 성취하는 데 무엇이 올바른지를 잘 판단할 수 있음을 뜻한다."

영리함, 탁월한 결과를
만들어내기 위한 화룡점정

"앞에 놓인 목표를 점차적으로 이뤄내는 능력을 영리함이라고 한다. 그 목표
가 고귀한 것이라면 영리함은 칭찬 받을 만한 것이고, 목표가 잘못된 것이라
면 영리함은 교활함에 불과하다. 그런 까닭에 실천적 지혜를 가진 사람들이
영리하거나 교활하다고 불리는 것이다. 실천적 지혜는 영리함은 아니지만,
실천적 지혜는 영리함 없이는 존재할 수 없다." 6권 12장 1144a23-29

올바른 판단과 합리적 선택은 중요하지만 앎과 실행 사이에는 커다란 간격이 있다. 올바른 판단을 하더라도 그것을 실행에 옮기지 않으면 소용없다. 우리가 관심을 가져야 하는 것은 올바른 앎을 실행으로 옮기는 일이다. 여기서 탁월성과 실행을 뚜렷이 구분할 필요가 있다. 탁월성이 올바른 앎, 판단 그리고 선택을 도울 수는 있지만 이를 실행으로 직접 이끌지는 못한다. 이 점에 대해 아리스토텔레스는 탁월성과 실행 사이에 놓인 커다란 간격을 이렇게 지적한다.

"탁월성은 우리가 바른 선택을 하도록 이끈다. 그러나 그 선택을 실현시키기 위해 필요한 실천 단계를 판단하는 것은 탁월성이 아니라 다른 능력이다." 6권 12장 1144a19-21

예를 한 가지 들어보자. 그동안 나는 각 분야에서 똑똑한 사람들을 많이 만나왔다. 그런데 기대와는 달리 그들 가운데 가장으로서의 책임을 제대로 수행하는 데 실패한 분들이 제법 된다. 직업에 있어서도 그렇다. 책임을 다하지 못한다는 것은 자신의 자리에서 이루어내야 할 성과를 제대로 만들지 못했음을 뜻한다.

나이가 들어갈수록 한 사람이 삶을 통해서 얻는 성과라는 것에 자신이 통제할 수 없는 부분도 있다는 사실을 잘 알고 있기에 개인에게 책임을 전부 돌릴 수 없다는 점도 인정한다. 그러나 해박한 지식을 소유하고 있거나 남들이 부러워할 정도의 교육을 받았음에도 불구하고 평균 이하나 열등한 수준의 성취에 머무는 결정적 이유는 실행력이 부족하기 때문이다.

지적 탁월성은 실행을 가정(假定)하고 있지만 엄밀한 의미에서 탁월성과 실행력은 별개의 것이다. 이 가정에서 지적 탁월성은 적절한 목표와 수단 그리고 적절한 시간을 선택함으로써 최고의 결과물을 기대하지만 그런 기대가 반드시 결과로 실현되는 것은 아니다.

그래서 지적 탁월성에 속하는 실천적 지혜, 철학적 지혜, 학문적 인식 등은 모두가 행위의 목적에 도달하기 위한 출발점의 의미를 지니고 있다. 올바른 앎이나 판단이 기대하는 결과물로 연결되어 진정한 의미에서 지적 탁월성이 이루어지기 위해서는 특별한 능력이 한 가지 더 추가되어야 한다.

이러한 특별한 능력을 가리켜 아리스토텔레스는 '영리함(deinotēs, cleverness)'이라 하고 "자신이 설정한 목표에 이르는 조처들을 수행하는 능력, 그 목표를 성취할 수 있는 능력"을 뜻한다고 했다. 쉽게 말하자면 올바른 앎을 실천하고 올바른 판단을 실행에 옮기는 능력이다. 즉 지적 탁월성으로부터 기대하는 결과물을 이끌어내는 데 필수적인 능력이 '영리함'이다.

아는 것만으로 충분하지 않다는 사실과 아는 것을 실행하지 않으면 아무런 소용이 없다는 사실을 감안한다면, 실천적 지혜는 영리함이라는 능력 없이는 절름발이일 수밖에 없다. 아무리 실천적 지혜가 뛰어난 사람이라도 목표에 도달할 수 있는 능력인 영리함을 갖고 있어야 한다. 이는 생활인과 직업인이라면 모두 동감할 주장이다.

그런데 모든 영리함이 옳은 것은 아니다. 목표가 고귀한 경우라면 그때의 영리함은 칭찬받겠지만 때때로 사악한 목표는 교활함이라는 용어로 비난받을 것이다. 따라서 목표를 효과적으로 달성하는 사람들은 두 가지 부류, 즉 '실천적 지혜를 가진 사람'과 '교활한 사람'으로 나눌 수 있으며, 이들 모두를 '영리한 사람'이라 부를 수 있다.

영리함이 나쁜 쪽으로 향하지 않기 위해서 일단 좋은 목표를 선택하도록 인도받아야 한다. 이런 역할을 충실히 수행하는 것은 성격적 탁월성이다. 따라서 성격적 탁월성의 인도를 받는 영리함을 가진 사람만이 제대로 된 실천적 지혜를 가진 사람이라 할 수 있다.

'영리함'이라는 용어는 나에게 두 사람을 동시에 떠올리게 한다. 한 사람은 경영학의 대부로 일컬어졌던 피터 드러커 교수이고, 다른 한 사람은 '로고테라피(logotheraphy)'의 창시자이자 아우슈비츠 수용소의 생환자인 빅터 프랭클 교수이다. 두 사람 모두 유대인이고 나치의 위협이 가시화되기 시작하였을 때, 다가오는 위협에 대해 올바른 판단을 내렸다. 그것은 가능한 한 빠른 시간 안에 독일과 오스트리아로부터 떠나는 것이었다. 그런데 피터 드러커 교수는 그것을 즉시 실행에 옮긴 데 반해서 빅터 프랭클 교수는 미국으로부터 이민 비자를 받았음에도 불구하고 병약한 부모 때문에 오스트리아를 떠나지 못하였다.

피터 드러커 교수가 독일에 머물렀다면 그의 인생이 어떻게 전개되었으리라는 것은 불을 보듯 확실하다. 빅터 프랭클 교수는 아우슈비츠에서 갓 결혼한 아내와 부모를 모두 잃어버리고 본인만 기적적으로 살아남았다. 물론 그런 가혹한 경험이 『죽음의 수용소에서』 등과 같은 역작을 낳았지만 올바른 판단을 실행에 옮길 수 있는 시점으로 돌아갈 수 있다면 빅터 프랭클 교수는 조국을 떠나는 길을 선택할 것이다.

병약한 부모를 두고 떠나지 못한 효심(孝心)을 높이 평가하는 독자들도 있을 것이다. 내가 부모로서 비슷한 상황에 처하였다면 어떤 결정을 내렸을까? 나는 세대가 연속되어야 한다는 점에 더 큰 비중을 두었을 것이다. 나치에 의한 유대인의 박해를 충분히 예상할 수 있다면, 세대의 연속을 위해서라도 빅터 프랭클 교수가 미국행을 선택하는 것이 올바르다고 생각한다. 그렇기 때문에 만약 나라면 설령 죽음을 맞는 상황이 닥치더라도 자식이 미적거린다면 떠나라고 강하게 명령하였을 것이다.

살면서 크고 작은 기회와 선택의 순간에 실행력이란 얼마나 중요한가? 때로는 결정적인 위기의 순간이 닥쳤을 때 올바른 판단을 실천으로 옮기는 일은 얼마나 중요한가? "나도 그때 그런 생각을 했는데 그만……"이라는 후회는 정말 없어야 한다. 이처럼 지적 탁월성은 항상 영리함과 함께해야 한다.

실천적 지혜와 영리함 사이의 상호 관계를 명확히 정리해 둘 필요가 있다. 아리스토텔레스는 "실천적 지혜는 영리함은 아니지만, 실천적 지혜는 영리함 없이는 존재할 수 없다"는 말로 실천적 지혜 속에 이미 영리함이 포함될 수 있음을 강조하고 있다.

우리는 실천적 지혜에 대해 공부하고 배움으로써 점점 더 실천적 지혜가 요구하는 완전한 품성상태에 한걸음 한 걸음 다가갈 수 있다. 이런 맥락에서 아리스토텔레스는 "실천적 지혜로 말미암아 고귀하고 정의로운 것들을 조금이라도 더 잘 실천할 수 있다"라는 주장을 폈다. 지식이나 건강이나 습관 등과 마찬가지로 실천적 지혜 또한 꾸준히 노력함으로써 완전한 상태에 다가설 수 있다.

✤ "영리함 자체는 실천적 지혜가 아니지만, 실천적 지혜는 영리함 없이 존재할 수 없다."

상황을 판단하고
타인을 헤아리는 능력도 중요하다

"어떤 사람이 '이해심'이 있다고 할 때, 그는 두 가지 특성을 가진 사람이다. 하나는 공정한가를 판별하는 정확한 판단력이며, 다른 하나는 타인을 용서하는 능력이다. '공감적 이해'는 타인을 용서하는 능력인데, 그것은 훌륭한 사람의 이해심으로써 올바른 판단을 가능하게 하는 것이다. (……) 실천적 지혜를 가진 사람이 자신이 관여하는 것에 대해 올바른 판단력을 가지는 것은 이해력과 이해심이 있거나 혹은 공감적 이해를 할 수 있다는 뜻이다." 6권 11장 1143a20-24, 1143a29-33

실천적 지혜와 꼭 같지는 않지만 비슷한 개념으로 '이해력(synesis)' '이해심(gnomē)', '공감적 이해(syngomē)'가 있다. 이들 중에 '이해심'은 다음 두 가지를 포함한다. 하나는 어떤 사람의 행동에 영향을 미치는 올바른 판단(a correct judgement of what is fair or equitable)을 가능하게 하는 것이고, 다른 하나는 다른 사람의 입장에서 이해하고 용서하는 것(a sense to forgive others)이다.

　한편 '공감적 이해'는 이해심을 이루는 두 가지 가운데 후자, 즉 타인의 입장에서 이해하고 판단하는 것을 말한다. '이해심'과 '공감적 이해' 모두 타인과의 관계에 적용되는 데 반해 '이해력'은 구체적인 문제에 대해 이해하고 훌륭한 판단을 내리는 품성이다.

　먼저 이해력은 어떤 면에서 실천적 지혜와 다르거나 비슷할까? 실천적 지혜와 이해력의 대상은 동일하다. 의문을 품고 숙고할 수 있는 개별적이고 구체적인 대상을 상대로 이루어진다. 하지만 이해력은 배워서 잘 아는 것과 판단을 잘 내리는 것에만 국한된다. 반면 실천적 지혜는 합당한 목표·방식·시점의 선택뿐만 아니라 실행을 포함한다는 점에서 이해력과 다르다.

　"실천적 지혜의 목적은 무엇을 해야 하고 무엇을 하면 안 되는지 명(命)을 내리는 것이다. 그러나 이해력은 오로지 판단을 내리는 것이다. '이해력이 있다'는 것은 '좋은 이해력을 가졌다'는 것과 같은 것이고, '이해력이 있는 사람'은 '좋은 이해력을 가진 사람'이다. 따라서 이해력은 실천적 지

혜를 가지고 있는 것도, 실천적 지혜를 얻는 것도 아니다." 6권 10장 1143a7-13

우리는 공부를 할 때 무엇을 "이해한다"는 말을 사용하는데, 이때의 의미는 "배워서 안다"이다. 이처럼 이해력은 구체적이고 개별적인 것을 배워서 아는 능력을 뜻한다.

사회생활 중에 만난 지인들 가운데 감탄할 정도로 아는 게 많은 사람들이 있다. 그들은 대부분 머리가 좋은 사람들인데, 타인들의 방법이나 주장을 배우고 보고 듣고 파악하고 모방함으로써 금세 자기 것으로 만들곤 한다. 심지어 그냥 자기 것으로 만드는 데에 그치지 않고 때로는 원래 가르쳐준 사람보다 더 잘 해내는 경우도 있다.

특히 '좋은 이해력'을 가진 사람은 훌륭하게 판단한다. 그러나 그런 판단이 행동으로 옮겨질지는 미지수이다. 따라서 실천적 지혜와 좋은 이해력 사이에는 행동하느냐의 차이가 있다. 실천적 지혜는 좋은 판단이 합목적적인 행동으로 이어져서 좋은 결과로 연결되는 전 과정을 내포하고 있는 데 반해서 좋은 이해력은 오로지 좋은 판단에 국한된다. 그래서 위의 인용문에서도 실천적 지혜의 목적(telos)은 무엇을 해야 할지 무엇을 하지 말아야 할지 명령을 내리는 것이지만, 이해력은 오로지 판단을 내리는 것뿐이라고 말한다.

투자 사례를 들면 이해에 도움이 되겠다. 이런저런 종목이 유망할 것이라고 판단하는 것은 좋은 이해력의 영역이다. 그러나 실제로 위험을 무릅쓰고 돈을 투자해서 기대하는 투자수익률을 만들어내는 것은 실천적 지혜의 영역이다. 전자는 후자에 비해 상대적으로 행동을 수반하지 않기 때문에 쉽다. 그래서 세상에는 좋은 판단만 하는 사람들이 있는 데 반해서 실제로 그것을 근거로 행동해서 돈을 버는 사람들도 있다. 두 부류의 사람이 늘 일치하는 것은 아니다.

이해력은 실천적 지혜와 동일하지 않고 실천적 지혜 가운데 특별한 부분에 속한다. 어떤 사람이 자신이 관심 있는 문제에 대해 올바른 판단을 내릴 수 있을 정도로 잘 알고 있다고 해서 실천적 지혜를 가지는 것은 아니다.

예를 들어, 어떤 사람이 재무 분야의 경영학 석사를 갖고 있을 뿐만 아니라 다년간의 현장 경험이 있어서 특정 상황에 대해 정확한 판단을 내릴 수 있는 이해력이 있다. 그렇다고 해서 그가 자신에게 이익을 가져다줄 최고의 성과를 만들어낼 실천적 지혜를 반드시 갖고 있다고 말할 수는 없다. 잘 아는 것만으로는 충분하지 않고 실행력이 뒷받침되어야 기대하는 결과를 얻을 수 있는 것이다.

그렇다면 이해심과 공감적 이해는 어떤 특징을 보이는가. 흔히 어떤 사람에게 "이해심이 있다"라는 표현을 사용할 수 있는데, 이때 그 사람은 타인의 처지를 충분히 이해함으로써 올바른 판단을 내리는 품성상태를 가진 사람을 말한다. '이해심'이나 '공감적 이해'는 오늘날 흔히 사용하는 '공감(empathy)' 능력과 비슷한 것임을 알 수 있다. 공감 능력이 풍부한 사람은 타인의 입장에서 생각하고 느끼는 능력이 뛰어나기 때문에 타인과 관련된 문제에 있어 훌륭한 판단을 내릴 가능성이 한층 높다.

어떤 현상이나 사물에 대해 판단을 내리는 것에 비해 사람이 관련된 문제에 대해 판단을 내릴 때가 더 힘들다. 왜냐하면 사람은 감정이나 기분이 시시각각 변하기 때문이다.

훌륭한 직장인이 되는 일, 훌륭한 가장이 되는 일, 훌륭한 시민이 되는 일은 타인과 관련된 판단에 크게 좌우된다. 여러분이 부하라면 일을 해나가는 과정에서 상사의 상황, 욕구, 필요 등을 그의 입장에서 이해할 수 있을 때 좀더 원활한 관계를 맺고 사안들에 대해서도 보다 정확한 판단을 내릴 수 있다.

스탠퍼드 대학의 제프리 페퍼 교수는 조직 내에서 성공하기를 소망하는 사람이 갖추어야 할 여러 가지 조건들 가운데 하나로 '다른 사람들의 생각을 읽고 이해하는 감수성'을 든다. 이것이야말로 '공감적 이해'를 말한다고 할 수 있다.

페퍼 교수는 CBS 사장으로서 회사를 고속 성장시킨 프랭크 스탠튼을 이러한 감수성의 소유자로 소개한다. 스탠튼은 조직 내에서 막강한 권력을 가졌던 CBS 소유주 윌리엄 페일리의 마음을 능숙하게 읽는 능력을 갖고 있었다. 윌리엄 페일리는 장기 집권 동안 변덕이 심했고 거의 예고도 없이 사람을 해고하곤 했다. 그런 불안한 환경 속에서 스탠튼은 페일리의 욕구와 필요 그리고 두려움을 이해하였기 때문에 공식 석상에서 그를 위협하거나 도전하는 행위를 하지 않았다. 그는 늘 윌리엄이 안도를 느낄 수 있도록 처신하고 의도적으로 그를 신뢰하려고 노력하였다.

"스탠튼은 페일리보다 일곱 살 어리지만 이 둘은 부자지간에 가까웠다. 스탠튼은 부하직원들이 있을 때 항상 페일리에게 자식이 아버지에게 가질 법한 존경심을 보였기 때문이다. (……) 회의 때 스탠튼은 자신을 낮추고 페일리와 대립하지 않으려 했다. 그가 좀더 경험이 많아졌을 때는 다른 사람을 인용하는 간접적인 방식으로 반대 의견을 내놓았다. (……) 스탠튼이 자기 의견을 말할 때는 상사와 같은 의견일 때만 그랬다." ─제프리 페퍼, 『권력의 경영』, p.243

이런 사례는 내가 관찰한 바와 일치한다. 대기업 회장을 측근에서 보좌하는 사람들의 핵심 경쟁력은 업무 추진 능력뿐만 아니라 회장의 의중과 기분을 정확히 읽는 능력이라고 할 수 있다. 사실 그런 능력은 일반적인 상사와 부하 관계에도 적용된다.

그렇다면 '이해심' '공감적 이해' 그리고 실천적 지혜 사이의 상호관계는 무엇일까? 실천적 지혜를 가진 사람이 올바른 판단 능력을 소유하고 있을 때, 우리는 그가 "이해를 잘 한다"거나 "이해심이 있다"거나 "공감을 잘 한다"라고 말한다.

'이해심'이나 '공감적 이해'는 타고나는 것일까? 아니면 후천적으로 키우는 것일까? 예외적인 경우도 있겠지만 사람은 태어날 때부터 타인의 감정을 이해하는 능력을 타고난다. 이 점에 대해 아리스토텔레스도 "이해심이나 이해력, 직관적 지성은 자연적으로 갖는 것이라고 생각한다"라고 말한다. 다만 사람에 따라서 타고나는 능력의 정도가 다를 것이다. 그런 만큼 후천적인 노력으로 '공감적 이해' 능력을 갈고닦아야 한다.

공감적 이해 능력을 키우기 위해서는 먼저 감수성이라는 단어에 주목해야 한다. 우선 자신을 제대로 관찰해야 한다. 이는 바로 인간의 지적역량을 다양한 요소로 규명한 하워드 가드너의 다중지능이론 중 '자기성찰지능'이라고도 할 수 있다. 자신의 욕망, 욕구, 필요, 감정 그리고 기분을 제대로 이해하는 능력이 커지면 커질수록 타인을 이해하는 능력 또한 커진다.

이에 대해 제프리 페퍼 교수는 역설적이게도, 타인을 자신과 동일시하는 능력이야말로 자신이 원하는 것을 얻는 데 실제로 중요한 능력이다"라고 말한다.

그렇다면 우리는 각각 이해력, 이해심, 공감적 이해를 잘 갖추려면 어떤 노력을 기울여야 할까? 무엇보다 실행력을 기르고 경험으로부터 묻어 나오는 소리에도 귀기울일 수 있어야 한다.

잠시 지난날을 되돌아보면 나 역시 젊은 날에는 아무래도 판단에 있어서 미숙한 점이 많았다. 세월의 흐름은 신체적인 변화뿐만 아니라 판단력과 관련된 현명함을 갖도록 도와주었다. 하지만 실행력은 노소의 문제가 아니라 개개인의 자질이나 품성과 깊은 관련이 있기 때문에 어릴 때부터 실행력이 뛰어난 사람은 대체로 인생의 모든 시점에 걸쳐서 이러한 특징을 보여준다.

아무리 많이 알더라도 성과는 실행이 있어야 만들어질 수 있다. 실천적 지혜의 궁극적인 목표는 좋은 생각을 하는 것도, 좋은 판단을 하는 것도 아니고 좋은 결과를 얻어내는 일이다. 이를 위해서 좋은 목적, 좋은 방법, 그리고 합당한 과정과 시간이 요구된다.

그러므로 우리는 실행능력을 업그레이드하는 일에 주목해야 한다. 그것은 책을 읽어서, 결심을 통해서, 자각과 각성을 통해서 생겨나는 것은 아니다. 지금 당장 반드시 해야 할 일이라면 작은 것부터 즉시 실행에 옮기는 태도에서 생겨난다.

계획을 행동으로 옮기지 않고 말로만 하는 사람이 있다. 건강을 위해 조깅을 해야 하는데, 자기계발을 위해 아침 일찍 일어나야 하는데, 몸매를 위해서 다이어트를 해야 하는데, 책을 한 권 써야 하는데 등과 같은 계획들을 입으로만 떠벌리는 것이다. 구체적으로 무엇을 해야 할지를 정리해 보고 당장 할 수 있는 것부터 해보면 되는데 그걸 어려워한다.

이들은 대개 준비를 완벽하게 해야만 성과를 만들어낼 수 있다고 생각하는데, 이런 생각부터 바꾸는 것이 좋다. 무엇이든 해나가면서 부족한 것들을 하나하나 채워가면 된다.

나는 실행력이 비교적 강한 편인데, 좋은 것, 신기한, 것, 대단한 것, 이상한 것을 만날 때면 어김없이 떠오른 아이디어를 신속하게 행동으로 옮긴다. 그리고 완벽한 환경이 조성될 때까지 기다리기보다는 일단 작은 일부터 시작해 보는 행위 자체에 큰 의미를 부여한다. 이런 사소한 습관은 인생의 성취나 재미를 만드는 멋진 방법일 뿐만 아니라 자기 자신을 실행력이 강한 체질의 인물로 만드는 방법이기도 하다.

그러면 이런 간격을 줄일 수 있는 방법은 어떤 것이 있을까? 경험을 풍부하게 쌓아가는 것도 하나의 방법이 될 것이다. 아리스토텔레스는 세월이 주는 이점을 잊지 말라고 말한다. 그는 "사람들은 실제로 어느 정도의 나이가 되면 마치 자연이 원인이나 되는 듯이 직관을 갖고 이해심을 가진다"라고 강조한다.

'경험으로부터 나온 눈(eye given by experience)'이란 표현을 통해 경험의 힘을 과소평가하지 말라는 아리스토텔레스의 조언은 오늘날에도 의미가 있다. 하지만 판단과 관련된 이해력이나 이해심 그리고 실천적 지혜가 세월과 함께 얼마나 성장해 가는지는 자신이 실제로 나이를 먹어보지 않으면 알기 어렵다.

그래서 아리스토텔레스는 경험이 많고 나이가 든 사람들 가운데서 실천적 지혜를 가진 사람들의 이야기에 귀를 기울이라고 조언한다.

세월이 흐르면서 변모해 가는 자신의 모습을 지켜보는 일은 그 자체로 흥미롭다. 점점 분노하는 일이 줄어들고 비난하는 일도 줄어든다. 예전 같으면 크게 비난하였을 법한 주장이나 의견이나 사건에 대해서도 "저 사람 나름의 이유가 있겠지"라는 식으로 은근슬쩍 넘어가고 만다. 뿐만 아니라 자신이 속속들이 알 수는 없지만 사람들이 저마나 지고 가는 인생의 무게와 책임에 대해서 "다들 사는 데 얼마나 힘들까?"라는 연민을 품는다.

그런 측은지심은 타인에 대해서는 물론이고 자신에 대해서도 마찬가지라고 생각한다.

이따금 사회 현안을 두고 시끄럽도록 편을 나누어 싸울 때면 젊은이들은 자신의 의견을 앞세우고 자신과 다른 의견들에 대해 신랄한 비판을 퍼붓곤 한다. 젊음이 가진 특성은 자신이 가진 지식이나 의견에 대한 지나친 확신이다. 오래전 연구소에 몸담았던 젊은 시절 나의 믿음이나 주장을 공세적으로 전하는 데 열심이었던 나부터도 그렇게 행동했다.

그러나 지적 편협성이 자신의 정신세계를 지배하지 않도록 주의해야 한다. 특히 젊은 날의 지적 편협성이 위험한 이유는 진로나 경력의 선택에 있어서 치명적 자만과 실수를 낳을 수 있기 때문이다. 그럴 때일수록 때로는 자신의 의견을 잠시 유보해 두고 나이가 들고 산전수전 경험한 사람들의 의견을 들어보는 것도 도움이 된다고 생각한다.

🎵 "공감적 이해는 올바른 판단, 즉 정의로운 판단을 가져온다."

지적 탁월성은
우리의 삶에 어떤 도움을 주는가

"사람은 실천적 지혜와 성격적 탁월성을 통해서만 자신의 기능을 발휘할 수 있다. 탁월성은 목표를 정확하게 바라볼 수 있게 해주고, 실천적 지혜는 목표 달성을 위한 방법을 제대로 사용할 수 있도록 한다. (……) 실천적 지혜가 고귀하고 정의로운 행동들을 실천하는 데에 도움이 되지 않는다는 주장에 대해 논의를 하려면 조금 더 거슬러 올라가 다음과 같은 출발점에서 시작해야 할 것이다. 실제로 정의로운 사람이 아니더라도 정의로운 행동을 할 수 있다. 마치 법에 정해진 대로 행하는 사람들이 마지못해서 행하거나 무지 때문에 행하거나 다른 이유 때문에 행하듯이 말이다. 그들이 정의로운 사람들이 행해야 하는 대로 활동하더라도, 그들은 정의로운 사람이 아니다. 실천적

지혜는 정의롭지 않은 사람들이 정의로운 품성상태를 갖도록 돕는다." 6권 12
장 1144a6-7, 1144a11-17

먹고사는 데 도움이 되는 실용지식을 쌓는 데 바쁜 시대이다. 이러한
때에 당장 도움이 되지 않는 철학과 같은 인문학 공부가 왜 필요한가?
여러 가지 지적 탁월성은 개인에게 어떤 도움을 주는가? 겉으로만 보면
철학적 지혜는 무엇인가를 제작하거나 개선하는 일에 관여하지 않기 때
문에 인간의 행복에 별다른 쓸모가 없는 것처럼 보인다.

이처럼 사람들이 제기할 수 있는 지적 탁월성의 유용성에 대해 아리스
토텔레스는 스스로 몇 가지의 의문을 제기함으로써 일반인들의 의심과
궁금함을 해소한다.

아리스토텔레스는 이미 특정한 품성상태를 갖고 있는 사람이 철학적
지혜나 실천적 지혜에 대해 추가적인 지식을 더함으로써 나아질 것이
무엇이 있느냐고 묻는다.

탁월성의 유용성에 대해서 아리스토텔레스가 제기하는 이러한 의문
을 듣다 보면, '이제까지 논의가 무슨 소용이 있을까?'라고 생각하는 독
자들도 있을 것이다. 예를 들어, 이미 훌륭한 사람들은 실천적 지혜를 갖
고 있기 때문에 실천적 지혜에 관한 공부가 필요 없는 것처럼 보인다. 그
리고 훌륭하지 못한 사람들에게도 '소귀에 경 읽기'처럼 실천적 지혜에
관한 지식은 아무런 소용이 없는 것처럼 보인다.

누구든지 제기할 수 있는 탁월성의 유용성에 대한 회의론을 아리스토

텔레스는 세 가지 이유를 들어 반박한다.

첫째, 실천적 지혜나 철학적 지혜는 영혼의 각 부분에 있는 고유한 탁월성들이다. 이들은 지적 탁월성의 중요한 부분을 차지하기 때문에 그 자체로서 선택할 가치가 있다.

여러분이 어떤 행위를 할 때 꼭 자신에게 이익이 있어야만 하지는 않는다. 물질적인 이익이 뒤따르지 않더라도 인간은 본성적으로 훌륭함, 완전함, 아름다움, 선함 등과 같은 가치들에 끌린다. 열악하기 이를 데 없는 오지에서 선교 사역을 담당하는 사람들이나 개인의 이익을 버리고 평생을 봉사활동에 바치는 사람도 마찬가지일 것이다. 학문이나 예술을 추구하는 사람들 중에 처음에는 개인의 이익에서 시작했지만 점점 더 높은 목적과 이익을 위해 완성도를 극한치까지 끌어올리려고 헌신하는 사람들도 있다.

의학 역사상 가장 많은 사람의 목숨을 구한 발견은 수혈이다. 1955년부터 최근까지 수혈로 목숨을 구한 사람은 10억 3,800만 명이나 된다. 오늘날과 같은 수혈이 가능한 것은 깨어 있는 시간의 90퍼센트(햇수로는 50년)를 연구에 쏟아부으면서 346편의 논문을 남겼던 카를 란트슈타이너라는 오스트리아 출신의 병리학자 덕분이다. 그는 1930년 ABO식 혈액형의 발견으로 인류에게 지대한 공헌을 하였으며, 그 공로를 인정받아 노벨생리의학상을 수상하였다.

"그의 동료, 자서전 작가 그리고 지인들은 정밀한 실험, 끊임없는 독서, 완벽함을 향한 집요함 등이 그의 삶을 지탱하는 기둥들이었다고 회고한다. 카를 란트슈타이너가 이처럼 자신의 일에 몰입할 수 있었던 것은 이익이 되기 때문이 아니라 일 그 자체의 탁월함을 추구하였기 때문일 것이다.

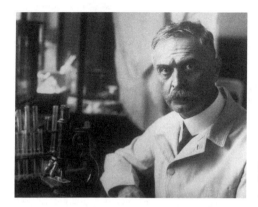

카를 란트슈타이너 ABO식 혈액형의 발견으로 인류에 지대한 공헌을 한 위대한 과학자.

란트슈타이너는 과학적으로 입증할 수 없거나 자신이 직접 실험으로 증명할 수 없는 일은 말하지 않았다. 란트슈타이너는 '자료 먹는 돼지' 같은 사람이었다. (……) 매우 다양한 분야의 과학서적을 읽고 논문을 샅샅이 훑었으며, 최신 학술지를 읽었다고 했다. 편지를 열어보고 과학 잡지 포장지를 뜯는 것은 란트슈타이너의 커다란 기쁨이었다. (……) 란트슈타이너는 확신에 찬 에너지와 모험심이 가득한 사람이었다. 란트슈타이너의 연구실에는 화학 연구에 필요한 장비가 갖춰져 있었고, 그는 조교들을 의사나 생물학자가 아닌 화학자로 키우는 훈련을 시켰다."—빌리 우드워드 외, 『미친 연구 위대한 발견』, pp.16~65

둘째, 철학적 지혜는 그 자체가 행복을 만들어낸다. 예를 들어, 건강을 만들어내는 방법이 두 가지이듯 행복을 만들어내는 방법도 두 가지이다. 의술이 건강을 만들어내는 방법과 건강함 자체가 건강을 만들어내는 방법이 있는데, 철학적 지혜가 행복을 만들어내는 방법은 후자와 같다.

부분이 아니라 전체적으로 지혜로운 것을 뜻하는 철학적 지혜는 자신에 대한 이해, 타인에 대한 이해 그리고 세상에 대한 이해를 도움으로써 세상의 분위기와 유행에 영향을 받지 않고 뚜렷한 주관을 갖고 최고의 삶을 살아가도록 돕는다.

물질과 같은 외부 조건이 어느 정도 충족된 상태에서 사람마다 느끼는 행복의 정도가 다른 이유는 무엇일까? 자신과 타인 그리고 세상에 대해 정확하게 이해하면 할수록 불필요한 것, 사소한 것, 덧없는 것에 집착하지 않게 된다. 사소한 것을 두고 아웅다웅하지 않고, 담대하게 자기 페이스를 유지하면서 세상을 살아갈 수 있는 데는 철학적 지혜가 큰 도움을 준다.

더욱이 앞으로도 세상의 변화는 더욱 거세질 전망이다. 수많은 사람들의 상호작용이 원활해지면 원활해질수록 변화는 더욱 거세어지게 마련이다. 이럴 때 과거에 의존하거나, 다수 의견에 휘둘리거나, 분위기에 휩쓸린 채 가다 보면 방황과 고생에 직면하게 된다. 여러 현상들의 겉모습을 넘어 본질을 꿰뚫어볼 수 있어야 하고, 이런 판단에 따라서 자신만의 길을 주도적으로 개척해야 하는 세상인 것이다. 바로 철학적 지혜는 자신과 타인 그리고 세상의 본질을 꿰뚫는 데 큰 도움을 줄 수 있다.

셋째, 사람들이 자신의 고유한 기능을 최고로 발휘하는 일은 실천적 지혜와 성격적 탁월성에 따라 가능하다. 성격적 탁월성은 우리에게 올바른 목표를 선택하도록 도움을 주고, 실천적 지혜는 우리로 하여금 올바른 수단을 사용하도록 도와준다.

어느 누가 이 세상에서 잘 되고 싶지 않은 사람이 있을까? 여기서 잘 된다는 것은 행복을 말한다. 그 '잘 됨'을 간단하게 표현하면 일종의 '산출(output)'에 해당한다고 말할 수 있다. 세상만사는 "뿌린 대로 거둔다"는 인과관계로부터 예외가 될 수 없다. '투입(input)'이 있어야 '산출'이 나온다. 뿐만 아니라 투입도 최고의 투입이 될 때 최고의 산출이 나올 가능성이 한층 높아질 것이다.

이런 식으로 설명하다 보면 성격적 탁월성은 최고의 산출을 낳기 위한 도구적인 의미로 해석할 수 있고, 실천적 지혜나 철학적 지혜와 같은 지적 탁월성도 최고의 투입을 낳기 위한 도구적인 의미로 해석할 수 있다. 당연히 투입이든 산출이든 최고를 만들어내기 위해서는 최고의 도구나 수단이 있어야 한다. 이런 면에서 "왜, 탁월성이 필요하고 중요한가?"에 대해 그 유용성을 다시 한 번 입증할 수 있다.

> ☙ "설령 실천적 지혜와 철학적 지혜가 만들어내는 것이 아무것도 없다고 할지라도 이들은 그 자체로 반드시 선택해야 할 만큼 가치있다."

아는 것이
다가 아니다

"탁월성은 실천적 지혜와 영리함 사이의 관계와 유사하다. 실천적 지혜와 영리함이 동일한 것은 아니지만 비슷한 것처럼 말이다. '자연적 탁월성'과 '엄밀한 의미에서 탁월성' 또한 그러하다. 사람은 태어날 때부터 정의로운 품성, 절제력 있는 품성, 그 밖의 훌륭한 품성들을 갖는다. 그러나 우리는 더 나은 탁월성, 즉 엄밀한 의미에서의 탁월성을 바라는데, 이것은 자연적 탁월성과 다르다. (……) 의견을 만들어내는 부분에 있어 영리함과 실천적 지혜가 있듯, 품성적인 부분에도 자연적 탁월성과 엄밀한 의미에서의 탁월성이 있다. 이중 엄밀한 의미의 탁월성은 실천적 지혜 없이 얻을 수 없다." 6권 13장 1144b11-8, 1144b14-17

인간은 태어날 때부터 탁월성을 갖고 나는가? 아니면 후천적인 노력을 통해서 탁월성을 만들 수 있는 것일까? 이러한 논쟁은 오래전부터 계속되어 왔다.

아리스토텔레스는 탁월성이 한편으로는 선천적일 수도 있고 또 한편으로는 후천적일 수도 있지만, 완전함의 정도에서는 차이가 있다고 본다. 그는 타고난 특정 품성상태를 '자연적 탁월성(nature virtue)'이라 부르고, 후천적으로 얻은 특정 품성상태를 '엄밀한 의미의 탁월성(virtue in the full sense)'이라 부른다.

인간은 태어나면서부터 각자 다르다. 어떤 사람들은 태어나면서부터 정의, 절제, 용기, 또 그 밖의 훌륭한 품성들을 갖고 있다. 반대로 의롭지 못한 품성, 무절제한 품성, 비겁한 품성처럼 나쁜 품성을 타고나는 사람들도 있다.

다행스럽게도 훌륭한 품성을 타고난 사람들은 '자연적 탁월성'을 가진 사람들이다. 그러나 '자연적 탁월성'을 가진 사람들이 모두 '엄밀한 의미의 탁월성'을 가진 사람들이 되는 데 성공하는 것은 아니다.

품성상태도 사람마다 다른 특성들 중의 하나로 생각하면 재능과 비슷할 것이다. 세상에는 정말 뛰어난 재능을 타고난 사람들이 많지만, 그들 모두가 이러한 재능을 한껏 발휘하는 데 성공하지는 않는다. 우리가 통제할 수 없는 행운이라는 요소를 제외하면 목표를 세워서 그 목표를 향해 얼마나 체계적인 노력을 꾸준히 했는가가 재능의 발휘에 큰 역할을 한다.

아리스토텔레스는 '자연적 탁월성'과 '엄밀한 의미의 탁월성'의 상호 관계에 하나의 연결고리가 있음을 강조하기 위해서 신체와 시력의 관계를 예로 든다. 강건한 신체라 하더라도 시력이 없으면 넘어지는 일이 자주 일어난다.

강건한 신체는 자연적인 품성상태에 해당한다. 그런데 이런 품성상태가 제대로 역할을 다하면서 시력과 같은 '그 무엇'의 도움을 받아야 한다. 탁월성도 똑같이 이해할 수 있다.

여기서 등장하는 핵심 용어가 '지성(nous)'이다. '자연적 탁월성'에다 지성이 더해질 수 있다면 혹은 '자연적 탁월성'이 지성의 인도를 받을 수 있다면 그 사람은 '엄밀한 의미의 탁월성'에 이를 수 있다. 이때 지성은 무엇을 의미하는 것일까?

지성은 첫째, 어떤 행위의 목적에 도달하기 위한 출발점이자 둘째, 개별적인 것들에 대해 옳고 그름 혹은 선과 악을 판별하는 지각(aisthēsis)을 말한다. 그러니까 올바른 목표에 도달하기 위해 올바른 수단과 적절한 시간을 제대로 판단하는 것을 말한다.

이렇게 논의를 전개하다 보면 결국 지성은 실천적 지혜와 동일하다는 사실을 알 수 있다. 결론적으로 아리스토텔레스는 '엄밀한 의미의 탁월성'은 지성 없이는 불가능하며 이때의 지성은 실천적 지혜라고 주장한다.

우리는 여기서 한 가지 미묘한 차이점에 주목해야 한다. 아리스토텔레스의 "엄밀한 의미의 탁월성은 실천적 지혜 없이는 생겨나지 않는 것이다"라는 주장을 "엄밀한 의미의 탁월성이 곧바로 실천적 지혜는 아니다"라고 재해석할 수 있다. 미묘한 차이이긴 하지만 두 문장 사이의 차이는 아리스토텔레스와 소크라테스 및 플라톤 사이의 입장 차이를 드러내고 있던 것이다.

당시에도 여러 철학자들은 "모든 탁월성은 실천적 지혜이다"라는 주장을 폈다. 이들 가운데 대표적인 인물이 소크라테스와 플라톤이다. 아시다시피 소크라테스와 플라톤은 철학사에서 특별한 주지주의(主知主義)의 입장에 섰던 인물들인데, 그들은 '앎과 행위' 혹은 '지식과 탁월성'이 일치한다고 보았다. 탁월성은 잘 아는 것만으로 충분하다고 생각하였다.

소크라테스는 무엇이 올바른지를 아는 사람은 자연히 그것을 행하려 하기 때문에, 인간의 그릇된 행위는 선악이 무엇인지를 모르는 무지(無知)에서 비롯된다고 주장하였다. 그래서 그는 사람이 선악을 분별하는 지성만 가질 수 있다면 누구든지 훌륭한 행위를 할 수 있다고 생각하였기 때문에 무지를 자각하는 것을 곧바로 탁월성(덕)으로 받아들였다.

아리스토텔레스는 '따른(kata)'과 '동반한(meta)'이라는 용어를 사용해서 자신과 소크라테스의 입장이 어떻게 다른지를 구분해서 말해 주고 있다.

소크라테스는 "탁월성은 이성이며, 모든 탁월성은 앎이다"라고 주장하는 데 반해서 아리스토텔레스는 "탁월성은 이성을 동반하는 것이다"라고 주장한다. 아리스토텔레스에게 실천적 지혜는 탁월성에 필수적일 정도로 중요하지만 전부는 아니라는 사실이다.

전부인 것과 동반하는 것 사이에는 차이가 있다. 전부의 경우에는 더이상 다른 것이 필요 없다. 그러니까 소크라테스는 무엇이 올바른지를 아는 것만으로 탁월성을 갖는 데 문제가 없다고 생각한 데 반해서 아리스토텔레스는 올바르게 아는 것도 필요하지만 또다른 것이 추가되어야 한다는 사실을 강조하고 있다.

예를 들어, 잘 아는 것은 물론 중요하다. 그러나 잘 아는 것 못지않게 중요한 것은 '잘 아는 것을 기꺼이 실행하려는 의지를 갖는 것'이고 여기서 한 걸음 나아가 '그 의지를 실행으로 옮기는 것'이다. 이런 점에서 아리스토텔레스의 주장은 소크라테스의 주장에 비해서 더 현실적이고 실용적이며 한 단계 발전된 주장이라 할 수 있다. 아리스토텔레스는 실천적 지혜를 탁월성에 이르는 매우 중요한 '가이드(guide)'로 생각하였다. 실천적 지혜가 가이드라면, 이때 가이드는 어떤 목적을 달성하기 위해 어떤 수단을 선택할 것인지 그리고 어떻게 할 것인지 등과 같은 행위에 대한 안내자 역할을 한다.

그렇다면 우리는 당연히 어떤 목적에 대한 가이드는 누가 맡아야 하는가라는 질문을 던질 수 있다. 앞에서 이미 살펴본 바와 같이 실천적 지혜는 자칫 잘못하면 교활함으로 변질될 수 있다.

따라서 실천적 지혜는 성격적 탁월성에 의해 선하고 좋은 목적을 선택하도록 인도 받아야 한다. 아리스토텔레스는 "탁월성은 목적(telos)을 결정하도록 하고 실천적 지혜는 그 목적에 이바지하는 것들을 행하도록 만든다"라고 말한다.

쉽게 말하자면 '엄밀한 의미의 탁월성'에서 '실천적 지혜'가 차지하는 위상에 대해 소크라테스와 플라톤은 전부라고 생각하였지만, 아리스토텔레스는 필요조건에 지나지 않는다고 이해하였다. 그렇기 때문에 소크라테스와 플라톤에 대한 아리스토텔레스의 평가는 절반은 긍정이고 절반은 부정으로 이루어진다. 아리스토텔레스는 소크라테스와 플라톤이 "모든 탁월성들이 실천적 지혜라고 생각했다는 점에서는 잘못을 범했던 것이다"라고 한 것에 대해 부정적인 평가를 내리고, "모든 탁월성들이 실천적 지혜 없이는 있을 수 없다"라고 한 것에 대해서는 긍정적인 평가를 내린다.

만약에 '자연적 탁월성'을 갖지 않은 사람이라면 '엄밀한 의미의 탁월성'을 성취하는 일이 불가능한 일인가? 이 질문에 대해 아리스토텔레스는 명확한 답을 내놓지 않는다. 전반적인 논조를 미루어볼 때 그는 타고나는 부분에 상당한 비중을 두었을 것으로 추측하지만, 이를 확인할 수 있는 대목은 없었다.

따라서 나는 아리스토텔레스가 '엄밀한 의미의 탁월성'은 반드시 '자연적 탁월성'이 전제되어야 한다는 주장을 펼치지 않았다고 본다. 우리는 특정한 품성상태를 타고나지 않더라도 실천적 지혜와 이를 실행할 수 있는 '영리함'으로 '엄밀한 의미의 탁월성'에 다가설 수 있을 것이다.

종합적으로 아리스토텔레스는 지적 탁월성 가운데서도 유독 실천적 지혜의 중요성과 역할을 강조한다. 그는 "실천적 지혜 하나를 갖추자마자, 모든 탁월성도 가지게 될 것이다"라고 언급하기도 한다.

그럼에도 불구하고 실천적 지혜가 철학적 지혜를 압도하지 않도록 해야 한다. 아리스토텔레스는 의술과 건강함을 그 비유로 든다. 의술은 실천적 지혜를, 그리고 건강함은 철학적 지혜를 말한다. 건강함을 위해 의술이 사용되곤 하지만 의술을 위해 건강함이 사용되는 것은 아니다. 마찬가지로 의술은 건강함을 돕기 위해 존재한다.

우리는 살아가면서 지적 탁월성을 위해 노력해야 하지만 동시에 철학적 지혜를 갖추는 일도 게을리하지 않아야 한다. 이는 우리가 철학이나 문학 그리고 사학과 같은 인문학 공부를 하는 중요한 요인 가운데 하나라 할 수 있다. 당장의 이득에 도움이 되지 않는 것처럼 보이지만 철학적 지혜를 갈고닦는 일은 굳건한 반석 위에서 인생을 당차게 살아갈 수 있는 힘을 준다.

❦ "만약 지성을 갖춘다면 행동에 큰 변화가 있을 것이며 자연적 탁월성은 엄밀한 의미의 탁월성이 될 것이다."

4장

태도가 모든 것이다, 먼저 나를 다스려라

"절제력 있는 사람은 이성이 인도하는 대로 마땅히 욕망해야 할 것을, 마땅히 그래야 할 방식으로, 마땅히 그래야 할 순간에 욕망한다."

감정과 태도에 관련된 성격적 탁월성

'태도가 모든 것이다(Attitude is everything).'

뛰어난 사람들이 떠오르고 또 은막 뒤로 사라지는 것을 지켜보면서 나는 이 말을 한 번 더 되새기곤 한다. 제아무리 영민한 두뇌와 기술을 지니고 있더라도 올바른 태도를 지니고 있지 않다면 자신의 분야에서 오래가기를 기대할 수 없다는 게 반생을 넘어 확고히 깨닫는 지혜이다. 이때의 태도는 아리스토텔레스가 말하는 성격적 탁월성과 연결지을 수 있는 주제일 것이다. 태도에 관해 우리가 추구해야 할 성격적 탁월성은 무엇일까?

정의롭고, 그릇이 크고, 인간관계가 좋고…… 사람마다 삶의 가치에 따라, 가장 중요하게 꼽는 품성상태도 다를 것이다. 그런데 나는 특히 자본주의 사회를 살아가는 숨가쁜 현대인들에게 절제와 용기야말로 가장 절실한 품성상태가 아닐까 한다. 너무나 많은 비교와 유혹이 우리를 둘러싸고 있고 매순간 수많은 선택과 결단을 해야 하기 때문이다. 기회이자 위기인 순간들을 하루하루 잘 살피며 살아가야 한다. 현대의 자기계발서들이 다루는 시간관리와 같은 자기경영의 핵심도 절제를 바탕으로 한다. 또한 도전과 결단을 동기부여 하는 책들 역시 용기라는 탁월성을 전제로 하고 있다.

영화배우 로버트 레드포드를 닮은 준수한 외모, 밑바닥에서 우뚝 일어선 자수성가 스토리, 한 연인과의 감동적인 사랑, 다복한 가정과 아이들…… 이 완벽한 조건들을 갖춘 인물이 있었다. 그는 2007년 미국 민주당 부대통령 후보였으며 대권 도전의 선두 주자로 손꼽혔던 존 에드워즈 노스캐롤라이나 주 상원의원이다.

그의 몰락에는 선거 운동 당시 비디오 촬영 기사와의 불륜이 불씨가 되었다. 무엇보다 자신의 경력을 포기한 채 남편을 위해 평생을 헌신하였던 아내의 암 투병 기간 동안에 일어난 불륜이라 많은 사람들에게 크나큰 충격을 주기에 충분했다.

존 에드워즈처럼 전도양양하던 사람의 실족은 주로 무절제에서 비롯된다. "그렇게 하지 않았어야 했는데"라는 탄성이 흘러나오는 대부분의 사건들은 무절제에 그 뿌리를 두고 있다.

전직, 전업, 투자, 결혼, 신규 프로젝트 등 우리는 살아가면서 '해야하나 말아야 하나'를 두고 깊은 고민에 빠질 때가 있다. 이러한 문제들은 대부분 익숙한 것들과의 이별과 낯선 것들과의 만남을 직면해야 할 뿐만 아니라 실패하였을 때 상당한 위험 부담을 안게 된다. 그래서 이런 선택의 길목에서 너나 할 것 없이 모두 두려움을 느낀다.

맞서기보다는 꽁무니를 빼고 싶거나 누군가 자신을 대신해서 현명한 결정을 내려주기를 은근히 기다리기도 한다. 또 어떤 경우에는 이따금 대범함을 넘어서 무모한 시도를 하기도 한다.

　이런 유형의 문제들을 만났을 때 우리는 용기 있는 사람이 되어야 한다. 용기는 절제와 더불어서 본성적으로 생기게 마련인 두려움이나 대담함 같은 감정들과 관련된 중용이다. 지나침과 모자람이 악덕이라면 용기는 덕에 속한다. 절제, 용기 그리고 온화는 영혼의 비이성적 부분과 관련되어 있으며 주로 감정과 관련된 우리의 태도에 대한 것이다. 이들은 성격적 탁월성의 중요한 부분을 차지한다.

　『니코마코스 윤리학』에서는 3권 6장 '용기'라는 제목의 글에서 시작해서 성격적 탁월성을 이루는 유형들이 하나하나 다뤄지는데, 성격적 탁월성의 다양한 유형에 대한 설명이 마무리되는 곳은 5권이다.

　평소에 망설임을 넘어 용기를 발휘해야 할 때면 "시도하지 않으면 아무것도 얻을 수 없다"는 다짐을 자주 나 자신에게 들려준다. 또 절제와 관련해서는 "모든 것을 가질 수 없고 모든 것을 누릴 수 없다"는 말을 자주 스스로에게 되뇐다. 명예든, 돈이든, 권력이든 무언가를 누리려면 먼저 스스로 어떤 비용을 지불해야 하는가를 자신에게 물어본다. 비용 지불을 원하지 않는다면 편익을 누리는 일도 포기하면 된다. 나는 자주 선택은 나의 몫임을 나 자신에게 분명히 주지시킨다.

그래도 희망을 갖고
계속 나아가라

"용감한 사람은 두려워할 수도 있다. 하지만 올바른 방식으로, 또 이성이 지시하는 대로 고귀한 것을 위해 두려움을 견뎌낼 것이다. 왜냐하면 두려움을 견뎌내는 것이야말로 탁월성의 목적이기 때문이다. (……) 용감한 사람은 마땅히 두려워해야 할 것을, 마땅히 두려워해야 할 동기 때문에, 마땅히 그래야 할 방식과 마땅히 그래야 할 때 견뎌내고 두려워한다. 왜냐하면 용감한 사람은 자신이 직면하는 사안에 알맞게, 또 이성이 그를 인도하는 방식으로 느끼고 행동하기 때문이다." 3권 7장 1115b12-14, 1115b18-20

지금껏 살아오면서 나는 막 40줄에 들어서서, 밀려나듯이 조직을 떠나야 했던 때가 가장 두려운 순간이었다. 마음은 물론 금전적으로도 별다른 준비가 되어 있지 않았기 때문이었다. 바깥세상에서도 살아갈 방도가 있긴 하지만 준비 없이 조직을 떠나야 하는 상황에 처하면 누구라도 차분히 전후를 따지기가 쉽지 않다. 그 어느 때보다 용기가 절실히 필요한 시점이었고 다행스럽게도 내가 할 수 있는 한 최선의 용기를 발휘해서 위기를 잘 넘겼다.

성격적 탁월성의 첫 번째 유형은 바로 '용기'이다. 모든 인간은 불명예, 가난, 병, 고독, 죽음 등을 두려워한다. 이러한 인간적 두려움과 공포 앞에서 용감한 사람, 무모한 사람 그리고 비겁한 사람들 사이에는 어떤 차이가 있는 것일까?

아리스토텔레스에 따르면 용감한 사람은 "마땅히 두려워해야 할 것을, 마땅히 두려워해야 할 동기 때문에, 마땅히 그래야 할 방식과 마땅히 그래야 할 때 견뎌내고 두려워 하는 사람"이며, 또한 "마찬가지 방식으로 대담한 마음을 갖는 사람"을 뜻한다.

반면 두려움에 있어서 지나친 사람은 비겁한 사람이고 대담함에 있어서 지나친 사람은 무모한 사람이다. 그러니까 중용은 '용감한 사람'이고, 나머지 두 극단에는 '비겁한 사람'과 '무모한 사람'이 위치해 있다.

아리스토텔레스가 용기의 대표적인 사례로 드는 것은 공동체의 안전을 위해 전쟁에 나가는 병사들의 죽음이다. 고대 그리스의 도시국가들은 국가의 명운과 시민의 재산과 생명을 걸고 끊임없이 전쟁을 치러야

6.25전쟁 전사들의 비석 6.25전쟁 참전용사들이 잠들어 있는 국립현충원의 모습. 목숨을 내걸고 나라와 민족을 위해 전장으로 떠났던 이들이 있었기에 오늘의 우리가 존재할 수 있다.

했다. 병사들은 자신이 죽을 수 있다는 사실을 알면서도 스스로 사지(死地)인 전쟁터로 나간다. 아리스토텔레스는 이들의 죽음을 두고 "가장 크고 가장 고귀한 죽음"이라고 말한다. 죽음만큼 사람에게 두려운 것이 없기 때문이다.

그는 플라톤과 달리 영혼의 불멸성을 믿지 않았으며, 그에게 죽음은 육신의 소멸과 함께 영혼의 소멸을 뜻한다. 죽음에 대해 그는 "가장 두려운 것은 죽음이다. 죽음은 끝(peras)이며, 죽어버린 자에게는 좋은 것이나 나쁜 것이나 아무것도 없는 것과 같다"라고 말한다. 이처럼 모든 것이 끝나버리는 죽음을 어느 누가 두려워하지 않겠는가?

그런데 죽음이라 해서 모두 같은 게 아니다. 아리스토텔레스는 자살에 대해서도 명쾌한 시각을 드러낸다. 그 어떤 상황에서도 스스로 목숨을 끊는 일은 비겁한 행동을 지적한다. 용감한 사람은 두려운 것들과 맞서 참아내지만 비겁한 사람은 참아내지 못한다는 것이다. 그는 가난함 때문에 혹은 성적인 열망 때문에 혹은 불명예와 같은 고통을 벗어나기 위해 죽음을 스스로 선택하는 것은 비겁하다고 이야기한다. 이따금 인간적인 불명예나 치욕적인 상황을 피하기 위해 죽음을 선택하는 사람들에 대해 동정심을 가질 수 있지만 필요 이상으로 이들을 추모하는 일은 비겁한 사람을 추모하는 것과 다르지 않다고 생각한다.

이따금 우리 사회에서도 자살을 지나치게 미화하는 경우가 있는데 이는 바람직하지 않다. 고생스럽든 불명예스럽든 삶은 어떤 경우에도 계속되어야 하는 것이기에 아리스토텔레스는 자살이 유약한 것은 물론이고 나쁜 것임을 분명히 한다.

"고통스러운 일에서 도피하는 것은 유약함이다. 그렇게 행동하는 사람은 고귀하기 때문에 죽음을 받아들이는 것이 아니라, 나쁜 것으로부터 도망치려고 죽음을 수용한다." 3권 7장 1116a13-15

한편 용감한 사람과 무모한 사람 사이에도 뚜렷한 차이가 있다. 무모한 사람들은 자신의 능력을 과신해서 평소에는 뻥뻥거리며 큰소리를 친다. 하지만 실제로 위기가 닥치면 두려움을 견디지 못하고 줄행랑을 친다. 또한 그들은 대책을 제대로 세워서 준비하는 법이 없다. 그러니 이들을 '무모한 겁쟁이'라고 불러도 무리가 아니다. 어떤 사람이 지나치게 용감한 것처럼 허세를 부릴 때면 그는 용감한 사람이 아니라 무모한 사람임을 알아야 한다.

반면에 비겁한 사람은 두려워할 필요가 없거나 두려워해선 안 되는 것들에 대해서까지 지나치게 두려움을 드러낸다. 그들은 현재 겪고 있거나 앞으로 예상되는 고통을 과도하게 두려워한다. 주변 사람들도 이들이 전전긍긍하는 것을 알아차릴 수 있을 뿐만 아니라 대개 그들의 태도에 전염되기도 한다.

한편 용감한 사람은 자신이 용기를 발휘하는 활동의 목적이 고귀한 것임을 알고 있다. 고귀한 목적을 위해서 그는 참고 견디며 용기를 발휘하고 때로는 목숨을 걸기도 한다. "용감한 사람은 인간으로서 할 수 있는 한 기(氣)가 꺾이지 않은 사람이다"라는 아리스토텔레스의 말은 한 인간이 한평생을 어떻게 살아가야 하는가에 대한 귀중한 메시지로 들린다.

예를 들어, 가난에 대한 용기는 어떤 것을 말하는 것일까? 우리는 가난하거나 가난해지는 것을 걱정하거나 두려워해야 한다. 이렇게 하는 것이 용감한 사람이 취할 행동이다. 왜냐하면 가난은 자신의 운명을 타인의 선의에 맡기거나 타인에게 도움을 청하는 딱한 상황에 처하게 할 가능성을 높이기 때문이다. 그러나 그 두려움이 지나친 나머지 비굴해진다거나 지나치게 주눅이 든다면 이는 용기 있는 행동이 아닐 것이다.

따라서 용감한 사람이라면 그저 걱정만 할 것이 아니라 가난을 벗어나서 경제적 자립이라는 고귀한 목표를 성취하기 위해 숙고해야 한다. '어떻게 하면 가난을 벗어날 수 있을까?'라는 질문에 대한 답을 집요하게 찾아야 한다. 숙고의 결과 여러 가지 실천 가능한 대안들이 마련된다면 이들 가운데 적합한 것을 합리적으로 선택하여 실행에 옮겨야 한다. 그것도 임박해서 허둥대는 것이 아니라 미리 준비해야 한다.

비겁한 사람들이 의기소침해 하는 데 반해서 용감한 사람들은 희망을 갖고 계속해서 나아간다. 그리고 용감한 사람들은 행동을 취해야 할 때는 미적거리지 않고 빠르고 강렬하게 행동한다. 그들은 가난을 벗어나는 일이 고생스러운 것을 알지만 고결한 목표를 위해 이성적으로 행동하는 것이 당연하다고 생각하고 이를 적극적으로 실천에 옮기는 사람들이다.

이따금 집안의 반대나 경제적인 사정 때문에 목숨을 끊는 젊은 연인들에 관한 뉴스가 전해진다. 사랑하는 이들에게 비겁함이란 무엇이며, 용기란 무엇인가? 사랑하는 사람들이 함께할 수 없다는 역경 앞에 목숨을 끊는 일은 비겁한 일이다. 이들에게 고귀한 목표는 역경을 넘어서 오래오래 함께하는 삶을 성취하는 일이다. 그렇다면 이들은 이성의 인도, 즉 숙고와 합리적 선택을 통해서 어려움을 극복해 가는 길을 선택해야 한다. 단지 힘들거나 나쁜 것을 피하기 위해 극단적인 행동을 해서는 안 되며, 고통스럽더라도 고귀한 것을 성취하기 위해 행동해야 한다. 전자는 함께 죽는 일이지만 후자는 함께 어려움을 이겨내는 일이다.

영국의 BBC방송은 31년 만에 국경을 넘어 사랑을 이룬 60대의 남녀를 소개한 바가 있다. 북한에 유학한 베트남 남성 팜논칸 씨와 북한 여성 이영희 씨는 1971년 7월에 처음 만나 사랑을 싹틔웠다. 그런데 팜논칸 씨가 베트남으로 돌아가면서 두 사람은 1년 6개월간의 연애를 끝으로 기약 없는 이별에 들어갔다. 2001년 30여 년 만에 다시 만날 때까지 그들은 한없는 그리움과 곱지 않은 주변의 시선을 이겨내며 마침내 재회하였다.

자유아시아방송(RFA)과의 인터뷰에서 이영희 씨는 "헤어질 때 다시 만나지 못할 거라고 생각하면서도 마음을 돌이키지 못해 다른 사람과 결혼할 수 없었다. 남편도 30년 동안 나에게 편지를 썼다"라고 회고했다. 사랑은 쉬운 길로 갈 수도 있지만 이처럼 역경을 견뎌내는 것이기도 하다.

사랑뿐이겠는가? 우리가 인생에서 만나는 낙방, 질병, 이별 등 수많은 역경들 앞에 어떻게 행동하느냐에 따라 우리는 용기 있는 사람, 비겁한 사람, 무모한 사람이 될 수 있다. 어떤 경우에도 고결한 목표를 세우고 숙고와 합리적 선택에 따라 꾸준하게 노력하는 사람이야말로 진정으로 용감한 사람이라 할 것이다.

뚜렷한 한 가지 삶의 원칙, 즉 "나는 언제 어디서나 당장의 편안한 길, 쉬운 길 그리고 불의한 길을 선택하지 않겠다"라는 원칙을 세워보자. 이런 원칙에 따라 미루지 않고, 피하지 않고 정면으로 맞부딪치면서 살아가다보면 용기도 차곡차곡 쌓여간다.

세월의 지혜는 기쁜 일은 기쁜 대로 슬픈 일은 슬픈 대로 그 나름의 의미가 있었음을 가르쳐주었다. 이렇게 생각하는 것이 막상 어려운 일을 당한 사람에게 쉽지는 않겠지만 전 생애를 통하여 다양한 색깔의 물감으로 나만의 화폭을 채워간다고 생각해 보면 어떨까? 삶을 바라보는 관점의 변화만으로 우리는 역경을 능히 극복할 수 있는 용기를 가질 수 있다. 되돌아보면 놀랍게도 모든 삶의 순간들은 저마다의 '의미'가 있었다. 이런 사실을 인생의 초년에 알고 있었더라면 삶을 훨씬 유쾌하고 담대하게 살 수 있었을 것이란 생각을 해본다.

🎐 "용감한 사람은 인간으로서 할 수 있는 한 기가 꺾이지 않는 사람이다."

용기 있는 척하지 말고
진정 용기 있는 사람이 되라

"위험이 명확하게 예상된 상황에서보다 전혀 예상치 못한 상황 속에서도 두려워하지 않고 흔들림 없는 것이 더 용감한 사람의 징표이다. 그런 행위는 준비로 만들어졌을 가능성보다는 품성상태로부터 비롯되었을 가능성이 더 크기 때문이다. 사실 미리 두려움이 공공연하게 드러나는 경우라면 누구나 이성적으로 판단하고 예측하여 합리적으로 반응을 선택할 수 있지만, 전혀 예상치 못한 돌연한 상황에서 보이는 사람의 행동은 품성상태에 따라 결정된다." 3권 8장 1117a17-22

1914년 8월 1일, 유명한 극지 탐험가인 어니스트 섀클턴은 '인듀어런스 호'를 이끌고 런던을 출항하여 남극 대륙 횡단에 나섰다. 그러나 남극권의 마지막 관문인 사우스조지아 섬의 포경기지를 출발한 이후 1,600킬로미터 지점에서 얼음에 갇혀 오도 가도 못하는 상태에 빠져버린다. 그런 상황에서 섀클턴은 욕심을 내서 탐험을 계속하기보다는 후퇴를 결정한다. 이 결정을 두고 『인듀어런스』의 작가 캐롤라인 알렉산더는 "실로 용기 있는 행동이었다"라고 평가하였다.

　용기를 발휘하는 것은 상황을 고려하지 않고 무조건 앞을 향해 나아가는 것을 뜻하지는 않는다. 포기해야 할 때 포기하는 것도 용기다. 즉 1보 전진을 위한 1보 후퇴인 셈이다.

　세상에는 진짜 용기를 발휘하는 것이 있는 반면에 용기가 있는 것처럼 가장하는 경우도 있고, 무모함을 발휘하는 경우도 있다.

　겉으로 용기처럼 보이기도 하지만 참된 용기와 거리가 먼 다섯 가지가 있다. 이것들을 사람들은 흔히 용기라고 부르지만 진정한 용기는 아니다. 바로 전사의 용기, 용병의 용기, 분노(thymos, 격정), 낙관적인 행동, 무지에서 오는 행동이다.

　전사의 용기는 어떤가? 만일 전사들이 공포심이나 수치심 때문에 강요된 용감함을 발휘하는 경우는 참된 용기라 할 수 없다. 포화가 쏟아지는 전쟁터에서 끝까지 전열을 유지하지 않으면 처벌하겠다는 명령 때문에 전사들이 용기를 발휘하는 척한다면 이는 진정한 용기가 아니다. 이런 용기에 대해 아리스토텔레스는 "용감한 행동은 강제 때문이 아니라 그런 행동이 고결하기 때문에 행해져야 한다"라고 말한다.

예를 들어 치열한 경쟁 시장에서 연구개발에 임하는 연구원들의 경우를 보자. 전쟁터를 방불케 하는 시장에서 살아남기 위해 기업은 그들로 하여금 연구에 열중하도록 '강제하는' 여러 가지 경영 도구를 활용할 것이다. 이를테면 업무 성과에 따른 평가 시스템과 차등화된 성과급 제도 등이 있을 수 있다. 또 어떤 경우에는 결과에 따라 문책을 할 수도 있다.

한편 연구원들 중에는 이러한 평가나 보상 시스템을 떠나 자신의 연구 자체에 대해 깊은 신념을 가진 연구원들도 있을 것이다. 이를 테면 자신의 분야에서 한 획을 긋는 연구개발을 이루어낸다는 목적 자체에 의미를 부여하는 사람들 말이다. 이들이야말로 강제나 두려움 때문에 자신의 일에 매진하는 사람들과 달리 용감한 사람들이라는 표현을 사용할 수 있다.

다음으로 돈을 받고 전쟁을 치르는 용병들은 어떤가? 용병들은 왜, 용감한 사람처럼 보이는가? 그들은 풍부한 전투 경험을 바탕으로 두려워할 필요가 없는 공포의 대상이 무엇인지를 정확히 안다. 게다가 그들은 성능이 뛰어난 무기까지 소유하고 있기에 용감한 사람들처럼 보일 수밖에 없다.

그러나 막상 전투가 진행되어 실제 상황이 자신들이 기대한 대로 돌아가지 않을 때는 정규 군인과 다른 행동을 보인다. 정규 군인에게 퇴각해서 목숨을 부지하는 것은 불명예지만, 용병들에게는 불명예라는 단어가 존재하지 않는다. 그들의 주요 관심사는 죽음을 면하는 일뿐이다. 이처럼 용병들은 다른 병사들에 비해 다양한 전쟁 경험을 갖고 있기 때문에 마치 용기가 있는 것처럼 보이지만 이 또한 진정한 용기라 할 수 없다.

여기서 아리스토텔레스는 자신과 소크라테스가 어떻게 다른가를 살짝 지적한다. 용병들의 용기는 각각의 '전투 경험'과 같은데, 소크라테스에게 용기는 풍부한 '전투 경험'과 같은 앎이다.

여기서 우리는 중요한 사실에 주목해야 한다. 우리가 경험하는 두려움에는 실제로 두려워해야 할 것들도 있지만, 두려워하지 말아야 할 것들도 있다. 그런데 두려워하지 말아야 할 것들에 대해서도 두려움을 느끼는 이유는 무엇일까? 우리가 직업 세계나 생활에서 느끼는 두려움의 상당 부분은 경험해 보지 못한 생소한 일이기 때문에 느끼는 것들이다. 그러니까 경험하고 나면 별 것 아닌데 경험해 보기 전에는 두려움을 심하게 느끼는 것이다.

예를 들어, 군 입대를 앞둔 사람들이나 신병들은 군대의 여러 가지 상황을 직접 경험해 보지 않았기 때문에 고참 병사들에 비해서 쉽게 두려워한다. 이 점에 대해 아리스토텔레스는 "전쟁에는 사실 두려워할 필요가 없는 공포의 대상들이 많이 있는데, 경험을 통해 이것들을 가장 잘 알고 있는 사람들이 용병들이다"라는 이야기를 한다.

이런 두려움을 피하고 진정으로 용감한 사람이 될 수 있는 실용적인 방법이 있다면 두려움의 실체를 정확히 이해하는 일이다. 사람은 누구나 경험해 보지 않은 일에 대해 두려움을 느낀다는 사실을 기꺼이 받아들이는 것이다. 그리고 스스로 생소한 일에 대한 두려움을 크게 부풀리지 않도록 노력하는 자세가 필요하다. 처음 해보는 일을 앞두고 두려움이 한여름 뭉게구름처럼 머릿속에 생겨나기 시작할 때면 이렇게 해보면 어떨까? 내가 주고 싶은 조언은 두려움을 직시하라는 것이다.

"무슨 일이든 처음에는 두려움이 있어요. 예전에도 그랬잖아요. 한번 깊이 생각해 보세요. 이제껏 그런 두려움들 가운데 상상이 아니라 실제로 문제를 일으킨 경우가 있었던가요? 거의 없었어요. 한 번 두 번 하다

보면 지금 느끼는 두려움이 없어질 테니까 일단 가능한 일부터, 작은 것부터 차근차근 해봐요."

분노(thymos, 격정)는 어떤가? 분노 때문에 씩씩거리면서 행동하는 사람들도 언뜻 용감한 사람들처럼 보인다. 그러나 동물이나 아이들도 분노할 때는 비슷하게 행동한다. 용감한 사람들의 행동에서 주(主)는 고귀한 목표이고 종(從)은 분노다. 다시 말하면 용감한 사람들은 "고귀한 것 때문에 행위하며, 분노는 그들을 옆에서 거든다"라고 말할 수 있다. 반면 짐승들은 고통 때문에 행위하는데, 그 이유는 상처가 났거나 두렵기 때문이다. 그러므로 고통이나 상처가 가져다준 분노 때문에 '돌격 앞으로!' 돌진하는 용기는 진정한 용기와는 다르다.

아리스토텔레스는 재치 있는 비유를 든다. 만일 분노 때문에 돌진해 나가는 사람을 용감한 사람이라 할 수 있다면 배고픔 때문에 먹이를 향해 돌진하는 당나귀 역시 용감하다고 말해야 할 것이라고 말한다. 이런 당나귀를 두고 용감한 당나귀라고 말하지 않는 것처럼 분노 때문에 돌진하는 사람은 용감한 사람이라 하지 않는다.

그러면 분노는 언제 진정한 용기가 될 수 있을까? "합리적 선택과 왜 용기를 내야 하는지와 같은 목적이 추가될 때 참된 용기가 되는 것 같다"라고 한다.

나는 분노를 '건설적 분노'와 '파괴적 분노'로 나누고 싶다. 분노를 표하지 않는 사람이 항상 좋은 사람일 수는 없다. 이는 어쩌면 무관심하고 비겁한 경우일 수도 있다. 그만큼 때로는 건설적 분노를 제대로 표출하는 일이 필요하다. 일에서든 생활에서든 건설적 분노는 분노에 합리적 선택과 고귀한 목표가 추가되는 것을 말한다.

예를 들어, 어떤 사람이 유능한 인재임에도 불구하고 단지 학벌이나 출신 때문에 자신의 능력과 달리 부당한 대우를 받고 있다고 가정해 보자. 그는 당연히 자신에 대한 부당한 처우에 분노를 느껴야 하고 이를 바로잡기 위해 시간을 두고 적절한 조치를 취하거나 스스로 더욱더 노력할 수 있다. 이는 건설적 분노를 제대로 활용한 경우에 속한다.

윤봉길 의사 그는 일제의 만행 앞에 분노했고, 조국 독립이라는 고귀한 목표를 위해 스스로 목숨을 바쳤다. 홍커우 공원에서 일으켰던 거사 3일 전 한인애국단 선서식에서 찍은 사진이다.

누군가 마땅히 분노해야 할 때 여기에 무관심한 사람보다 분노에 고귀한 목표와 합리적 선택을 조합해서 적절한 행동을 취하는 사람들이 진정한 용기를 가진 사람들이다. 윤봉길 의사나 마틴 루터 킹 목사와 같은 인물들은 분노해야 할 시점에서 고귀한 목표를 위해 합리적 선택을 조합한 사람들이다. 그들은 건설적 분노를 표한 사람들이자 진정한 용기를 가진 사람들의 대표 사례로 꼽을 수 있다.

반면에 파괴적 분노는 그냥 화를 낼 뿐, 여기에 숙고나 합리적 선택 그리고 고귀한 목표가 뒤따르지 않는다. 파괴적 분노는 우리가 흔히 관찰하는 자극-반응과 같은 것이다. 누군가 우리를 불편하게 만들면 순간적으로 기분이 나빠지는데 이때 참지 못하고 화를 벌컥 낼 때가 있다. 예를 들어, 지하철이나 길거리에서 누군가 내 어깨를 치고 갔을 때 기분이 나쁘다는 이유로 화를 내고 싸움을 일으킨다면 이는 파괴적 분노이다. 이런 경우는 분노를 다루는 등급 면에서 하수(下手)에 속할 뿐 이들을 두고 용기 있다고 하지 않는다.

건설적 분노는 반드시 고귀한 목표와 합리적 선택이라는 이성의 인도를 받아야 한다. 이성이 명하는 바에 따라 싸우는 것이 아니라 감정에 따라 싸우는 경우라면 용기나 용감한 사람이라는 표현을 사용할 수 없다.

한편 낙관적인 행동은 어떤가? 아리스토텔레스는 낙관적인 사람에 대해 '희망을 가진 사람들(euelpis)'이라는 표현을 사용한다. 낙관적인 생각을 갖고 행동하는 것은 좋다. 그러나 낙관이 반드시 용기와 동의어는 아니다. 자신이 예상한 대로 상황이 진행될 때에야 낙관적인 사람들은 용감한 듯 보인다. 하지만 '용감한 사람처럼 보이는 것'과 '용감한 사람'을 분명히 구분할 수 있어야 한다.

낙관적인 사람이라 할지라도 예상하지 못한 상황이 돌발적으로 발생하면 크게 흔들리곤 한다. 이때 사람의 됨됨이가 드러난다. 예기치 못한 상황이 발생할 때 어쩔 줄 모르고 당황한다면, 이들은 진정한 용기를 가진 사람들이 아니다.

사실 사람의 진면목은 급박한 상황에 처해봐야 알 수 있다. 평소에 대범하게 보이는 사람도 긴박한 순간에 마음의 평정을 잃고 어쩔 줄 몰라하는 경우가 많다. 진정한 용기를 가진 사람은 돌연한 상황에서도 평정심을 유지하는 사람들이다.

아리스토텔레스는 용감한 사람과 그렇지 못한 사람은 사전에 충분히 예상한 경우보다는 전혀 예상치 못한 경우에 더욱 쉽게 판별할 수 있다고 말한다. 예상한 두려운 일들은 여러 가지 준비를 통해서 대비할 수 있지만 예기치 못한 일들이 발생하였을 때는 자신이 갖고 있던 품성상태로부터 용기가 발휘되기 때문이다.

예를 들어, 갑작스러운 실직이나 퇴직 등을 당했을 때 사람마다 여기에 대한 반응이 제각각이다. 그런데 이때의 반응은 이성이나 의도적인 노력의 결과에 의해서라기보다는 한 사람이 오랫동안 만들어왔던 품성 상태에 크게 좌우된다.

실직에 대해 어쩔 줄 몰라하면서 무너져 내리는 사람이 있는 반면에 자신의 상황을 냉정하게 파악하고, 실직을 불가피한 것으로 받아들인 다음 새로운 목표를 세워서 구체적인 방법을 합리적으로 선택하여 실천에 옮기는 사람들도 있다. 이들은 자신의 불행을 누구의 탓으로 돌리지 않으며 벌어진 일을 되돌릴 수 없음을 잘 안다. 이들은 일단 행동을 취해야 한다고 판단하면 옛날을 되돌아보지 않고 빠르고 강력하게 추진해 나간다. 이들이야말로 용감한 사람이다.

마지막으로 무지에서 오는 행동은 어떤가? 어떤 사건이나 상황이 얼마나 위험한지를 모르는 상태에서는 용감한 사람이 될 수 있다. 그러나 객관적인 정세에 대해 정확히 알면 두려움에 압도될 수 있다. 어느 순간 자신이 막연히 그럴 것이라고 믿었던 것과 정반대임을 아는 순간 줄행랑을 쳐버리는 경우도 있다. 때로는 모르는 것이 약이다. 영원히 모를 수 있다면 말이다. 전쟁 중에 이런 경우가 드물지 않게 발생한다. 적의 전력을 잘 알지 못하는 상황에서는 용맹했던 사람들이라도 적의 전력이 얼마나 막강한지 알고 나면 언제 그랬냐는 듯이 돌변하는 경우가 많다.

생활인으로서도 이런 사람들을 자주 목격할 수 있다. 살다 보면 예기치 않은 도전 과제나 위기를 만날 수 있다. 이럴 때일수록 용감한 사람은 뒤로 물러서지 않고 이왕 벌어진 일이니 한번 맞붙어보자는 굳센 의지를 갖고 대한다. 사실 살면서 우리가 예상할 수 없는 일들이 얼마나 많은

가? 삶에서 우연적인 요소가 불가피하다는 사실을 받아들이고 문제를 정면으로 해결하려는 적극적인 자세를 가지는 사람은 그런 용기, 의지 및 행동력 자체가 대단한 자산이다.

이제까지 이야기한 다섯 가지 경우는 진짜 용기와 가짜 용기를 구분하는 데 도움이 될 것이다. 우리는 용기 있는 사람처럼 보이지 않도록 해야 하고, 진정으로 용기 있는 사람이 될 수 있어야 한다.

🌿 "진정으로 용감한 사람은 인간에게 정말로 두려운 것들과 두려운 것처럼 보이는 것들을 모두 견뎌낸다. 그것이야말로 고귀한 일이기 때문이다."

용기는 고통과 가깝지만
즐거움과는 멀다

"용기는 대담함(confidence)과 두려움에 관계하지만 이 둘과 똑같은 정도로 비슷한 것은 아니다. 용기는 두려움을 일으키는 상황과 더 깊은 관련이 있다. 두려움에 직면해서 흔들림이 없거나 올바른 태도를 가진 사람은 대담함을 발휘해야 하는 상황에서 그렇게 하는 사람보다 더 용기가 있는 사람이기 때문이다. 고통을 참아낼 수 있는 사람이야말로 용기 있는 사람이라 불린다. 따라서 용기는 고통을 동반하는 것이기에 칭찬받는 것이 마땅하다. 그 이유는 즐거움을 억제하는 것보다 고통스러운 것을 참아내는 일이 더 어렵기 때문이다." 3권 9장 1117a28-1117b2

언젠가 인터넷에서 화제가 되었던 세계적인 발레리나 강수진 씨의 발 사진을 본 적이 있다. 사진을 보고 정말 깜짝 놀랄 수밖에 없었다. 한 마리 백조처럼 우아하고 아름다운 발레리나의 모습에서는 도무지 상상할 수 없는 참혹하게 일그러지고 상처가 난 발이었다. 타고난 재능이 있어 어린 시절 모나코 유학을 시작으로 일찌감치 세계 무대로 비상했지만, 그런 그녀에게도 무명의 공포와 이국땅에서의 삶이란 두려움이 있었다. 세계적인 무용수들 틈에서 유일한 동양인으로 자신의 존재감을 심어야 한다는 것은 말처럼 쉬운 일이 아니었을 것이다. 그 힘겨운 시절을 버티게 한 힘은 바로 발이 짓이겨질 정도의 혹독한 연습이었다. 그녀의 이야기를 접하며 무엇보다 나는 한 인간의 진정한 용기에 대해 생각하게 되었다.

　용기는 두려움과 밀접하게 관련되어 있다. 누구든지 두려움을 느끼는 사건이나 상황에서 고통을 경험하는데, 보통사람이라면 가능한 한 고통을 피하려 한다. 이 과정에서 많은 사람이 비겁한 사람이 되고 만다. 반면 그런 두려움 속에서도 자신이 세운 고귀한 목적을 위해 마음의 평정을 잃지 않고 고통을 참고 견뎌내는 사람들이 있고, 이들이야말로 용감한 사람이라 할 수 있다.

　용기가 즐거움과 밀접하게 관련되어 있다면, 누구든 용감한 사람이 될 수 있다면 즐거움은 누구나 선택할 수 있을 만큼 쉽고 편안하기 때문이다. 그러나 용기는 즐거움과 함께하는 경우가 극히 드물고 오히려 많은 순간 고통을 참아내야 하는 만큼 용감한 사람은 소수일 수밖에 없다.

용기와 고통은 가깝고, 용기와 즐거움은 멀다. 탁월성을 특정한 품성 상태로 이해한다면 그런 품성상태에 도달하는 것은 일정한 경지에 도달하는 것을 말한다. 일단 그런 경지에 도달하고 나면, 그 다음부터는 즐겁고 유쾌하다. 하지만 그런 경지에 도달하기 전까지 노력하는 과정에는, 용기와 고통이 동행한다.

아리스토텔레스는 용기와 고통 그리고 즐거움의 상호관계를 설명하기 위해 권투 선수의 예를 든다. 권투 선수는 승리라는 영광을 얻기 위해 힘들게 연습을 한다. 또한 그는 링 위에서 상대방과 격렬하게 주먹을 주고받는다. 힘든 연습, 링 위에서의 치열한 접전, 경기 전의 긴장, 강적을 만났을 때의 두려움 등을 즐거움으로 받아들이는 선수들도 있겠지만 대부분은 고통을 느낄 것이다. 그럼에도 불구하고 그들은 승리의 월계관이나 명예라는 목적을 얻기 위해서 고통을 참아내면서 용기를 발휘한다.

권투 선수뿐만 아니라 각 분야에서 대단한 업적을 남기는 데 성공한 사람들의 이야기를 접할 때면, 우리는 그들의 명예나 영광에만 주목한다. 어떤 경우 그들의 용기 있는 행동은 마치 즐거워서 그렇게 한 것처럼 보이기도 한다. 하지만 우리가 진정으로 주목해야 할 것은 영광의 월계관을 쓸 때까지 그들이 지불했던 고통이다.

나는 반짝 스타가 아니라 수십 년 동안 자신의 존재감을 드러내는 유명인들의 모습에 관심이 많다. 잠시 동안 인기를 누리는 일도 어렵지만 수십 년 동안 그런 인기를 유지해 나가는 일은 정말 어려운 일이다. 그런 노장들은 손쉬운 즐거움을 가까이하는 사람은 아닐 것이다. 그들은 소소한 즐거움이나 유혹으로부터 자신을 잘 관리한 사람들이라 할 수 있다. 유혹으로부터 거리를 두고 자신만의 페이스(pace)를 잃지 않기 위해 끊임없이 노력하는 일은 한편으로 즐거운 일일 수도 있지만 끊임없이 자제하고 인내해야 한다는 점에서 상당한 고통을 동반한다. 그런 점에서 용감한 사람이라 불러도 손색이 없을 것이다.

테니스 스타 크리스 에버트는 17년간의 선수 생활 동안 무려 18차례나 그랜드 슬램 타이틀을 거머쥘 정도로 뛰어난 선수였다. 그녀는 1,309승 146패로서 전 세계 남녀 선수를 통틀어서 가장 뛰어난 승률을 가진 선수이며, 한 번도 랭킹 4위 이하로 떨어진 적이 없었다. 이러한 업적이 가능한 것은 그녀가 정상권을 유지하기 위해 즐거움을 반납하고 유혹을 멀리할 수 있을 만큼 자기관리에 철저하고 단호한 인물이었기 때문이다. 무엇보다 매 시합마다 치러야 했던 실패에 대한 공포, 패배에 대한 두려움을 이겨낸 용기 있는 사람이었기 때문이다. 패배를 다루는 데 있어 한 사람의 품성, 즉 용기와 담대함이 얼마나 중요한지를 크리스 에버트는 다음과 같이 말한다.

"만일 당신이 승리와 패배에 똑같이 반응할 수 있다면, 그것은 대단한 성취이다. 테니스 선수를 그만두고 난 다음에는 현역 선수생활보다 훨씬 긴 삶을 함께해야 하기 때문에 이런 품성은 매우 중요하다."

한편 개인적인 이득이 따르지 않을 뿐만 아니라 자칫 잘못하면 박해를 받거나 목숨까지 잃을 수도 있는 상황에서 큰 용기를 발휘하는 사람들도 있다. 그들에게도 부상과 죽음은 극도로 고통스럽고 내키지 않는 일이지만 그들은 견뎌낸다. 독재정권 하에서 민주주의를 위해 투쟁한 사람들, 나라가 식민지가 되었을 때 독립을 위해 일어섰던 애국지사들, 믿음의 전파를 위해 목숨을 던졌던 순교자들은 모두 고귀한 목표를 이루기 위해 죽음과 부상에 대한 두려움을 이겨내고 고통을 견딘 사람들이다.

하지만 용기는 위대한 전사나 순국선열에게만 해당하는 이야기가 아님을 강조해 두고 싶다. 자신이 정한 목표를 달성하기 위해 게으름을 참아내고, 유혹을 참아내고, 소소한 쾌락을 참아내는 일은 우리가 일상생활에서 늘 경험하는 일이다. 쉽고 편안한 길은 선택하기 쉽지만 어렵고 힘든 길은 선택하기 힘들다.

편안한 주말 오후에 짧은 생각이 머리를 스쳐 지나갔다.

"이렇게 또 한 번의 토요일이 흘러가고 또 한 번의 일요일이 흘러간다. 그렇게 주말이 끝나고 늘 그렇듯이 새로운 한 주가 시작되고 또 한 주가 끝나는 일상이 반복된다. 그러나 한 10년이 지나고 나면 그동안 어떻게 보냈는가에 따라 좁힐 수 없을 만큼 큰 격차가 난다."

늘 반복될 것처럼 보이는 시간의 흐름이지만, 진정으로 용감한 자가 될 것인가, 아니면 비겁한 자가 될 것인가. 우리는 일상생활의 굽이굽이마다 그런 선택의 기로에 선다. 그리고 그런 결정의 이면에는 손쉬운 즐거움을 선택할 것인가 아니면 당분간의 고통을 선택할 것인가 하는 문제가 놓여 있다.

한 가지 분명한 사실은 탁월성이란 일정한 경지에 도달하기 전까지는 결코 즐거움과 함께할 수 없다는 사실이다. 세속적인 표현으로 말하면 '선지불 후결산'이라고나 할까? 물론 즐거움이 아주 많이 기다려야 하는 것은 아닐 것이다. 일정한 고통의 기간이 지나고 나면 조금씩 문리가 트이고 그런 문리가 작은 즐거움을 가져다주기 때문이다. 문리가 트이는 속도와 크기에 비례해서 즐거움은 점점 커갈 것이다.

🏃 "용기는 고통을 동반하는 것이기에 칭찬받는 것이 마땅하다. 그 이유는 즐거움을 억제하는 것보다 고통스러운 것을 참아내는 일이 더 어렵기 때문이다."

촉각과 미각,
위험한 유혹에 넘어가지 마라

"무절제한 사람은 향락에서 기쁨을 느끼게 되는데, 이는 촉각을 통해서 일어난다. 즉 먹고 마시는 것, 성애적인 것 안에서 일어난다. 따라서 어떤 미식가는 촉각에서 즐거움을 얻는다고 생각해서 자신의 목이 학보다 길어지게 해달라고 기도까지 했다. 무절제와 관련된 감각은 인간을 포함한 생명체들에 의해 가장 광범위하게 공유되어 있다. 무절제는 부끄러운 일로 비난받는데 촉각이란 인간으로서가 아니라 동물로서 갖는 것이기 때문이다. 그렇다면 촉각으로부터 기쁨을 느끼는 일과 특히 이런 일들을 가장 좋아하는 것은 동물적이다. 다만 촉각들 중에서 체육관에서 마사지를 하거나 몸을 따뜻하게 함으로써 생기는 즐거움은 동물적인 즐거움에서 제외된다. 무절제한 사람에게 문제가 되는 쾌락은 신체 전체에 관련한 촉각이 아니라 특정 부분들의 촉각에 의해 만들어진다. 3권 10장 1118a29-1118b7

욕망이 있기에 치열하게 살아갈 수 있다. 그러나 그 욕망을 잘 다루지 못할 때 인간은 한순간에 파멸의 길로 빠져들 수 있다. 얼마 전 욕망의 이러한 '두 얼굴'을 날카롭게 지적한 글을 읽게 되었다.

"욕망이라는 숯이 화로에 있으면 사람들은 언 손을 녹이지만, 실수로 바닥에 떨어지면 불이 나지 않도록 재빨리 물을 뿌려야 한다. 같은 물건도 쓰임에 따라 그 가치에 큰 차이가 생기듯 욕망의 효용도 가변적이다. 이러한 욕망의 본질을 잘 인식하여 활용한다는 것은 자신을 잘 파악하여 인생의 방향을 결정할 능력을 갖고 있다는 의미이다." ─ 장쓰안, 「나를 이기는 힘 평상심」, pp.20~21

그만큼 욕망의 뿌리를 제대로 이해하는 일은 성격적 탁월성을 이루는 데 있어서 중요하다. 용기 다음으로 꼽을 수 있는 절제라는 성격적 탁월성은 어떤 특성을 갖고 있을까? 우리는 왜 무절제에 빠져드는 것일까?

절제와 무절제는 주로 즐거움(쾌락)과 관련된 중용이고, 고통과는 덜 관련된다. 즐거움의 뿌리는 크게 두 가지로 나눌 수 있다. 하나는 '영혼과 관련된 즐거움(영혼적 즐거움 혹은 정신적 즐거움)'이고, 다른 하나는 '육체와 관련된 즐거움(육체적 즐거움)'이다. 우선 '정신적 즐거움'의 대표적인 사례는 '명예에 대한 사랑(philotimia)'과 '배움에 대한 사랑(philomatheia)'을 들 수 있다.

그리스어에서 'philo-'라는 접두어에 대상을 붙이면 '그 대상을 사랑하는' 혹은 '그 대상을 사랑하는 사람'이라는 의미임을 이해할 수 있다. 세상에는 'philo-' 뒤에 붙일 수 있는 수많은 명사들이 있는 만큼 우리가 사랑할 수 있는 대상도 수없이 많다. 그렇다면 즐거움의 대상도 그만큼 많다는 이야기이며 이는 곧 무절제에 빠질 수 있는 원인도 많다는 말이 된다.

이따금 자신이 받는 보수에 연연하지 않고 흠뻑 빠진 채 일을 하는 사람들을 만난다. 이들이 일에 몰입하는 것은 그런 활동에서 즐거움을 느끼기 때문일 것이다. 나처럼 읽기와 쓰기를 좋아하는 사람은 생계를 위함도 있지만 근본적으로 그런 활동에서 즐거움을 얻기 때문에 계속해서 열심히 반복하는 것이다. 그럼에도 불구하고 정신적 즐거움을 지나치게 추구하는 사람들, 이를테면 공부를 열심히 하는 사람이나 일을 열심히 하는 사람을 두고 '무절제한 사람'이라고 부르지는 않는다.

그런데 세상에는 정신적 즐거움이나 육체적 즐거움 가운데 어느 것에도 속하지 않는 애매한 즐거움도 많다. 예를 들어, 다른 사람들과 오랫동안 수다를 떨면서 시간을 보내는 사람들, 이익을 지나치게 밝히는 사람들, 간섭하지 않아도 될 일에 지나치게 간섭하는 사람들이 있다. 어느 누가 이들을 무절제한 사람이라고 부를 수 있겠는가?

한번은 내가 사는 아파트에서 일어난 일이다. 오랫동안 근무해 왔던 경비원 아저씨가 갑자기 그만두겠다고 인사를 왔다. 이유를 알아보니까 같은 동에 있는 할머니 한 분이 경비원 아저씨에게 잔소리를 끊임없이 해대기 때문에 참다 참다 그만둔다는 것이었다. 마음을 바꾸어보라고 권해도 막무가내였다. 그동안 상처를 크게 입었던 것 같았다.

그런데 경비원 아저씨를 괴롭혀왔던 할머니는 어떤가? 겉으로 보기에 문제가 없을 뿐더러 오히려 지적으로 생긴 분이라 더욱 놀라웠다. 그 할머니는 시시콜콜 간섭하는 행위 자체에서 즐거움을 누렸던 것 같다. 많은 사람들이 누군가에게 지시하고 명령하는 일을 좋아하지 않는가? 지나치게 간섭하는 사람임에는 틀림없지만 그 할머니를 두고 '무절제한 사람'이라는 표현을 사용하지는 않는다.

그렇다면 언제 무절제라는 표현을 사용하는 것일까? 주로 '신체적 즐거움'을 대상으로 할 때이다. 여기서 육체와 관련된 즐거움을 '육체적 즐거움'으로 표현하지 않고 '신체적 즐거움'으로 표현하는 이유는 전자가 주로 성적인 즐거움이라는 의미를 내포하고 있기 때문이다. 신체적 즐거움은 성적인 부분을 넘어서 신체와 관련된 넓은 의미의 즐거움을 뜻한다.

그런데 이때 말하는 신체적 즐거움은 신체 전반에서 비롯되는 즐거움이 아니라 신체의 특정 부분에 뿌리를 둔 즐거움이다. 먹고, 마시고, 보고, 듣고, 만지는 등의 신체적 활동이 모두 신체 일반으로부터 얻을 수 있는 즐거움인데, 아리스토텔레스가 말하는 특정 부분은 과연 무엇을 말하는 것일까?

일단 시각과 청각에서 비롯되는 즐거움을 지나치게 누린다고 해서 '무절제하다'고 표현하기는 힘들다. 마음에 드는 색, 그림, 음악, 연극에 흠뻑 빠져 즐기는 사람에 대해서도 '무절제한 사람'이라는 표현을 사용할 수 없다.

그림을 좋아하는 나는 이따금 전시회장을 찾는데 그중에서도 두 번의 전시회가 가장 기억에 남는다. 한번은 한국 추상화의 선구자인 김환기 전이고 다른 하나는 현대화의 선구자인 이중섭 전이다. 두 번 모두 전시회장을 방문하여 그림을 볼 때 "오늘은 내 눈이 정말 호강을 하구나"라는 말이 절로 나올 정도로 깊이 빠져들었다. 보고, 보고 또 보기를 반복하며 전시회장을 나오기가 힘들 정도였다. 그뿐 아니라 전시회가 끝나는 날까지 두세 번을 더 찾아갔다.

이처럼 좀 과하게 그림을 봤다고 해서 '무절제한 사람'이라는 표현을 사용하지는 않는다. 요컨대 보는 것과 듣는 것에서 비롯되는 즐거움에 대해서는 절제와 무절제라는 표현을 사용할 수 없다.

시각과 청각에 더해 또 하나 추가될 수 있는 즐거움은 냄새와 관련된 즐거움이다. 공복에 맡는 맛있는 음식 냄새는 식욕을 돋운다. 감미로운 향수 냄새가 미묘한 욕망을 불러일으킬 수도 있다. 사람들이 향수 냄새를 맡으면서 특별한 욕구를 느끼는 것은 특정한 냄새가 욕망의 대상을 연상시키기 때문이다. 그래서 향수가 화장품 중에서도 큰 시장을 형성하고 있다. 그럼에도 불구하고 향수를 많이 좋아하는 사람을 무절제한 사람이라고 부르지는 않는다.

그런데 다른 감각과 달리 미각이나 촉각의 경우에는 무절제로 이끌 가능성이 대단히 높다. 촉각이나 미각과 관련된 즐거움은 자칫 잘못하면 노예적이고, 짐승적이며, 맹목적인 특성을 지니게 된다.

사업을 시작한 지 3년을 넘어서는 한 사업가와 이야기를 나눈 적 있다. 그는 사업이 아직 자리가 채 잡히지 않았지만 초심이 조금씩 무너져 내리는 것 같다고 고민을 토로했다. 그러면서 가장 고민이 되는 것이 바로 술이라 했다. "술도 이따금 마십니다. 접대 때문에 마시는 것이 아니라 제가 원해서 마시곤 합니다. 그럴 때면 자신을 합리화하는 이유를 이리저리 둘러대곤 하지요. 절제가 필요한데 그게 말처럼 쉽지 않습니다."

그러자 옆에 있던 사업 기반을 탄탄히 구축한 60대 중반의 성공한 사업가가 이렇게 거들었다. "10년 동안 죽을 각오로 해야 합니다. 그래도 안심할 수 없어요. 사업이란 게 앞으로 어떻게 될지 아무도 알 수 없으니까, 긴장의 끈을 한순간도 놓을 수 없습니다. 긴장을 유지하려면 일단 술이든 여자든 주변 유혹을 절제할 줄 알아야 합니다."

늘 긴장만 하고 살아갈 수는 없다. 이따금 긴장을 풀고 삶에 재미와 변화를 더할 수 있는 오락이 필요한 것도 사실이다. 그런데 모든 오락은 장점도 있지만 단점도 있다. 단점 중에 가장 무서운 것이 바로 중독성이다.

스스로 중독성을 띠는 이러한 유혹을 자제하거나 절제할 수 없다면 아예 멀리하는 것도 하나의 좋은 방법이 될 수 있다.

물론 포도주를 감별하는 소믈리에나 바리스타들은 모두 미각과 관련된 일을 하는 사람들이지만 이들에 대해 절제니 무절제니 하는 표현을 사용하지는 않는다. 그러나 일부 사람들의 경우에는 미각이 향락으로 연결된다. 먹는 일, 마시는 일, 그리고 성행위를 하는 일 등은 모두 미각과 촉각이 낳은 즐거움과 맥이 닿는다.

찰나적인 즐거움 때문에 지위, 명예, 체면 등을 한꺼번에 잃어버리는 사람들이 심심찮게 신문의 사회면이나 정치면에 등장한다. 그들의 인간적인 실수들은 대부분 미각과 촉각과 관련된 무절제이고, 이 둘 가운데서도 유독 특정 부분들과 관련된 촉각에서 비롯되는 바가 크다.

훤칠한 외모의 콜로라도 상원의원 게리 하트가 지금도 생각난다. 그는 1984년과 1988년 두 차례 민주당 대통령 선거 후보전에 나섰던 인물이다. 1988년 후보 지명전의 선두 주자로 인기를 끌며 무난하게 당선될 것으로 예상되었다. 그런데 선거 기간 중에 한 젊은 여성이 그의 집을 출입하는 결정적인 증거가 언론에 노출되었다. 그는 완강히 사실을 부인하였지만 언론들의 후속 취재에 의해서 모든 정황이 탄로나게 되었다. 도나 라이스라는 젊은 여성이 호화 요트에서 하트의 무릎에 다정하게 앉아 있는 사진이 공개됨으로써 결국 그는 낙마하고 말았다. 그는 1936년생이었고 도나 라이스는 1958년생이었음을 고려하면 50대 정치인이 20대 여성과 혼외관계를 갖고 있었던 셈이다.

그들이 사회 통념이나 법을 위반한 점에 대해 비난을 퍼부을 수 있지만, 인간의 본성에 대해 이해하면 할수록 인간이 얼마나 쉽게 실수할 수 있는가에 대해 때로는 안타까움과 한탄이 나올 때도 많다.

🐛 "무절제한 사람에게 문제가 되는 쾌락은 신체 전체에 관련한 촉각이 아니라 특정 부분들의 촉각에 의해 만들어진다."

무절제와 절제의 차이를
분명히 알아라

"무절제한 사람은 즐거움이 없기 때문에 고통을 느끼는데, 이들은 일반적으로 고통을 느껴야 하는 정도보다 더 많은 고통을 느끼기에 무절제한 것이다. (⋯⋯) 그러므로 무절제한 사람은 즐거운 것 모두를, 혹은 가장 즐거운 것을 욕망하며, 때로는 다른 모든 것을 포기하면서까지 가장 즐거운 것을 선택할 정도로 자신의 욕망에 이끌린다. 이런 이유로 그는 자신이 욕망하는 즐거움을 얻지 못할 때나 욕망하고 있을 때, 두 경우 모두 고통을 느낀다. 욕망은 고통과 함께 있기 때문이다. 설령 즐거움 때문에 고통을 느낀다는 것이 이상하게 보일지라도 이것은 사실이다." 3권 11장 1118b30-33, 1119a1-4

촉각이나 미각에 관련된 즐거움이 무절제를 낳는다고 해서 모든 사람들에게 똑같을까? 그렇지 않다. 같은 즐거움에 대해서도 어떤 사람은 '절제하는 사람'이 되고 어떤 사람은 '무절제한 사람'이 된다. 어떤 사람은 특정 종류의 즐거움에 민감하고 또 어떤 사람은 다른 종류의 즐거움에 민감하다. 이처럼 욕망이 개인들에게 제각각으로 받아들여진다는 사실에 대해 아리스토텔레스는 "즐거움은 명백히 개인적이다"라고 말한다.

예를 들어, 미각만 하더라도 유독 맛있는 것을 좋아하거나 여유만 생기면 짬을 내서 맛집을 찾아다니는 사람이 있다. 이들은 흔히 '미식가'라고 불린다. 그런데 사람은 누구든지 맛있는 음식을 좋아하지만 얼마나 좋아하는가는 사람마다 다르다. 대체로 사람은 미각으로 인한 즐거움을 좋아하지만 그렇게 열성적이지 않다. 마찬가지로 대다수 사람들은 이성과의 성애를 좋아하지만 지나치지 않은 수준에 머문다.

어떤 즐거움이라 하더라도 지나친 법이 없다면 좋은데, 이따금 지나치게 추구하고 집착하는 사람들이 있다. 즐거움을 느끼는 수준에 대해서도 대체로 사람들이 동의하는 정도라는 것이 있다. 또한 상식이나 법의 측면에서도 가까이하지 않아야 할 즐거움이 있게 마련이다. 본래 즐거움은 적정한 수준에서 멈추기가 쉽지 않은 특성을 갖고 있는데 그 정도를 벗어나고 선을 넘었을 때 문제가 발생한다.

무절제한 사람은 자신이 갈망하는 즐거움을 누리지 못할 때 고통을 느낀다. 그래서 아리스토텔레스는 무절제한 사람의 특성을 두고 "욕망과 고통이 함께 있는 것"이라는 표현을 사용한다.

예를 들어, 지나치게 많이 먹고 마시는 폭식가나 지나친 성애에 집착하는 성중독자들이 그런 부류에 속한다. 그들은 자신이 좋아하는 쾌락에 탐닉하고 그런 쾌락이 줄어들면 심한 고통 상태에 빠질 정도로 비정상적인 사람이 되고 만다. 이들은 욕망의 노예라 해도 무리가 아니다.

절제와 무절제를 좀더 깊이 이해하기 위해 아리스토텔레스가 절제하는 사람의 특성으로 언급한 부분을 상세히 살펴보자.

첫째, 절제하는 사람은 무절제한 사람이 가장 즐거워하는 것에서 즐거움을 누리지 못하고 오히려 불편하게 여긴다. 특정한 쾌락에 흠뻑 빠진 채 허우적거리고 있는 사람을 볼 때면, 절제하는 사람은 "왜, 저 사람은 저렇게 좋아할까?"라고 의문을 던진다.

둘째, 절제하는 사람은 자신이 즐거움을 누릴 수 있는 것, 누릴 수 없는 것 그리고 누릴 수 있지만 멀리해야 하는 것을 정확히 안다. 그들은 누려선 안 되는 것들을 더 조심하는 경향이 있다.

셋째, 절제하는 사람은 촉각과 미각의 즐거움이 가진 파괴적인 특성을 정확히 이해하고 가능한 한 멀리하려고 노력한다. 그들은 즐거움의 비용이 무엇인가를 자신에게 다짐하곤 한다.

넷째, 절제하는 사람은 즐거움을 누릴 수 없다고 해서 고통이나 욕구를 느끼지 않으며, 느끼더라도 적절한 수준에 그친다. 그들은 즐거움에 일단 익숙해지고 난 뒤 이들을 가질 수 없을 때 치러야 할 고통이 무엇인지를 염두에 둔다. 그래서 쉽게 특정한 즐거움에 중독되지 않도록 주의한다.

다섯째, 절제하는 사람은 욕망하더라도 적절하게 욕망할 뿐이며, 욕망해야 할 것을 욕망하고, 욕망하지 말아야 할 것을 욕망하지 않는다. 그들

존 에드워즈 의원 모든 것을 갖춘 정치 엘리트였지만 불륜이라는 한순간의 즐거움과 욕망을 절제하지 못한 대가로 혹독한 비용을 치렀다.

은 시각·청각·냄새·촉각·미각 등의 즐거움을 자연적인 욕망으로 받아들인다. 하지만 욕망의 한계가 있어야 하고 욕망의 대상은 올바른 것이어야 한다는 사실을 잘 안다.

일곱째, 절제하는 사람은 욕망하지 말아야 할 때를 알아서 욕망하지 않는다. 욕망의 대상과 한계를 아는 것도 중요하지만 언제 욕망할 수 있는가 그리고 언제 욕망할 수 없는가를 아는 일도 중요하다.

여덟째, 절제하는 사람은 자신의 건강과 안녕에 기여하는 것들을 적절하게 그리고 올바른 방법으로 욕망한다. 설령 좋은 것이라 하더라도 과하지 않게끔 주의한다. 물론 건강과 안녕에 해가 되는 것들이라면 당연히 멀리한다.

아홉째, 절제하는 사람은 즐거움에 대해서도 고귀한 것과 천박한 것을 구분하고 자신의 분수를 넘지 않는 것과 넘는 것을 엄격히 구분해서 가까이 하거나 멀리한다.

모든 인간은 시각·청각·후각·촉각 그리고 성애 등을 통해서 즐거움을 누린다. 다만 중요한 것은 이들을 적절히 제어할 수 있는가라는 점이다. 고통보다 즐거움에 대한 유혹이 강하기 때문에 무절제는 비겁보다 더욱더 자발적이다. 무절제를 제어하는 데는 그만큼 개인의 의지가 중요하다는 뜻이다.

음주·마약·도박·오락 등은 쾌락이 지나치게 강하기 때문에 스스로 절제하기가 무척 힘들다. 뇌전문가에 따르면 중독 상태에 빠진 사람은 반복적인 자극에 노출되면서 중독과 관련되어 뇌의 특정 부분에 변이가 발생한다. 따라서 이미 빠져 나오기 힘든 중독 상태라면 스스로 중독임을 인정하고 이를 고치려는 강한 의지를 가져야 할 뿐만 아니라 전문가의 도움을 받는 편이 더 나은 선택이다.

즉흥적인 성격이 강한 즐거움일수록 가까이하고 나면 멀리하기가 쉽지 않다. 중독 성향이 강한 즐거움이라고 판단하면 적절한 예방 조치를 취하는 편이 낫다. 아예 시도하지 않는 방법도 있지만, 어느 정도에서 멀리한다는 결단이 때로 필요하다. 반면에 부작용이 없는 건전한 즐거움이라면 적극적으로 가까이할 필요도 있다. 건전한 즐거움으로 불건전한 즐거움이 들어설 공간을 아예 메워버리는 것이다.

그렇다면 무절제에서 벗어나 절제하는 삶을 살아갈 수 있는 방법은 무엇인가? 무엇보다 절제하는 사람은 자신이 즐거워하는 것의 특성을 정확히 알고 있다. 따라서 지나친 즐거움에 맞설 수 있도록 좋은 습관을 들이는 것이 도움이 된다. 동시에 가능한 한 충동적이고 과도한 즐거움에 빠지지 않도록 주변 환경을 정비하는 일도 도움이 될 것이다.

현대 사회는 과거에는 상상할 수 없을 정도로 개개인에게 더 많은 선택과 책임을 주었다. 그만큼 개인의 의지가 약하다면 자의반 타의반으로 욕망의 노예가 되어 무절제한 사람으로 전락해 버릴 가능성이 높다.

> 😀 "절제하는 사람은 즐거운 것을 삼가면서도 고통스러워하지 않고 즐거운 것이 없다고 해서 고통스러워하지도 않는다."

현명한 부모라면 제일 먼저
절제를 가르쳐야 한다

"욕망(appetite)과 즐거움에 대한 욕구(desire for pleasure)가 순종하지 않고 따르지 않는다면 그것들은 점점 더 커질 것이다. 지각이 없는 사람에게 즐거움에 대한 욕구는 채워질 수 없으며, 사방에서 덤벼든다. 또한 욕망의 활동은 타고난 경향을 더 자라나게 해서, 충분히 크고 강력하게 된 경우라면 이성적으로 헤아릴 수 있는 능력까지 몰아내버린다. 따라서 그것들은 적절한 한도에 머물러 있도록 해야 하며, 그 수가 적어야 하고, 결코 이성의 지도에 반하지 않도록 해야 한다. 바로 이러한 것이 우리가 말하는 '순종(obedient)하며 훈육(checked)을 받는 것'의 의미이다. 아이는 그를 지도하는 사람(paidagōgos)의 지시에 따라 살아야 하는 것처럼, 어른들의 경우도

욕망적 부분이 이성의 인도를 받도록 해야만 한다." 3권 12장 1119b7-13

    최근 청소년들의 인터넷 게임 중독 예방을 위해 셧다운제(게임시간선택제)를 시행할 즈음, 이런 규제를 두고 청소년의 자율성을 훼손할 수 있다는 일부의 비판적인 시각도 있지만 나는 긍정적인 입장이다. 얼마 전 서울시가 지난 3년간 청소년상담센터를 방문한 10대 청소년들의 고민을 조사한 결과 1위가 '인터넷 중독'인 것으로 나타났다. 인터넷 중독이 아이들의 정서건강을 해치는 것은 물론 뇌구조에까지 영향을 미친다는 보고가 있을 만큼 심각한 수준이라면 이를 적절한 선에서 통제해 주는 장치가 필요하다고 생각한다.

    나는 이 뉴스들을 접하면서 게임을 비롯해 자극적이고 감각적인 콘텐츠들이 도처에 널려 있는 요즘 같은 세상일수록 일찍부터 절제라는 습관을 부모가 제대로 가르치지 않는다면 아이의 미래에 심각한 영향을 끼칠 수 있겠다는 생각이 들었다. 인생의 씨앗을 뿌려야 할 중요한 시기에 자칫 순간적인 쾌락에 빠져 생의 첫단추를 잘못 끼운다면 그만한 불행이 없을 것이다.

    자식을 어떻게 키워야 하는가? 모든 부모들은 자식을 반듯한 아이로 키우고 싶어 한다. 여기서 '반듯한'의 의미는 '절제하는'이라는 표현과 동의어라 할 수 있다. 즐거움을 추구하는 면에 있어서 아이들은 어른들에 조금도 뒤처지지 않는다. 왜냐하면 고통을 멀리하고 즐거움을 가까이하는 것은 인간의 본성이기 때문이다. 더욱이 눈앞의 즐거움을 탐하는 면에서 아이들은 어른들에 비할 바가 아니다.

오늘날처럼 아이를 적게 낳는 시대에는 부모들은 아이들에게 가능한 한 많은 자유를 허용한다. 기를 꺾는 일이 있어서는 안 된다는 생각에 아이가 하고 싶은 것을 마음껏 하도록 허용한다.

자식에 대해 이런 교육관을 가진 사람이라면 아리스토텔레스의 절제에 대한 견해에서 한수 배울 수 있다. 아리스토텔레스는 "아이들 역시 욕망에 따라 살고, 이들 안에서 즐거운 것에 대한 욕구가 가장 강하게 있기 때문이다"라고 말한다.

'무절제'로 번역되는 그리스어 '아콜라스토스(akolastos)'는 아이들의 '훈육 받지 않음, 버릇없음, 제멋대로 함'을 가리킨다. 어원을 미루어보면 '무절제'가 원래 어른들을 대상으로 한 단어라기보다는 아이들을 대상으로 한 것이라는 추측을 해볼 수 있다. 일찍이 플라톤도 아이들이야말로 "가장 위험한 동물"이라는 표현을 사용하기도 했다.

수학 문제를 풀고, 영어 단어를 외우고 피아노를 배우는 일은 고된 일이다. 이런 활동들이 아이들의 미래에 긍정적인 효과를 가져온다고 하더라도 아이들에게는 당장 피부에 와 닿지 않는다. 그러나 게임을 하고 친구들이랑 스마트폰으로 수다를 떠는 일은 당장 즐거움이 따르는 활동이다. 어른도 그런 즐거움을 억제하기 힘든데, 아이들은 오죽할까? 특히 오늘날처럼 온통 유희와 오락이 넘쳐나는 시대에는 더더욱 아이들 스스로 즐거움을 멀리하는 일이 쉽지 않다.

아리스토텔레스는 아이들이야말로 순종적인 훈육을 받아야 한다고 강조한다. 그리고 자신들의 욕망이 이성을 따를 수 있도록 부모나 교사가 도움을 주어야 한다고 강조한다. 어린 시절의 버릇은 무서운 것이다. 일단 손쉬운 즐거움에 길들여진 아이들은 갈수록 시간을 들여 노력해서 얻게 되는 즐거움들을 얻기가 힘들어진다.

여러분이 부모라면 어떤 선택을 하겠는가? 나는 당연히 사려분별이 생길 때까지는 부모가 일정한 원칙을 정하고 즐거움을 통제하는 훈련을 시켜야 한다는 쪽에 손을 들어주고 싶다. 욕망을 이성에 복종시키는 훈련은 어린 시절부터 받아야 한다. 물론 강도의 문제는 조절해야 하겠지만 말이다. 아리스토텔레스는 '올바른 대상(right objects)'을 선정하고, '올바른 방법(right way)'으로 '올바른 때(right time)'에 맞추어서 욕망이 이성을 따르도록 하는 것에 절제의 핵심이 있다고 강조한다.

이성에 욕망을 굴복시키는 훈련은 어른이나 아이 모두에게 필요하지만 살아가야 할 날이 길고 긴 아이들에게 더욱 중요한 일이다. 이따금 아이들에게 적절한 규율을 심어주는 데 실패한 부모들이 "이제는 아이들이 제법 커버려서 어떻게 해야 할지 모르겠어요"라는 후회를 할 때마다 어린 시절부터 욕망을 제어하는 일의 중요성을 떠올린다.

우리의 부모들은 "어떻게 한배에서 태어났는데도 불구하고 저렇게 형제간에 다를 수 있을까?"라는 이야기를 자주 하였다. 그만큼 사람마다 제각각의 기질을 타고남을 뜻한다. 저마다 다른 기질을 타고난다 해도 아이들에게 어린 시절부터 적절한 규율에 따를 것을 요구하는 것은 부모가 자녀 교육에서 갖추어야 할 대단히 중요한 원칙이라 생각한다.

언젠가 고교생들과 대화를 나누던 중에 내가 아이들의 교육에 대해 갖고 있는 원칙을 이렇게 이야기한 적이 있다. 고교생들은 알아들을 만한 나이를 넘어섰기 때문에 편안하게 한 이야기이다.

"부모도 좋은 부모가 되기 위해 힘껏 노력해야 하지만 자식 또한 좋은 자식이 되기 위해 노력을 해야 합니다. 이따금 심하다고 할 정도로 부모를 괴롭히거나 속을 상하게 학생들도 있습니다. 그런 학생들에게 '무슨 권리로 부모를 그렇게 괴롭히는가?'라고 묻고 싶습니다.

스스로 자신의 손발과 머리로 독립적인 생활을 하기 이전이라면, 그리고 부모의 도움을 받을 수 없는 상황이라도 좋든 싫든 부모가 정한 원칙을 따라야 합니다. 게다가 자신의 의무를 신의성실의 원칙에 따라 열심히 행해야 합니다. 그것이 내가 자식들에게 요구하는 것입니다."

예일대 에이미 추아 교수의 '타이거 마더' 교수법이 주목 받은 적이 있다. 두 딸의 모든 일정을 관리하고, 딸들이 음악 레슨을 받을 때는 항상 곁에서 지켜보고, 집에서는 본인이 직접 연습을 시키는 등 엄격한 관리와 훈육방식은 자유분방하게 자식을 키워야 한다는 생각을 갖고 있던 세상의 부모들에게 놀라움을 안겨주었다. 그녀는 "아이들은 스스로 알아서 공부하지 않는다. 그래서 아이가 좋아하는 것보다는 아이가 꼭 해야 할 일을 부모가 정해줄 수밖에 없다. 아이의 체계를 잡아주고 미래를 준비해 주는 게 친구 같은 부모보다 더 중요하다"라고 강조한다.

당장은 괴로워도 오랫동안 자신과 함께할 수 있는 즐거움을 가까이 하는 일이 어른도 힘든데 아이들은 얼마나 힘들겠는가? 훌륭한 부모란 모든 것을 아이들이 알아서 하도록 내버려두는 게 아니라, 반드시 해야 할 것은 하도록 만드는 부모라고 생각한다.

🐝 "무절제한 사람들처럼 아이들도 자신들의 욕망이 지시하는 대로 사는데, 이들 안에 쾌락에 대한 욕구가 가장 강하게 있기 때문이다."

분노, 지배당하지 말고 지배하라

"분노와 관련된 감정에 있어서 칭찬을 받는 사람은 다음과 같은 경우일 때이다. 마땅히 화를 낼 만한 상황에서, 마땅히 화를 낼 만한 사람에게, 그리고 마땅히 화를 내야 할 방식으로, 마땅한 때에, 마땅한 시간 동안만 화를 내는 사람이 칭찬을 받는다. 온화가 칭찬을 받아야 하기 때문에 이런 사람이 온화한 사람이다. 온화한 사람은 좀처럼 동요하지 않으며, 감정에 의해 휘둘리지도 않고 이성이 명령한 것처럼 화를 낼 만한 상황에서 화를 낼 만한 대상에 대해 화를 낼 시간 동안에만 노여워한다." 4권 5장 1125b31-35

여러분도 자기 자신에 대해 스스로 부끄러워하는 마음인 자괴감(自愧感)을 느낄 때가 있을 것 같은데, 언제인가? 솔직히 나는 화를 내고 난 다음에 그런 반성을 많이 한다. 결혼생활 동안 한 번도 언성을 높인 적이 없다는 이들의 이야기를 읽을 때면 "저 분은 성인군자인 모양이다"라는 말을 혼자서 중얼거리기도 한다. 젊은 날에 비해 확연히 그 빈도는 줄어들었지만 요즘도 나는 불끈불끈 화를 낼 때가 있다.

　그런데 아내에게 책임이 있는 경우는 거의 없고 100퍼센트 내 책임이다. 드물긴 하지만 나 자신도 어찌 해볼 도리가 없을 정도로 화를 내는 상태에 빠져드는데, 멀쩡한 정신 상태에서 생각하면 이해할 수 없다. 나는 순간적으로 '악령이나 사탄의 시험에 들고 있다'는 의심이 들기도 한다. 그래서 나는 나를 포함해서 타인의 인간적인 약점에 대해 더 깊은 공부를 해보고 싶다. 왜 사람들은(나를 포함해서) 당연히 그렇게 행동하지 말아야 함에도 불구하고 순간적으로 격하게 감정을 표출하는 것일까?

　그 원인이 무엇이든 화를 내는 상황에 놓일 때가 있는데 이때 화를 내지 말고 꾹 참는 것이 올바르다고 생각하는 사람들이 많다. 하지만 아리스토텔레스는 상식과 달리 마땅히 화를 내야 할 사람에게, 마땅한 방식으로, 마땅한 때를 택하여, 마땅한 시간 동안 화를 내는 일이 올바르다고 말한다. 아리스토텔레스의 이야기에 고개를 끄덕거리지만 할 수 있는 한 화를 내지 않는 것이 더 바람직하다고 생각한다. 그의 이야기는 아주 아주 예외적인 경우에 한해서이다.

　우리가 알아볼 성격적 탁월성의 세 번째 유형은 온화함이다. 온화함

(praotēs, gentleness)는 노여움과 관련된 중용으로 지나침은 '화를 잘 내는 것(성마름, short temper)'이고 모자라는 것은 '화낼 줄 모름(무성미, 무기력, apathy)'이다. 일반적으로 온화함의 사전적 의미는 "화기롭고 부드럽게 이야기함"으로 '화를 내지 않는 것'을 뜻하지만, 여기서는 '화를 잘 내는 것'과 '화낼 줄 모름' 사이의 중용으로 "마땅히 화를 내야 할 시점, 대상, 방식, 기간 동안 화를 내는 것"을 말한다.

온화에 있어서 문제가 되는 경우는 모자람의 경우보다 지나침이다. 아리스토텔레스는 노여움이 지나친 경우를 네 가지, 즉 '화를 잘 내는 사람' '극도로 화를 잘 내는 사람' '꽁한 사람' 그리고 '까다로운 사람'으로 나누어서 설명한다.

'화를 잘 내는 사람(short-tempered people)'은 화를 내지 않아도 되는 상황에서도 자주 화를 낸다. 그리고 이런 사람은 잠시 동안 화를 낸 다음에 금방 식어버리고 그로 인한 응어리가 없는 편이다. 흔히 뒤끝 없다는 게 이런 경우일 것이다. 화를 자주 내는 것이 결코 바람직한 일은 아니지만 그럼에도 불구하고 가슴 속에 맺힌 감정이 없다는 점에서는 긍정적인 면도 있다. 이 점에 대해 아리스토텔레스는 "화를 잘 내는 것은, 그들의 성미가 급해서 화를 억누르지 않고 솔직하게 대놓고 발산해 버리고, 그후에는 그치기 때문이다"라고 말한다.

그러나 일단 화를 내고 나면 작든 크든 후유증이 남는다. 서로 언성이 높아지면서 상대방에게 마음의 상처를 줄 수 있다. 자기 자신에게도 마찬가지다. 특히 화를 내는 사람이 젊은이라면 젊은 혈기 때문에 그러려니 하고 넘어가는 사람들이 많다. 하지만 나이를 웬만큼 먹고 나서 울컥하고 표출되는 화는 자신에게 큰 피해를 남길 수 있다. 다소 언짢더라도 그냥 넘어갈 수 있는 일에 대해 화를 내면, 그것이 두고두고 사람들의 입방아에 오르내리는 경우도 있다. 특히 오늘날처럼 동영상 촬영이 손쉽게 이루어질 수 있는 시대에는 화를 낼 상황이 발생하면 적절히 넘어가는 것도 괜찮은 방법이다.

언젠가 한 강연장에서 '사람들이 나이를 먹어가면서 화를 내지 않는 이유가 무엇일까요?'라는 주제로 대화를 나누던 중이었다. 한 사장님이 명답을 주었는데, "나이 든 사람들은 화를 내고 난 다음에 오는 후유증을 육체적으로 견뎌내기가 점점 힘들어집니다"라는 말이었다. 젊은 날에는 화를 낸 다음의 후유증을 견뎌낼 수 있는 힘이 있지만 나이를 먹으면 그런 힘이 점점 사라지기에 화내는 일을 조심스러워한다는 것이다. 이는 사회적 현안에 대해 나이 든 사람들이 젊은이들과 달리 논쟁을 피하는 이유이기도 하다.

또한 화를 내는 것처럼 감정을 분출하는 일은 상대방을 대상으로 이루어지긴 하지만 실상 당사자도 피해를 많이 본다. 화를 내는 순간 '분노의 호르몬'인 노르아드레날린이 뇌간에서 분비된다. 이 호르몬이 분비되면 심장 박동수가 증가하고 혈압이 오르고 근육이 긴장상태에 들어간다. 한번 분비된 노르아드레날린은 그냥 없어지지 않는다. 화가 풀린 상태에서도 뇌 속에 남은 호르몬의 양이 정상 상태로 돌아오는 데는 꽤 시간이 걸린다. 그래서 화를 낸 다음에 안절부절못하고 가슴이 벌렁벌렁한 상태 때문에 상당 시간 동안 휴식을 취한다.

어쨌든 화를 내지 않도록 자신을 잘 다독거리면서 생활해야 한다. 화를 내도록 만드는 상황을 어떤 사람이 주도하였다면 "저 양반도 내가 모르는 딱한 사정이 있을 거야"라고 자신에게 다짐하듯이 말해 주는 것도 도움이 된다.

한편 '극도로 화를 잘 내는 사람(akrocholos, choleric people)'은 단

순히 화를 잘 내는 정도에 그치지 않고 사사건건 화를 벌컥벌컥 내는 사람을 뜻한다. 그리스어인 'akro-'는 '극단적인(extreme)'이라는 의미를 지닌 접두어로 '분노(cholos)'에 붙어서 '지나친 분노'를 뜻한다. 이들은 마치 금세라도 터져버릴 것처럼 어디 화낼 만한 것이 없는가 찾아다니는 사람으로 보인다. 또한 이들은 사소한 일로 그냥 넘어가거나 이해할 수 있는 일에 대해서도 갑자기 화를 내기 때문에 주변 사람들을 초긴장 상태로 몰아넣기도 한다. 참으로 피곤한 유형들이다.

여러분 가운데 이런 사람이 있다면, 본의 아니게 주변 사람들에게 큰 피해를 입히고 있음을 자각해야 한다. 그리고 만일 여러분이 그런 사람들과 함께 살거나 일하고 있다면 여간 딱한 일이 아니다. 그들은 흡혈귀와 같이 정상적인 사람의 에너지를 빼앗아가는 '에너지 뱀파이어'이기 때문이다. 그들로부터 스스로를 보호하는 뾰족한 방법은 없지만 화재를 방지하기 위한 방화벽처럼 자신만의 방화벽을 갖지 못하면 힘든 시간을 보낼 수밖에 없다.

다음은 '꽁한 사람들(pijkros)'인데 이들은 일단 화가 나면 좀처럼 화를 풀지 못하고 오랜 기간 동안 마치 상대와 자신을 괴롭히듯이 화를 내는 상태가 지속된다. 이들은 자신의 기분 나쁨을 크게 웃돌 정도로 상대방에게 복수를 하고 나서야 비로소 화를 풀 수 있는 사람들이다. 직장에서 이런 사람들을 만나면 정말 피곤해진다.

그런데 직장 동료들은 근무시간에만 만나면 된다. 최악의 경우는 배우자로 이런 사람을 만났을 때이다. 평생을 함께 가야 할 사람이 '꽁한 사람'인 경우는 그야말로 최악이다. 항상 전전긍긍하면서 살아야 하고 이 문제를 해결하고 나면, 저 문제가 생기고 저 문제를 해결하고 나면 또다른 문제가 기다리고 있는 경우가 많다.

연애를 할 때는 야무진 사람이라고 생각해서 결혼을 했는데, 살면서 의외로 꽁한 성격 때문에 고전을 면치 못하는 지인들을 만날 때가 있다. 꽁한 사람들은 늘 상대를 이기려 하고 이런저런 것들을 캐묻고 따지기를 좋아한다. 그래서 이런 배우자를 둔 사람들은 마치 끌려다니듯이 이 것저것 모든 것들을 양보하다가 급기야는 자신감을 잃어버리기도 한다. 아리스토텔레스의 지적은 정말 정곡을 찌르는 설명이다.

"꽁한 사람은 상대에게 복수를 해야만 화를 멈춘다. 복수가 고통 대신에 즐거움을 만들어내면서 화를 그치게 하기 때문이다. 꽁한 사람이 복수를 할 수 없다면 그들의 마음속에 무엇인가 맺히게 된다. 그것이 무엇인지 명확하지 않고 바깥으로 드러나지 않기 때문에 어느 누구도 그들에게 그것을 극복하라고 설득하지 못한다. 또한 꽁한 사람도 자신 안에서 화를 삭이는 데 시간을 필요로 한다. 이런 사람들은 자기 자신에 대해서뿐만 아니라 친한 사람들에 대해서도 매우 골치 아픈 사람들이다." 4권 5장 1126a19-26

오늘날의 정신과 의사들도 이처럼 정확하게 골치 아픈 사람들을 묘사할 수 있을까? 여러분 주변에 이런 사람이 있다면 주의하라!

끝으로 '꽁한 사람'에 필적할 또 한 부류는 '까다로운 사람(chalepos, bad-tempered people)'이다. 이들은 그냥 넘어갈 수 있는 문제에 대해서, 필요 이상으로 오랜 기간 동안 긴장 상태로 몰고 가는 사람들이다. 이들이 화를 완전히 풀 때면 상대방에게 보복이나 벌이 주어지고 난 다음일 것이다. 물론 상대방이 백기투항에 가까울 정도로 사과나 보상이 있을 때에만 해결된다. 함께 사는 사람들을 선택할 수 있다면 '꽁한 사람' 못지않게 '까다로운 사람'도 피해야 할 대상이다.

그렇다면 '꽁한 사람'과 '까다로운 사람'에게 대처할 수 있는 최상의 방법은 무엇일까? 세상에는 잘 지내려고 노력을 하면 할수록 거추장스럽고 불편한 사람들이 있게 마련인데, 이들을 대하는 최상의 방법은 만나지 않는 것이며 차선책은 무관심하게 적절한 거리를 두는 일이다.

독일의 뇌과학자인 프리트헬름 슈바르츠는 『착각의 과학』이라는 자신의 저서에서 유익한 조언을 아끼지 않는다. 그런 사람들에 대해 선의를 갖고 노력하더라도 그들을 여러분이 원하는 대로 고치는 일은 불가능에 가깝다. 그의 결론은 정상인이 '까다로운 사람'이나 '꽁한 사람'을 상대로 이성적인 대화와 건강한 상식에 호소할수록 "대개 서로 생각하는 이성과 상식에 커다란 차이가 있다는 것을 확인할 뿐이다"라고 조언한다.

그러면 배우자가 그런 경우는 어떻게 해야 되는가? 사실 나도 이런 경우라면 어떻게 해야 할지 모르겠다. 그런 사람들과 평생을 동행하여야 한다면 도를 닦는 것처럼 일단 자신의 마음을 비우고 상대방을 대할 수밖에 없다.

화를 내는 일들의 대부분이 사소한 것들과 관련되며, 관점만 조금 바꾸어보면 전혀 화를 낼 일이 아니다. 화를 낼 상황에서 잠시 멈추어서 '이렇게 사소한 일에 화를 낼 필요가 있는가?'라든지 '상대방의 특별한 사정은 없는가?' 또는 '화를 낸다고 해서 달라지는 것이 있는가?' 등과 같은 질문을 스스로에게 던져봄으로써 화를 조절할 수 있을 것이다.

🦋 "마땅히 화를 내야 할 사람에게, 마땅한 방식으로, 마땅한 때를 택하여, 마땅한 시간 동안 화를 내는 일이 올바르다."

5장

부와 명예,
어떤 그릇의 인물로
살아갈 것인가

"하나하나의 품성들을 검토해 가면서 각각의 품성에
대해 더 많은 지식을 갖게 된다면, 모든 경우에 탁월
성은 중용이라는 믿음을 확신하게 될 것이다."

지출과 명예에 관련된 성격적 탁월성

"언제나 나는 아버지가 짐꾼에게 주는 팁을 눈여겨보곤 했다. 시카고 여행에서는 어떤 짐꾼에게 10달러를 주었는데, 그 당시로는 굉장히 많은 돈이었다. "아버지, 짐꾼에게 주기엔 너무 많은 돈인 것 같아요.""

오래 전에 읽었던 『IBM, 창업자와 후계자』의 한 대목이다. IBM의 후계자인 토머스 왓슨 주니어가 창업자인 아버지를 회상하는 장면이다. 그의 아버지가 아들에게 가까운 사람들에게 인색하다는 인상을 주지 않도록 평판을 관리하는 방법을 가르치는 장면이다.

마음이 너그럽고 후덕하다는 의미를 지닌 '관후(寬厚)'라는 단어가 있다. 본래 인간은 자신의 이익을 우선하는 존재이기 때문에 아무리 여유가 생기더라도 인색함을 벗어나려고 의도적인 노력을 하지 않으면 관후한 사람이 되기 힘들다. 흔히 "있는 사람이 더 무섭다"는 말을 하곤 하는

데, 수중에 재산이 많은 것이 그 사람의 후덕함, 씀씀이와 비례하는 것은 아니다. 오히려 이는 재산의 정도가 아니라 어떤 마음을 가지고 있느냐가 더 영향을 미친다.

아리스토텔레스는 『니코스마스 윤리학』의 3권 후반부터 용기와 절제처럼 성격적 탁월성을 구성하는 구체적인 내용들을 하나하나 검토하다가, 마침내 4권의 앞 부분(1장~5장)에서는 성격적 탁월성의 중요한 구성 요소인 '자유인다움' '통이 큰 것' '큰 포부'를 다룬다. 인색함과 낭비의 중간에 있는 '자유인다움'은 바로 돈의 씀씀이와 관련된 성격적 탁월성을 이룬다.

그는 무엇에 관계한 기능을 발휘하는가를 기준으로 성격적 탁월성을 세 가지 부류로 나누었다. 그중 첫 번째가 감정에 대한 우리의 태도에서 성립하는 성격적 탁월성으로 '용기'와 '절제' 그리고 '온화'가 이에 속한다.

두 번째가 재물이나 명예와 같은 외적인 선을 대상으로 하는 것인데, 이 부류에는 재물을 주고받는 일에서 성립하는 '자유인다움'과 '통이 큰 것' 그리고 명예를 대상으로 하는 '큰 포부'가 있다. 예를 들어, 돈의 씀씀이와 관련해서 중용은 '자유인다움'인데 지나침은 '낭비'이고 모자람은 '인색'이다.

세 번째가 교제와 같은 사회적 관계에서 성립하는 것인데, 이는 다음번에 다룰 예정이다.

이 장에서는 지출과 관련된 '자유인다움'과 '통이 큰 것' 그리고 명예와 관련된 '포부가 큰 것' 등을 집중적으로 다루고자 한다.

곳간에서 인심이 나오게 마련이라 어느 정도의 여유가 있어야 '자유인다움'이 나올 수 있다. 그런데 중요한 사실은 '어느 정도'라는 것이 객관적이라기보다는 주관적인 성격을 지닌다는 사실이다. 세상 기준으로 남을 도울 만한 입장에 있지 않는 듯 보이는 사람들 가운데서도 '자유인다운' 사람들이 있는데 이들은 특별한 품성상태를 가진 사람들이다. 이들은 대부분 스스로 노력을 통해서 그런 품성상태를 만들어낸 사람이다. 이 장을 읽으며 돈과 명예에 있어 어느 정도의 그릇으로 살아가고 있는지 자기 자신을 되돌아보는 작업도 매우 의미있는 일일 것이다.

돈으로부터 '자유로운' 사람은 제대로 쓰고 제대로 아낀다

"용도가 있는 것들은 잘 쓸 수도 있고, 나쁘게 쓸 수도 있다. 부(富)는 용도가 있는 것들 중 하나이다. 용도가 있는 것들을 가장 잘 쓰는 사람은 그것과 관련된 탁월성을 지니고 있는 사람이다. 부의 경우도 재물과 관련된 탁월성을 지니고 있는 사람이 가장 잘 사용할 것이다. 이 사람이 바로 '자유인다운 사람'이다. (……) '자유인다운 사람'은 마땅히 주어야 할 사람에게, 마땅히 주어야 할 만큼을, 마땅히 주어야 할 때, 또 올바르게 주는 것과 관련된 그 밖의 모든 관점에서 마땅하게 준다. 그는 즐거워하면서 혹은 고통을 느끼지 않으면서 주는 것을 행한다." 4권 1장 1120a4-8, 1120a24-27

"손님, 벌써 계산을 다 마쳤는데요."

아는 분들과 식사를 마칠 즈음에 잠시 화장실 가는 핑계로 일어나서 계산대로 향하자, 계산하는 사람이 웃으며 이렇게 말했다. 그날 모임은 지인의 가족들과 함께한 자리였다. 마침 지인의 장성한 아들이 휴가를 맞아 외국에서 잠시 들어왔다고 하여 저녁 식사를 함께하였다.

모임에 함께한 그 지인은 그야말로 밑바닥에서 시작해 자수성가한 분이었는데, 근검절약이 몸에 배어 있었다. 하지만 그분은 자기 자신에게는 철저하게 돈을 아꼈지만 남에게 인색한 경우는 없었다. 훗날 다른 이에게 전해들은 바로는 그분은 아들에게 "본인이 돈을 내야 할 모임이라면 미리 가서 계산을 해야 한다"라고 할 뿐만 아니라 "신세 지지 말고 가능하면 네가 비용을 치르도록 해라"라고 자식들에게 가르친다고 한다.

반면 성공한 지인들 가운데 유난히 인색한 사람도 있다. 그냥 인색하다는 표현만으로 부족할 정도인데, 그는 벌이가 거의 없는 사람과 식사를 할 때조차 얻어먹는 것에 익숙하다.

형편이 꽤 괜찮은데도 그렇게 처신하는 것을 보노라면 씀씀이란 것이 단순히 경제적인 사정에만 관련되는 것이 아니라는 사실을 다시 한 번 깨닫게 된다. 무엇보다 지출에 관한 한 인간의 품성과 깊이 연결되어 있음을 알 수 있다.

경제적으로 아무리 여유가 생기더라도 그 사람의 품성 자체가 인색하다면 늘 인색한 사람으로 남는다. 그 지인이 주변 사람들을 대하는 것을 보노라면 솔직히 "정이 뚝 떨어진다"라는 말이 절로 나올 때가 있다.

이처럼 한 사람이 탁월한 품성 상태를 갖느냐 하는 문제에 있어서 지출과 관련하여 어떠한 태도를 취하느냐가 중요한 요소가 된다. 성격적 탁월성의 네 번째 유형은 '자유인다움(eleutheriotēs, generosity)'이다. 이는 흔히 마음이 너그럽고 후덕하다는 의미의 관후(寬厚)로 번역되기도 한다. '자유인다움'은 바로 재물과 관련된 중용이다. 특히 재물을 받는 것보다는 주는 일과 관련된 중용을 뜻한다.

일단 씀씀이가 넉넉한 사람을 '자유인다운 사람'이라 불러도 손색이 없을 것이다. '자유인다움'을 제대로 이해하기 위해서는 우선 양쪽 극단을 살펴봐야 한다.

'자유인다움'을 가운데 두고 양극단에는 '방종(extravagance)'과 '인색(stinginess)'이 있으며, 전자의 품성을 가진 사람을 '낭비하는 사람'으로 부르고, 후자의 품성을 가진 사람을 '인색한 사람'이라 부른다. 사전적인 의미로 보면 '방종'이라는 뜻이 더 적합하지만 방종이 무절제에 가깝기 때문에 여기서는 '낭비'라는 표현을 사용한다.

낭비하는 사람은 자신의 형편을 넘어서 지나치게 많은 돈을 쓰는 경우이고 인색한 사람은 형편에 비해 과도하게 돈을 쓰지 않는 경우를 말한다. 아리스토텔레스는 이들을 이야기하면서 돈의 실체와 경제력의 본질을 꿰뚫는 예리한 의견을 제시한다.

아리스토텔레스에 의하면 돈을 낭비하는 사람은 자신의 행위로 스스로를 파괴하는 사람이다. 그는 "우리의 삶이 재산에 의존하기 때문에, 재산을 낭비하는 것은 일종의 자기파괴처럼 보인다"라고 말한다. 그는 재산을 삶의 수단을 제공하는 것으로 이해했다. 그러므로 낭비는 삶의 수단을 자기 손으로 파괴하는 것이기 때문에 스스로에게 범할 수 있는 큰 죄악으로 받아들였다.

그런데 돈에 대한 이러한 예찬은 아리스토텔레스가 살았던 시절 훨씬 전부터 이미 고대 그리스인들이 가졌던 생각이었던 듯하다. 기원전 7세기 무렵에 활동한 서정시인 알카이오스가 "돈이 곧 사람이라네. 가난한 사람치고 선량하거나 명예로운 사람은 있을 수가 없어"라고 이야기한 것만 보아도 알 수 있다. 뿐만 아니라 아테네가 성인 남자들에게만 참정권을 인정하는 가부장 사회를 유지한 원인을 살펴보아도 그렇다. 고대 그리스 남자들은 자손의 출산을 통제하고 자신이 사망한 이후에도 자기 자손들에게 재산을 계속 유지시키게 하기 위해 여자들에 대해 이러한 가부장적인 제도를 공고히 했다.

2,500여 년 전에 생업을 통해서 돈을 벌지 않았던 철학자의 입에서 우리의 삶에서 돈이 아주 중요하므로 돈을 낭비하는 것은 자신을 파괴하는 행위라는 말을 듣는 것은 실로 놀라운 일이다. 그의 글 전반에 녹아 있는 대단히 실용적이고 경험적인 지혜를 다시 한 번 엿볼 수 있는 대목이다. 에둘러 이야기하지 않고 우리의 삶이 돈, 즉 재산 위에 구축되어 있음을 당당하게 이야기할 수 있는 것만으로도 놀라울 따름이다.

나는 재산(재물)은 곧바로 자유라고 생각한다. 이론적으로나 경험적으로 한 개인에게 재산이 없어지는 것은 타인의 명령이나 지배를 고스란히 받아야 하는 것을 말한다. 그런 점에서 『니코스마스 윤리학』을 다룬 다른 번역자들이 사용하는 '관후'라는 흔한 용어보다는 이창우 박사 등이 '자유인다움'이란 단어로 번역한 것은 적절하다. 재산의 전부를 잃는 것은 곧바로 자유를 잃어버리는 것이기 때문이다.

여기서 자유인다움이 용기 및 절제와 더불어 성격적 탁월성을 구성하는 주요한 이유는 무엇일까? 우리는 이제까지 탁월성은 사물이든 생명이든 그것의 고유 기능을 최고로 잘 발휘하는 것을 뜻한다고 배웠다. 돈이나 재산의 고유 기능은 무엇인가? 바로 쓰임새이다. 따라서 쓰임새에 맞게 제대로 쓰이면 돈과 재산은 그 기능을 한껏 발휘한 셈이다. 따라서 돈을 쓰임새에 맞게 낭비하지도 않고 인색하지도 않게 잘 사용한 사람이야말로 탁월성을 지닌 사람이며 '자유인다운 사람'이다.

사실 자신이 갖고 있는 재물을 쓰는 것은 쉽지 않은 일이기 때문에 누군가에게 주는 데 있어 거리낌이 없는 것은 그 어떤 탁월성보다 칭찬을 받을 만한 일이다. 자유인다운 사람과 낭비하는 사람이 모두 재물을 주는 데 열심이지만 그 차이는 뚜렷하다. 전자는 마땅히 써야 할 곳과 적당한 양 그리고 때에 맞추어서 쓰는 사람이고, 후자는 마땅히 쓰지 않아야 할 곳에 마구잡이로 써버리는 사람을 말한다.

또 한 가지 흥미로운 지적은 흔히 자수성가한 사람들보다 재산을 물려받은 사람들이 더 자유인답게 보인다는 점이다. 현실 세계에서 관찰할 수 있듯이 재산을 직접 일군 사람은 시인이 자신의 작품을 사랑하듯, 자신이 만든 재물에 집착한다. 그런 이들은 어렵게 모은 재산을 사용하지 못하는 것이 보통이지만 선대로부터 물려받은 사람들은 이런저런 용도에 비교적 돈을 잘 쓴다.

그런데 '자유인다운 사람'에 대한 설명 가운데는 내가 이해하기 힘든 부분도 없지 않다. 자유인다운 사람은 재물을 써야 할 마땅한 곳이나 때라면 자신의 분수에 과할 정도로 재물을 사용하는 특성을 갖고 있으며, 이를 아리스토텔레스가 꽤 괜찮게 평가한다는 점이다. 여기서 '자유인다움'의 수위는 적합한 양보다 다소 과할 정도로 많은 양(量)이며, 후하지만 무분별한 정도로 많은 양을 뜻하는 것은 아니다. 여기서 한 걸음 나아가 "자기 자신을 돌보지 않는 것이 자유인다운 사람의 전형적인 특징"이라는 표현을 사용하기도 한다.

위대한 철학자의 말씀이긴 하지만, 생활인의 입장에서 자신에게 부담이 될 정도로 재물을 쓰는 사람을 과연 '자유인답다'고 할 수 있을까라는 의문이 생긴다. 이런 차이를 접하다 보면 훌륭한 철학자나 학자의 글도 맹신하기보다는 주의 깊게 읽어야 한다는 생각을 갖게 된다. 그들 역시 자신의 상황이나 경험을 넘어서지 못할 때가 있기 때문이다.

이런 결과로 인해 아리스토텔레스는 "자유인다운 사람이 쉽게 부유해지지 않는다"라고 한다. 이는 마땅히 돈을 써야 할 곳에 돈을 쓰는 '자유인다운 사람'이 의외로 재산을 보전하는 데 실패하는 사실을 지적하는 말이다. 그는 "재물을 가지려고 애쓰지 않는 사람이 재물을 가질 수는 없기 때문이다"라는 표현으로 '자유인다운 사람'의 미래를 점치고 있다. 물론 낭비하는 사람과 차이가 있겠지만 이런 식으로 씀씀이를 제어하지 못하면 결국 '자유인다운 사람' 또한 재산을 잃고 자신이 누리던 자유를 위험한 지경에 빠뜨릴 수 있다.

그만큼 지출은 개개인이 신중하게 결정하고 행동해야 할 사안이다. 돈을 쓸 때도 살아가야 할 날들이 짧지 않다는 사실과 돈을 항상 잘 벌 수 있는 것은 아니라는 사실도 기억할 필요가 있다.

그렇다면 낭비와 인색은 어떨까? 아리스토텔레스는 오히려 인색한 사람보다 낭비하는 사람이 더 칭찬받아야 한다고 말한다. "인색한 사람은 아무에게도, 심지어 자기 자신에게도 유익을 주지 않는 반면에 낭비하는 사람은 많은 사람들에게 유익을 주기 때문이다"라고 말한다.

그러나 씀씀이를 제대로 조절하지 못한 사람들이 결국에는 타인의 도움을 받는 지경에 빠질 수 있음을 생각하면 낭비에 찬사를 보내고 인색에 비난을 보내는 일은 이해하기 힘들다.

내가 보기에는 인색한 사람이 재정적으로 어려운 상황에 처할 가능성이 상대적으로 적다. 그만큼 재정적인 이유로 지인들에게 손을 내밀게 될 가능성이 낮다는 점에서 오히려 칭찬을 해주어야 할 것 같다.

다만 이런 주장이 나온 배경을 이해해야 한다. 고대 그리스에는 오늘날과 같은 체계적인 조세 체제가 자리 잡고 있지 않았다. 시민들이 정기적으로 납부하는 소득세와 같은 직접세는 없었지만 통행세, 입항료, 판매세 그리고 동맹국들의 공납금으로부터 상당한 공공수입을 올렸다.

예를 들어, 도시나 항구를 지나가는 물품에 대해서는 예외 없이 가격의 2퍼센트, 노예의 수입과 수출에도 물건으로 간주해서 가격의 2퍼센트, 항구를 지나가는 선박에 대해서는 10퍼센트, 외국인에 대해서만 보호세 명목의 인두세로 남자는 연간 12드라크마, 남편이 없거나 일하는 아들이 없는 여자는 6드라마크를 거두었다.

기원전 431년 무렵, 아테네에 체류하던 외국인 총 2만 4,000명으로부터 거두어들인 인두세가 48탈란톤이었고(당시에 1드라크마는 4.3그램의 은화로 노동자의 하루 품삯이었는데, 1탈란톤이 6,000드라크마였다) 이 액수는 아테네 총 세수의 10퍼센트를 차지하였다. 대부분의 세금이 간접세이기 때문에 상황에 따라 변동하는 데 반해서 직접세인 인두세는 상대적으로 세금 수입을 예측할 수 있기 때문에 아테네의 재정 수입에 크게 기여하였다.

대규모 신전 건립이나 전쟁을 위한 선박 건조 등과 같은 공공을 위한 비용은 대부분 부유한 시민들로부터 나왔다. 부유한 시민들은 값비싼 의식이나 공공서비스를 후원하고, 도시의 축제 때 연극이나 오락거리의 비용을 지원하였다. 전함 건조 비용을 대기도 하고 직접 혹은 간접으로 함장에 취임하기도 했다.

아테네 역사의 황혼기에 마케도니아의 필리포스 2세에 맞서 해군력

증강을 주장하고 나섰던 인물이 있다. 데모스테네스(기원전 384년 ~322년)라는 자수성가한 웅변가가 바로 그다. 그는 플라톤이나 아리스토텔레스와 같은 시대를 살았던 인물로 민회의 연설에서 해군력 강화를 주장하였다. 그는 삼단노선 기부자 숫자를 1,200명에서 2,000명까지 늘리고 기부자 모두를 명예함장으로 명부에 올리는 것을 제안하였다. 이 주장으로 미루어보면 해군력에서도 부자들의 기부가 얼마나 중요한 몫을 차지하고 있었는지 그리고 부자들의 동참을 유도하기 위해 그들이 얼마나 고심하였는지를 짐작할 수 있다.

데모스테네스의 모습 자수성가한 웅변가인 데모스테네스는 해군력의 증강을 주장하였다. 사진은 기원전 280년에 제작된 조각상의 복제품. 로마, 바티칸궁.

이처럼 부자들이 돈을 내놓아야 돌아가는 체제였기 때문에 아리스토텔레스 역시 부자들에게 넉넉하게 돈을 쓰라고 권할 수밖에 없었을 것이다.

아리스토텔레스 역시 생업에 종사하지 않았기 때문에 평생 동안 누군가의 후원을 받았을 것이다. 이런 시대 상황을 이해하면 상대적으로 낭비가 인색함보다는 칭찬을 받아야 한다는 아리스토텔레스의 이야기를 이해할 수 있을 것이다.

여기서 예로 드는 키몬(기원전 510년~450년)과 키몬의 처남이 '자유인다움'의 대표적인 사례일 것이다. 기원전 5세기에 페리클레스에 맞서서 귀족정파를 이끌었던 정치인이자 장군이었던 키몬은 부유한 귀족 집안 출신이었다. 넉넉하게 성장한 사람들이 그렇듯이 그는 기부에도 남다른 열성을 보였다. 그가 후원한 것으로 추정되는 기념비적인 업적이 역사에도 뚜렷이 족적을 남겼다.

"고대 아테네에서 가장 유명한 건축물이 무엇일까?"라는 질문에 대부분의 사람들은 파르테논 신전을 들 것이다. 그러나 당시로 돌아가보면 사람들이 자주 찾던 번화한 곳은 아고라(agora)였으며 이 가운데서도 아고라의 북쪽 회랑에 설치된 '그림 그려진 스토아(The Painted Stoa, the Stoa Poikile)'였다.

파르테논 신전에서 가까운 아고라는 정사각형 모습으로 회랑을 따라 한쪽에는 상점들이 있고 다른 한쪽은 개방된 공간이었다.

사방의 회랑 가운데서 북쪽의 한 벽면에 그려진 다양한 그림들은 당대의 유명한 화가들인 폴리그노토스, 미콘, 파나이노스가 주도하였는데, 주로 그리스 신화나 그리스 역사 속의 전쟁 이야기를 소재로 다루었다. 이 공간이 바로 '그림 그려진 스토아'였다. 철학자들은 이곳의 회랑을 중심으로 오고 가면서 철학을 논하였고 그 결과 '스토아 학파'라는 이름이 탄생하였다.

이 그림들 가운데는 마라톤 전쟁의 영웅인 키몬의 아버지도 포함되었는데, 관심은 누가 이 프로젝트를 주도하였는가라는 점이다. 프로젝트를 추진한 사람은 키몬의 처남이었지만 돈을 댄 사람은 키몬이었을 것으로 추정된다. 이렇게 완성된 프로젝트는 시 당국에 기부되었다.

이처럼 돈을 내놓을 수 있는 형편이 되는 부자라면 아낌없이 꼭 써야

아테네의 아고라 유적 고대 아테네에서 상업 활동과 정치 활동이 활발히 이루어지던 번화한 장소였다. 1956년에 복원되었고, 우측 상단에 아크로폴리스가 위치해 있다.

할 곳에, 써야 할 만큼을 적절한 때에 내놓는 것이야말로 '자유인답다'는 것이 아리스토텔레스의 주장이다. 어쩌면 무덤까지 갖고 가지 않는 것이 재산이니 살아 있는 동안 너무 쩨쩨하게 굴지 말라는 이야기를 하고 싶었는지도 모른다.

> "자유인다운 사람의 특징은 마땅히 주어야 할 사람에게 마땅히 주어야 할 때에 적당히 주어야 할 만큼 올바른 방법으로 주는 것이다."

부정한 돈은
받지도 주지도 말아라

"어떤 사람들은 부당한 이익을 얻으려고 아주 큰 위험을 감수하기도 하고, 어떤 사람들은 자신이 마땅히 주어야 할 친구들을 희생시키면서까지 그들로부터 이득을 취한다. 두 경우 모두 자신들이 이득을 취해서는 안 되는 곳에서 이득을 취하려는, 부끄러울 만큼 이득을 좋아하는 사람들이다. 이런 종류의 모든 취득은 진정 자유인답지 못한 것이다. 그런데 '자유인답지 못함'이 '자유인다움'에 반대되는 것으로 이야기되는 것은 적절하다. 자유인답지 못한 것은 낭비보다 더 나쁘며, 사람들은 낭비하는 데서 잘못을 저지르기보다는 이득을 취하지 않아야 할 곳에서 이득을 취하는 데서 더 큰 잘못을 저지르기 때문이다." 4권 1장 1122a9-15

아리스토텔레스는 '자유인다움'을 주로 재물을 주는 쪽에 초점을 맞추고 있지만 수입에 대한 부분도 언급하고 있다. 왜냐하면 수입 없는 지출은 없기 때문이다. 자유로운 사람(자유롭게 쓸 수 있는 사람)은 누군가로부터 재물을 받을 때도 불의나 부정과 연루되어 마땅히 받지 말아야 할 곳에서 재물을 받지 않는다. 반면에 낭비하는 사람은 대부분 받지 말아야 할 곳에서 자주 받고, 인색한 사람은 쓰는 데는 주저하지만 받는 데는 열심이다.

수입 면에서 자유로운 사람이 되려면 어떻게 해야 하는가? 일단 낭비하지 않도록 해야 한다. 쓸데없이 이곳저곳에 재물을 낭비하다 보면 늘 재물이 궁하게 되고 결과적으로 부정한 재물을 받지 않을 수 없다.

사실 사람은 궁핍한 상태에 놓이면 체면이나 도덕 그리고 선악 개념이 쉽게 사라져버린다. 부정한 재물이든 아니든 가리지 않고 일단 받고 본다. 따라서 스스로 궁핍한 상황에 처하지 않도록 주의하고 또 주의하는 것이 최선의 방법이다.

자유로운 사람이 되는 또 하나의 방법은 수입을 적극적으로 늘리는 일인데, 이 부분에 대해서 아리스토텔레스는 그다지 뾰족한 대안을 내놓지 않는다. 이미 갖고 있는 소유물에서 벌어들인다는 이야기는 있지만 소유물을 늘려가기 위해 어떻게 해야 하는지에 대해서는 이야기가 없다. 상인이 아닌 철학자인 그에게 이런 대안을 요구하는 것 자체가 무리일 수도 있다.

재물의 지출에 있어서 아리스토텔레스는 상대적으로 낭비하는 사람을 후하게 평가하고 인색한 사람을 가혹하게 평가한 바 있다. 마찬가지로 수입을 다루면서도 낭비하는 사람들에 대한 후한 평가는 계속된다. 왜냐하면 낭비하는 사람이 수입이 없을 경우 자연히 지출을 줄이게 되므로 자신의 약점을 치료할 수 있다고 보았기 때문이다. 하지만 이는 너무 이상적인 생각이 아니었을까. 평소에 거침없이 쓰던 사람이 그렇게 쓸 수 없게 되면 지출을 당장 줄일 수밖에 없긴 하지만 오히려 부정한 방법에 눈을 돌릴 가능성도 커질 것이다.

한편 스스로 인색한 사람이라면 귀담아 들어둘 충고가 있다. 아리스토텔레스는 인색은 낭비보다도 사람의 본성에 깊이 뿌리를 내리고 있기 때문에 나이를 먹는다고 해서 인색함을 벗어나기가 쉽지 않다고 말한다. 인색은 스스로 노력을 해서 고쳐가는 길 외에는 다른 방법이 없다.

상대적으로 형편이 낫거나 자리가 높거나 나이를 먹으면, 최소한 인색하다는 평판을 얻지 않도록 해야 한다. 그런데 이는 그냥 얻어지는 것이 아니다. '작은 일에서부터 내가 좀더 베푼다'는 원칙을 반복적으로 실행에 옮길 수 있을 때 '자유인다움'이라는 품성을 가질 수 있다. 흔히 사람들이 나이를 먹고 선배가 되면 "입은 닫고 지갑은 열어야 한다"는 조언을 하지 않는가. 형편이 된다면 주변 사람들을 위해 조금은 후하게 지출하는 것이 좋다. 작은 돈이라도 인심을 쓰면 지출하는 사람 자신도 기분이 좋고 자신의 그릇이 조금씩 커져간다는 사실을 깨우치게 된다.

특히 어렵게 자란 사람일수록 베푸는 것을 훈련하지 않으면 부유해지고 난 다음에도 인색한 사람으로 남기 쉽다.

한편 '자유인답지 못함(aneleutheria, stinginess)'은 지출 면에서도 낭비를 포함하지만 더 큰 잘못은 부당한 방법으로 수입을 확보하는 것을 말한다. 옛말에 "돈 앞에 장사 없다"는 말이 있다. 명예나 사회적 지위나 학식으로 봤을 때 돈을 받지 않아야 할 사람들의 수뢰 사건은 끊이질 않는다. 그 원인이 무엇이든 인간은 뇌물처럼 쉽게 손에 넣을 수 있는 공돈에 한없이 나약한 존재이다.

이따금 사회적으로 물의를 일으키는 수뢰 사건은 생계형 범죄일 수도 있지만 다른 한편으로는 낭비형 범죄인 경우도 더러 있다. 여기서 낭비형 범죄는 지출관리의 실패를 말한다.

그 원인이 무엇이든 간에 정당하지 못한 방법으로 타인으로부터 재물을 받는 일의 부정적인 영향은 생각보다 훨씬 크다.

강연을 다니다 보면 지방자치단체의 선출직 공직자를 만날 때가 종종 있다. 그중에는 강력한 추진력과 열정 때문에 오랫동안 기억에 남는 이들이 있다. 어느 날 그렇게 알게 된 한 분이 수뢰 사건에 연루된 보도를 접했는데 정말 안타까웠다. 그냥 조용히 구속되는 정도가 아니라 검찰 조사에 응하지 않음으로써 전국을 떠들썩하게 만들 정도의 사건이라 그만큼 파장도 컸다.

단지 낭비형 범죄는 아니었을 것이다. 선거전에 이런저런 비용이 들었을 것이고 이를 보충하는 과정에서 무리수를 두었을 가능성이 높다. 대법원 판결문에는 이런 내용이 들어 있었다. "원심은 피고인이 N건설 회장으로부터 4억 원, 조명업체로부터 2억 원, 설계용역업체로부터 1억 원을 받은 사실과 시의원들에게 전달할 목적으로 J씨에게 1억 원을 교부한 사실을 인정한 다음, 이 돈들은 모두 공무원의 직무에 관해 수수하거나 교부한 것으로 뇌물에 해당한다며 유죄로 판단한 것은 정당하다."

징역 10년, 벌금 2억 원, 추징금 7억 원이 대법원 판결로 확정되었으니 이 정도면 개인적으로나 가정적으로 모든 것을 잃어버린 것이라고 해도 무리가 아니다. 이처럼 수뢰 사건은 금전적인 타격이나 감옥살이는 둘째 치더라도 자신이 쌓아온 명예를 모두 날려버리고 이름에 오명을 덧칠해 버린다.

부당한 방법으로 재물을 받는 사람은 비밀이 유지될 수 있다고 생각한다. 그러나 막상 부정한 재물을 주는 사람과 받은 사람의 좋았던 관계가 틀어지면 비밀이 존재할 수 없다. 모든 인간은 자신의 이익에 대단히 충실한 존재이다. 그러므로 조금이라도 불리한 상황에 처하면 재물을 제공한 사람은 자신에게 유리하도록 재물 공여 정보를 떠벌인다.

따라서 부정한 재물을 받는 사람은 "하늘 아래 비밀은 없다"는 격언을 반드시 기억해야 한다. 흔히 정권 교체기에 뉴스를 도배하는 각종 비리, 수뢰 사건을 생각해 보면 금세 이해가 갈 것이다.

아리스토텔레스는 마땅히 받지 말아야 할 것을 받는 사람들을 세 부류로 나눈다. 한 부류는 옷 도둑, 강도 등과 같이 부끄러울 정도로 이득을 탐하는 사람들로 '자유인답지 못한 사람'으로 간주할 수 있다. 또 한 부류는 받지 말아야 할 장소에서 받지 말아야 할 양(量)을 받는 사람들이다. 고리대금업자가 이런 경우에 속한다. 마지막으로 마땅히 취하지 않아야 할 곳에서 마땅히 취해서는 안 되는 것을 크게 취하는 사람들이 있다. 달리 이야기하면 크게 한탕주의에 빠진 사람들을 두고 하는 말이다. 이들은 나쁜 사람, 불경한 사람 혹은 부정의한 사람으로 간주하는 것이 옳다. 예를 들어, 폴리스를 침략해서 신전을 약탈하는 만행을 저지르는 참주들이 그런 부류의 인간이다.

이들의 공통점은 수치스러울 만큼 자신의 이득을 챙기는 자로서 '부끄러운 취득욕(aischrokerdeia, the motive of profiteering)'을 소유한 사람들이다. 오늘날에도 이따금 부정한 돈을 받지 않아도 되는 형편의 사람들이 실수를 하는데 이들이야말로 '부끄러운 취득욕'을 소유한 자라고 부를 수 있을 것이다.

민중을 위한 선명한 인기정책으로 주목을 받았던 중국 충칭 시의 당서기 보시라이와 그 일가가 긁어모은 재산을 보면서 과연 그만이 유독 나쁜 사람인가를 생각해 보았다. 한 방송과의 인터뷰에서 충칭 시에서 사업을 하는 장밍위 씨는 "협조해 달라고 요청할 때 거절하면 어떤 사업이든 문을 닫게 합니다"라고 답하였다. 언제 어디서나 제어되지 않는 권력을 쥐는 자는 부패하게 마련이다. 액튼 경(Lord Acton)의 유명한 경구 "절대권력은 절대 부패한다"가 이를 말해 준다.

자유로운 사람에게는 돈을 쓰는 일은 물론 벌어들이는 일도 중요하다. 일단 쓰는 일을 신중하게 할 수 있다면 돈을 벌거나 받는 일에서도 부정한 사건에 연루될 가능성을 크게 줄일 수 있다.

그러나 개인의 이익을 추구하는 인간의 본성에 대해 지나치게 선의를 갖는 것은 경계해야 한다. 누군가가 휘두를 수 있는 권력이나 나눠줄 이권을 가지고 있다면 그가 스스로 알아서 청렴하게 처신하기를 기대하는 일은 쉽지 않다.

❦ "자유인다운 사람은 마땅히 받지 말아야 할 곳에서는 받지 않는다."

더 큰 가치를 위해
명예롭게 돈을 써야 할 때가 있다

"'통이 큰 것'은 재물과 관련된 탁월성이다. 재물과 관련 있는 모든 행위에 걸쳐 적용되는 '자유인다움'과 달리, '통이 큰 것'은 오직 지출에만 관계한다. 규모 면에서도 통이 큰 것은 자유인다움을 능가한다. '통이 큰 것'이란 용어 자체가 말해 주듯이 그것은 '규모가 큰 것에 대한 알맞은 지출'이기 때문이다. (……) 지출과 관련된 품성상태에서 모자람은 '통이 작은 것'으로 불리고, 그 지나침은 '속물 성향'이나 '품위 없음' 등으로 불린다. '속물 성향'이 지출 면에서 지나치다는 것은 마땅히 지출해야 할 것과 관련되긴 하지만 규모에 있어서 지나치다는 것이 아니다. 오히려 마땅하지 않은 데서 과시적인 방식으로 지출하는 것이 '속물 성향'에 해당한다." 4권 2장 1122a18-23, 1122a29-33

빌 게이츠와 그의 부인 멀린다가 '빌 & 멀린다 게이츠' 재단을 위해 내놓은 돈은 291억 달러이다. 투자의 귀재로 불리는 워런 버핏이 빌 게이츠 재단과 가족 명의로 된 4개 재단에 기부하기로 약정한 액수는 375억 달러이다. 그야말로 통이 큰 기부의 대표적인 사례에 해당한다.

성격적 탁월성의 다섯 번째 유형은 '통이 큰 것(megaloprepeia, magnificence)'이다. '통이 큰 것'은 일반인들이 부담하기에는 엄청나게 규모가 큰 지출에 대해 알맞은 지출을 행하는 것을 말한다. 여기서 알맞다는 정도는 기부자 자신의 능력이나 상황 그리고 기부의 목적에 따라 다르기 때문에 일률적으로 큰 규모의 지출에 대해 알맞다 혹은 알맞지 않다는 평가를 내릴 수 없다.

'통이 큰 것'에 양극단인 악덕은 각각 '통이 작은 것(mikroprepeia, niggardliness)'과 '속물 성향(banausia, vulgarity)' '품위 없음 (apeirokalia, tastelessness)'이다. 앞의 것은 충분히 돈을 쓸 수 있을 만한 재력이 있음에도 불구하고 쩨쩨하게 구는 것을 말하고, 뒤의 것은 마땅하지 않은 곳에 과시적인 목적으로 지나치게 많은 재물을 쓰는 것을 말한다.

통이 큰 사람은 우선 규모가 큰 지출을 할 만한 능력을 가진 사람들이다. 그렇기에 '통이 큰 것'은 부자들의 지출에만 해당된다. 앞에서 살펴본 대로 부자들을 중심으로 고대 그리스 시대에 이미 오늘날 서구를 중심으로 역사를 이어온 기부나 자선 활동과 비슷한 행위들이 이루어지고 있었다. 고대 그리스어로 '(부유한 시민의) 공적인 의무(leitourgia, liturgy)'들이라는 용어가 이미 널리 사용되고 있을 정도였다. '공적인 의무'들 중에서도 돈이 많이 드는 것 가운데 하나가 합창단의 복장을 준비하고 연습 비용을 대는 일이었는데, 이 역시 부유한 사람들이 예술가를 후원해 온 역사를 엿보게 해준다. 물론 기부나 자선이라고 하지만 자발적인 것이라기보다도 거의 의무에 가까웠다는 점에서 오늘날의 기부와는 차이가 있다.

그렇다면 어떤 사람들이 통이 큰 사람의 자격을 갖출 수 있는 것일까? 본인 스스로 재물을 쌓는 데 성공했거나 조상이나 일가친척을 통해 큰 재물을 물려받은 사람이다. 통이 큰 사람은 모두가 자유인다운 사람이 되지만 그 반대는 성립하지 않는다. 왜냐하면 자유인다운 사람들 가운데 재력이란 면에서 큰 지출을 할 수 있는 사람은 소수에 지나지 않기 때문이다. 기원전 4세기 무렵, 아테네 인구의 4퍼센트 정도가 기부금을 제공하는 부자였다.

통이 큰 사람은 고귀한 것 혹은 명예로운 곳, 즉 돈을 쓸 만큼 가치 있는 곳에 돈을 쓴다. 아리스토텔레스는 통이 큰 사람은 돈을 써야 할 곳을 식별해 내는 능력이 있다고 말한다.

뿐만 아니라 통이 큰 것 중에는 공공을 위한 지출뿐만 아니라 사적인 지출도 포함되어 있었다. 결혼식처럼 일생에 한 번 있는 행사에 거금을 들여서 화려하게 치르는 일이나 자신의 집을 치장하는 일은 통이 큰 사람에게는 정당한 일이었다. 당시 부자들의 호화 결혼식은 빈자들을 위한 재분배 기능도 있었을 것이다. 결혼식이 '한 턱 쏜다'는 의미를 가지는 것은 가난한 시절 우리 사회의 시골에서도 관찰할 수 있는 일이었다.

이와 달리 충분히 돈을 쓸 만큼 여유가 있음에도 불구하고 자신이 왜 돈을 써야 하느냐고 불평하는 사람들을 아리스토텔레스는 '통이 작은 사람'이라 부른다. 우리가 흔히 "그릇이 작다"라고 하는 경우가 여기에 해당할 것이다. 이들의 특징은 돈을 써야 할 경우에도 망설일 뿐만 아니라 가능한 한 적은 비용을 쓸 방법을 궁리하고 마지못해 지출한다.

아리스토텔레스는 이런 사람들을 두고 쉽게 "통이 작다"라고 이야기하지만 한 번이라도 돈을 내는 입장에 서보면 나무랄 수만은 없는 일이다. 그렇기에 아리스토텔레스의 지적은 돈을 직접 내는 사람과 지켜보는 사람 사이의 차이라고 생각한다.

큰 지출에 대한 또 하나의 악덕은 '품위 없음'으로 대표되는 '속물적인' 경우이다. 이런 이들은 자신의 부를 과시하기 위해 마땅히 돈을 써야 할 곳에는 작은 지출을 하고, 마땅히 아껴 써야 할 곳에는 큰 지출을 행하는 사람이다.

고대 그리스의 희극 경연대회에서 합창단원들이 자주색 의상을 입고 출연하도록 돈을 후원하는 부자들이 있었다. 양모 사업이 번성하였던 메가라(Megara) 사람들이 그러했던 모양이다. 메가라는 양모 사업이 번성하면서 인구가 넘쳐났고, 이들 가운데에는 모국을 떠나 해외 식민지를 개척한 이들도 많았다. 그만큼 그들은 자신들의 부를 과시하고 싶었을 것이다.

인공 염료가 없었던 그 시대에 자줏빛을 내는 일은 엄청나게 돈이 많이 드는 일이었다. 지금도 자줏빛은 흔히 부와 권위의 상징으로 여겨지는 고급스러운 색인데, 당시 자줏빛 옷 한 벌을 지으려면 지중해에서 구할 수 있는 뿔고둥을 무려 2만 마리 이상 잡아야 했다. 1만 5,000마리의 고둥에서 얻을 수 있는 염료가 불과 1.5그램에 지나지 않았으니 얼마나 값비싼 옷이었는지를 상상할 수 있다. 그런데 합창단에게 중요한 것은 합창이지 의상이 아니다. 마땅히 써야 할 곳에 지나치게 돈을 쓴 사례이다.

"이곳은 바둑이도 만 원짜리를 물고 다닙니다." 땅이 개발지역으로 수용되면서 토지 보상금 때문에 순식간에 엄청난 부를 손에 넣은 사람들이 곧잘 한다는 우스갯소리다. 돈이란 일단 쓰는 재미를 알기 시작하면 주체할 수 없을 만큼 가속도가 붙는다. 외제차를 타고 돈 꽤나 있는 것처럼 위세를 과시하면 주변 사람들이 앞에서 굽실거린다. 그런데 이때 사람들이 자신이 아니라 돈에 굽실거린다는 사실을 깨우치기가 힘들다. 그리고 갑자기 생긴 돈은 은연중에 세상을 우습게 보도록 만든다.

이런 사람도 결국은 정신을 차리고 자신의 부가 대대로 부를 유지해온 사람과 비교하면 별 것 아니라는 사실을 깨우치지만 그런 깨달음은 주로 판이 끝나고 난 다음에야 온다. 흥청망청 돈을 탕진해 버리고 자식들에게 허황된 마음과 태도를 심어주고 난 다음에야 땅을 치며 후회하는 것이다.

나는 돈을 버는 지능도 중요하지만 돈을 쓰는 지능도 중요하다고 생각한다. 상당한 부를 축적한 사람이 말년에 허망한 일에 거액을 낭비하듯 써버리는 것을 보면서 돈을 쓰는 일은 돈을 버는 일과 완전히 다른 재능이며, 이것 역시 그 사람의 지적인 능력과 안목에 크게 영향을 받는다는 생각이 든다. 아무리 많은 재력을 갖고 있다고 하더라도 돈을 쓰는 일에는 현명함과 좋은 습관이 필요하다. 돈을 충분히 갖고 있다고 해서 모두가 제대로 쓸 수 있는 것은 아니다.

한번은 텔레비전 채널을 돌리다가 10여 년 가까이 꾸준히 주변의 불우한 이들에게 선행을 베풀어온 사업가 원영식 회장의 인터뷰를 지켜보았다. 그의 어머니는 "열 개를 벌면 세 개를 다른 사람에게 줘라. 그러면 하나님이 열두 개로 채워주신다"라고 가르쳤다고 한다. 그의 어머니는 시장에서 열심히 장사를 하면서도 어려운 사람 일이라면 열일을 제치고

고대 그리스의 화폐 고대 그리스 시대의 동전으로 배를 탄 포세이돈이나 니케의 형상도 함께 나란히 새겨져 있다. 살라미스에서 출토된 4드라크마 은화. 런던, 대영박물관.

나선 분으로, '명동 앞치마'라는 별명으로 불렸다. 한마디로 현명하게 돈을 쓸 줄 아는 어머니의 지혜와 베푸는 인생이 자식에게 고스란히 대물림된 셈이다.

그런데 『니코마코스 윤리학』의 많은 부분은 현실(실제)보다는 '당연히 이렇게 해야 한다'는 당위(當爲)를 다룬다. 그래서 '통이 큰 사람'에 대한 당위론에도 불구하고 실제로 고대 그리스의 아테네에서 '부유한 시민의 공적인 의무'가 어떻게 변천해 왔는가를 살펴보는 일도 의미가 있다. 시간이 흐르면서 이 제도 또한 초기의 순수한 의도가 변질되며 악용된다. 사람은 누구나 자신의 재물을 아낀다. 당시 사람들도 가능한 한 다른 사람이 공공 지출을 하기를 바랐고 자신은 피해가려고 애썼다.

아테네의 경우 1년에 최소 97회에서 최대 118회 정도의 각종 행사에 부자들의 기부가 이루어진 것으로 추정된다. 아테네인은 다른 도시국가에 비해 축제를 많이 하고 잘 놀았던 사람들이다. 또한 전쟁이 벌어질 때는 수시로 삼단노 군선 건조에 부자들의 재물이 동원되기도 하였다.

'(공적인 의무를 담당하는) 부자 계급(liturgical class)'의 기준은 10탈란톤 이상의 재산을 소유한 사람이었다. 때로 3탈란톤 이상에서 10탈란톤을 가진 사람도 참여하였지만, 3탈란톤 미만의 재산을 가진 사람은 완전히 면제되었다. 아테네만 하더라도 최소 300명에서 최대 2,000명 정도의 부자가 공적인 의무를 수행하였다. 기부 대상에 따라 최소 50드라크마에서 5,000드라크마가 소요되었다. 그중 가장 큰 돈을 들여야 하는 삼단노 군선의 건조(유지, 의장)에는 최소 2,000~3,000드라크마, 많게는 4,000~6,000드라크마라는 거액이 소요되었다.

그러다 보니 이런 공적인 의무를 수행하는 대형 사업은 큰 부자들조차 부담스러워했다. 일부 부자들은 공적인 의무를 수행하기 위해 돈까지 빌려야 하는 딱한 사정에 놓이기도 하였다. 이런 폐해는 아리스토텔레스가 활동하였던 4세기 중후반경에 뚜렷하게 드러났다. 점차 누구도 선뜻 돈을 내놓으려 하지 않았기 때문에 아테네는 독특한 제도를 운영하였다. 그것은 의무를 수행한 부자가 다음 번 기부 대상자를 선정하는 제도였다. 이 제도 역시 선정자가 악용할 수 있는 제도였기 때문에 분쟁이 끊이질 않았다.

공적인 의무 제도가 부자들이 감내하기 힘들 정도의 큰 부담으로 작용하기 시작한 것은 아테네가 계속해서 전쟁에 뛰어들면서였다. 펠로폰네소스 전쟁과 시칠리아 원정과 같은 대규모 전쟁에서 수시로 삼단노 군선을 건조해야 했고 이 부담은 고스란히 부자들의 몫이 되었다. 기원전 415년에는 시칠리아 원정을 둘러싸고 민회에서 격렬한 찬반론이 전개되었다. 이때도 부자들은 전비 부담 때문에 시칠리아 문제에 개입하기를 반대하는 니키아스의 손을 들어주기도 했다.

더욱이 펠로폰네소스 전쟁이 끝나고 나면 아테네가 제해권을 상실하면서 동맹국으로부터 들어오는 연례 공납금마저 끊기자 한층 더 자금 부족에 시달리게 된다. 이를 해결하는 손쉬운 방법은 부자들에게 계속해서 부담을 떠넘기는 것이었다.

대표 사례 가운데 하나가 코린토스 전쟁(기원전 395년~386년) 중에

크세노폰 그는 "부자들의 공적 의무 제도는 가난한 사람들의 무기이다"라고 말하였다.

일어난 사건이다. 전쟁 비용을 염출하기 위해 일부 부자들을 애매한 죄목으로 기소하는 등 재산 몰수를 위한 소송이 빈번해졌다. 그들의 재산을 빼앗아버리는 사건이 일어났다. 아테네는 일찍부터 재판 당사자가 소송을 제기하면서 법원에 보증금을 거는 제도를 운영해 왔다. 그런데 시간이 가면서 이 금액이 점점 높아지고 결과적으로 소송에 지는 사람은 심한 경우 자신의 재산을 전부 잃어버리는 일도 발생하였다. 의도적으로 상대방을 음해하는 사건의 경우는 벌금이 크게 치솟았다. 당시 소송 사건의 단골 테마 가운데 하나가 공적 의무를 수행하지 않은 것으로 의심되는 부자들에 대한 소송이었다. 부자들을 고발하고 비난하는 아테네의 밀고자 이야기는 현존하는 여러 가지 문헌을 미루어보면 이미 아리스토텔레스가 장년기를 보내던 시기에는 보편적인 현상이었다.

코린토스 전쟁 중에는 주변 사람들의 질투의 대상이 된 부자들이 소송을 당하였는데 이들로부터 몰수한 재산이 시민들에게 분배되는 어처구니없는 일도 일어났다. 당시 부자였던 디피루스는 애매한 사유로 리쿠르고스에 의해 기소되고 몰수된 전 재산은 시민 1인당 50~100드라크마씩 분배되기도 하였다. 이처럼 아테네 역사의 후기로 갈수록 전비 조달의 필요성에 따라 부자들에 대한 부담은 더욱 증가하였다.

아리스토텔레스는 사실 통 큰 기부를 주장하지만 현실에서 부자들이 처한 딱한 사정은 당위와 현실 사이의 격차를 여실히 말해 주고 있다. 4세기 후반에 활동하였던 역사가 크세노폰과 변론가 이소크라테스는 "부자들의 공적 의무 제도는 가난한 사람들의 손에 들어 있는 무기이다"라는 말을 하기도 했다.

당시의 부자들은 어떤 방법으로 이런 부담을 피해갈 수 있었을까? 그것은 자신이 소유하고 있는 재산을 숨기는 일이었다. 그래서 일부 부자들은 대중의 눈을 피해서 금은보화를 땅에 묻기도 하고 부동산처럼 눈에 띄는 재산을 소유하기보다는 간편하게 옮길 수 있는 유동자산을 선호하였다. 4세기 무렵에는 재산 숨기기가 일부 부자들만이 아니라 광범위하게 확산되었다.

이런 일들은 현대에서도 발생하고 있고 발생할 수 있는 일이다. 이처럼 아리스토텔레스가 말하는 '통이 크다는 것'(탁월성)과 '통이 작다는 것'(악덕)도 막상 현실을 찬찬히 들여다보면 말처럼 쉬운 것이 아님을 알 수 있다.

❧ "사람이 자신과 관련된 일을 위해서가 아니라, 공동의 일을 위해서 지출할 때 통이 큰 사람이 된다."

평범한 사람은 없다, 당신은 포부가 있는가

"'포부가 큰 사람'은 스스로 자기 자신이 큰일을 할 만하다고 생각하며, 실제로도 그럴 수 있는 사람이다. 자신이 가진 가치에 걸맞지 않게 그런 생각을 하는 사람은 어리석은 것인데, 탁월성을 추구하며 삶을 살아가는 사람은 지각이 있고 그 누구도 어리석지 않다. (……) 크기를 기준으로 보면 포부가 큰 사람은 극단이지만, 마땅히 그래야 할 방식이라는 기준으로 보면 중간에 위치한다. 왜냐하면 그는 자신의 가치에 걸맞은 일을 할 만하다고 생각하는 반면에 다른 사람들은 지나치거나 모자라기 때문이다." 4권 3장 1123b1-4, 1123b12-15

시골에서 태어나 하나하나 벽돌을 쌓듯이 치열한 인생을 만들어온 사람이라면, 누구나 자신이 큰일을 할 만한 능력을 갖고 있다는 사실을 의심해 본 적이 없을 것이다. 그런데 큰일이 무엇인가는 세월에 따라 변화한다. 사회가 민주화를 위한 혼돈을 겪을 때 젊은 시절을 보냈던 사람들에게 포부란 주로 '나라의 일'을 하는 것과 관련되는 경우가 많았다. 그래서 포부는 어떤 사람이 나서 자라는 사회 분위기에 크게 영향을 받는 것 같다.

오늘날의 젊은이에게 포부는 주로 금전적인 것과 깊은 관련이 있을 것이다. 돈을 지극히 중시하는 시대에 살기 때문이다. 사회 분위기에 영향을 받긴 하겠지만, 생각보다 인생이 짧지 않다는 사실을 생각하면 좀 멀리 보고 자신이 추구해야 할 포부의 대상을 결정하는 것도 현명한 일이다. 살아보니 세상 사람들이 포부의 대상이라 생각하는 것들이 어떤 면에서 자신에게는 덧없는 것일 수도 있기 때문이다. 특히 이러한 선택은 인생 후반기로 접어들면서 더욱더 중요해진다.

성격적 탁월성의 여섯 번째 유형은 '포부가 큼(megalopsychin, high-mindedness)'이다. '포부가 큼'은 흔히 '긍지(矜持: 자신의 능력을 믿음으로써 갖는 당당함)'로 번역되기도 한다. 그 반대의 극단은 '포부가 작음(비굴, pettiness)'과 '허영(vanity)'이다.

큰 포부를 가진 사람은 겉으로 보기에도 작은 일이 아니라 큰일에 관련된 사람으로, 추구하는 일의 크기가 중요하다. 또한 마땅히 큰일을 할 만한 재능과 능력, 그릇을 가진 사람이기도 한다. 작은 일을 할 만한 능력을 가진 사람이 작은 일을 잘 추진한다고 해서 포부가 큰 사람이라고 말하지는 않는다.

그렇다면 큰일에는 어떤 것들이 있을까? 포부가 큰 사람이 추구하는 일 중에 대표적인 것은 무엇일까? 고귀한 행위나 대단한 도전의 결과로 얻을 수 있는 명예일 것이다. 인간은 누구나 타인으로부터 인정받고 싶은 욕구가 있는데 특히 포부가 큰 사람들은 그런 욕구가 강하다. 포부가 큰 사람은 그렇지 않은 사람들에 비해서 명예를 얻기 위해 기꺼이 온갖 위험을 무릅쓰고 헌신할 각오가 되어 있다. 또한 그들은 자신이 그런 명예를 추구할 만한 자격이 있다고 믿으며, 그에 필요한 성취와 행동을 자신의 것으로 만들 수 있는 능력과 역량을 갖고 있다.

그래서 아리스토텔레스는 포부가 큰 사람은 곧바로 '뛰어난(agathos) [탁월한] 사람'이라고 말한다. 포부가 큰 사람은 부나 지위, 권력에도 관심을 갖는데, 이들을 통해서 명예를 얻을 수 있기 때문이다. 달리 말하면 부나 지위나 권력이 겉으로 보기에 큰일처럼 보여도 명예와 관련되지 않으면 그것은 '포부가 큰 사람'이 추구할 만한 대상은 아니다. 이때 명예는 탁월성에 대한 일종의 상이자 면류관(kosmos)이다.

살아가면서 "세상에는 정말 뛰어난 머리와 재능을 타고난 사람들이 많구나"라며 놀랄 때가 많다. 특히 주변에서 뛰어난 머리를 타고난 젊은 이들을 볼 때면 어김없이 경탄하곤 한다. 하지만 그런 재능을 타고난 사람들이 모두 대단한 업적을 남기는 것은 아니다. 오히려 대다수는 이런저런 방해물에 굴복하거나 스스로 자신은 작은 일에 적합한 인물이라 판단하여 평범한 사람에 머물고 만다.

이와 달리 자신의 타고난 재능에 주목하고 이를 발휘할 분야를 선택한 다음에 오랜 기간 우직한 노력으로 세상에 걸출한 성과를 드러내는 사람들이 있다. 인생의 중·후반이 되면 이들의 모습이 서서히 드러나는 데, 우리는 이들에게 찬사와 존경심을 표한다. 재능을 가진 사람들이 다수라 할지라도 세월과 함께 명예를 얻는 사람들은 극소수인데, 이런 사람들을 큰 포부를 가진 사람이라고 부를 수 있을 것이다.

다트머스 대학교 총장을 거쳐 세계은행 총재가 된 김용 박사의 이력을 보면 독특한 면이 있다. 그는 이민 세대의 똑똑한 자녀들이 흔히 걷는 의사의 삶을 선택할 수 있었음에도 불구하고 그 길을 가지 않았다. 28세의 김용은 친구 폴 파머 박사와 함께 가난한 사람들을 위한 의료구호 사업을 펼치기로 결심하고 자선 의료봉사단체인 '파트너스 인 헬스(Partners in Health)'를 만들었다.

그런 결정을 내린 젊은이들을 두고 주변 사람들은 세상 물정을 모른다고들 했지만 그들은 자신의 길을 고집하였다. 그의 오랜 파트너였던 파머 박사는 이렇게 말한다.

"페루 슬럼가와 아이티에서 르완다, 시베리아 감옥에 이르기까지 김용은 빈곤과 질병의 고리를 끊기 위해 전력을 다했다. 나는 그의 열정과 끈기에 감동했기 때문에 그와 20년 가까이 일을 할 수 있었다." ─ 서정명, 『당신을 초대한 삶에 충실하라』, p.31

우리나라의 과학고등학교 학생들은 타고난 머리가 좋은 학생들이다. 이들이 '우수인재 의대진학 어떻게 볼 것인가'라는 토론회(동아일보 주최)에서 열띤 토론을 벌인 적이 있다. 근래에 이공대 기피 현상과 의대 선호 현상을 염두에 둔 토론회였다.

이들 가운데 포부가 큰 사람과 관련해서 생각해 볼 거리를 던지는 명문 과학고에 재학 중인 학생들의 발언이 지금도 기억에 남는다.

"과학고 전교 1~2등이 공대를 간다고 하면 모두 괴짜라고 생각한다."

"선배에게 의대 간 이유를 물어보니 이공계는 사회 진출의 폭이 너무 넓어서 뭘 해야 할지 잘 모르겠다고 한다."

"주위 친구 모두 과학을 좋아하지만 이공계는 끝없이 공부하고 경쟁 해야 한다는 부담이 크다. 진로를 고민하는 학생에게 명확한 목표를 제 시해 주지 못한다."

"개인병원을 접는 의사가 많다는 사실도 알지만 공대를 나온 기술직 은 대우가 더 좋지 않다는 인식이 있다. 시야가 좁은 과학고 학생으로서 는 이럴 때 의대가 안정적이라는 얘기를 들으면 선택할 수밖에 없다."

— 남윤서, "2040열린포럼: 과학영재들이 의대 가는 게 잘못인가요?", 《동아일보》, 2012. 2. 21

학생들의 세상 내다보기가 틀린 것은 아니다. 본인이 꼭 의대에 가야 겠다고 생각하는데, 이를 나무랄 수 있는 사람은 아무도 없다. 앞으로 세 월이 흐르더라도 의사들이 이공계 출신들에 비해 평균적으로 더 안정적 이고 오래 일할 수 있는 것은 사실이다. 그 점을 부인할 사람은 아무도 없을 것이다. 그러나 자신이 뛰어난 과학적 재능을 타고났다면 안정적 인 생활 못지않게 더 위대한 삶에 헌신하는 것도 충분히 고려할 만하지 않을까? 우리들의 삶에는 잘 먹고 잘 사는 것, 경제적으로 여유롭게 사 는 것만이 중요한 것이 아니라 고귀한 목표를 추구하는 삶도 있다.

포부가 큰 사람이라면 자신이 가진 인정받고 싶은 욕망, 자신의 존재 를 세상에 알리고 싶은 욕망, 그리고 자신의 이름을 영원히 남기고 싶은 욕망을 발휘할 수 있는 대상을 찾고 그 대상에 헌신하는 삶을 생각할 것이다. 고대 그리스인들은 이런 욕망을 '투모스(thumos 혹은 thymos)'라고 표현하였다.

"그는 사회적으로 용인된 동기부여(예를 들면 돈을 벌기 위해서, 좋은 성적을 받기 위해서, 좋은 대학교에 들어가기 위해서)로 무장된 사람들에게 둘러싸여 있었다. 하지만 고대 그리스인들은 전혀 다른 동기부여 구조를 갖고 있었다. '투모스'는 단순히 존경을 받거나 유명인이 되기보다는 '영원한 명성을 향한 욕망(desire for eternal fame)'이다. (……) 고대 그리스인들은 사람은 가장 높은 차원에서 연결되어 있다고 보았다. 어떤 이상적인 상태가 존재하며, 사람이 그 영원한 탁월성에 한 걸음 더 가까이 갈수록 이상적인 인간성에 그만큼 더 가까이 다가간다고 본 것이다. 이때 '투모스'는 가장 높은 지점으로 올라가는 추동력이다." ─데이비드
브룩스, 「소셜 애니멀」, pp.96~97

한편 앞서 말했듯이 '큰 포부'의 양 극단인 두 가지 악덕에 포부가 작은 것과 허영, 즉 허명을 쫓는 것이 있다. 여기서 '포부가 작은 사람'은 자신의 능력에 상관없이 자신이 작은 일에 적합하다고 단정해 버리는 특징을 갖고 있다. 그래서 아리스토텔레스는 포부가 작은 사람은 '위축된 사람'이라고도 표현한다.

이처럼 포부가 작은 사람과 허명을 쫓는 사람이 바람직하지 않은 것은 사실이지만 그렇다고 해서 그들이 나쁜 사람은 아니다. 이들이 타인에게 해를 끼치는 것은 아니기 때문이다. 하지만 포부가 작은 사람은 더 잘 할 수 있음에도 불구하고 자신의 능력을 한껏 발휘하지 않는다는 점에서, 그리고 허명을 쫓는 사람은 허황된 것을 향해 자신의 인생을 낭비한

다는 점에서 잘못을 저질렀다고 할 수 있다.

그러면 '포부가 큰 사람'은 어떤 특성을 갖고 있을까? 아리스토텔레스가 설명하는 '포부가 큰 사람'의 열 가지 특성을 요약하면 다음과 같다.

첫째, 그들은 자신이 큰일을 추구할 만한 능력을 이미 가지고 있음을 잘 안다. 이런 점에서 보면 능력이 없음에도 불구하고 허황된 일을 추구하는 '허명을 좇는 사람'과 큰 차이가 난다.

둘째, 그들이 추구하는 대상은 다양하지만 공통적으로 대다수 사람들에게 "정말 대단한 일이야"라는 반응을 불러일으킬 수 있는 대상이라는 점이다. 이병철, 정주영, 반기문이 만들어냈던 성취에 대해 모두가 동의하지 않는가?

셋째, '포부가 큰 사람'을 떠올릴 때면 그들이 할 수 있는 여러 가지가 아니라 딱 한 가지가 크게 부각된다. 예를 들어 '이병철' 하면 '이병철은 무엇을 행한 사람이다'라는 명쾌한 문장이 만들어지는 것을 연상해 보면 된다.

넷째, 그들은 명예를 얻기 위해 위험을 무릅쓰며, 그들의 명예는 주어진 것이 아니라 스스로의 힘으로 만들어낸다. 그들은 활동적이긴 하지만 큰 명예나 성취가 있는 경우를 제외하면 신중하게 움직이고 특별한 경우가 아니면 삼간다.

다섯째, 그들은 가장 뛰어난 사람이자 탁월한 사람이다. 허황된 말이 아니라 업적으로 자신을 증명해 보이기 때문이다.

여섯째, 그들은 잘 베푸는 일이야말로 자신들의 의무라고 생각한다. 그들은 '노블레스 오블리주(noblesse oblige)'를 선택이 아니라 의무로 받아들인다.

일곱째, 그들은 지위가 낮은 사람들에게 뻐기지 않으며 겸손하다. 그들은 존경받거나 운이 좋은 사람들에게는 대단한 사람으로, 중간인 사람들에게는 보통사람으로 보이려 노력한다. 특히 그들은 지위가 낮은 사람에게 자부심을 보이는 것은 마치 약자에게 완력을 사용하는 것처럼 저속한 일이라 생각한다.

여덟째, 그들은 가능한 한 경제적으로 독립적이며, 누군가에게 의존하는 것을 노예의 삶이라 생각한다. 물론 절친한 친구에게는 도움을 받지만 그 외의 사람들에게는 가능한 한 도움을 받지 않는다. 아리스토텔레스가 친구에게 받는 도움을 예외로 인정한 것은 공적인 의무를 수행하는 아테네 시대의 정치가들을 염두에 두었기 때문일 것이다. 당시에는 공직자를 친구로 둔 사람들이 공직에 전념할 수 있도록 후원하는 일이 흔하였으며, 후원자는 주로 부유한 사람들이었다.

아홉째, 그들은 자신의 힘으로 어떻게 할 수 없는 일이나 작은 일에 대해서 불평불만을 털어놓지 않는다. 부탁이나 불평 모두 자신들의 일이 아니라고 생각한다. 특히 청탁은 자신의 명예에 흠결을 남기는 일이라고 믿는다.

열째, 그들은 '완만한 움직임, 깊이 있는 목소리, 안정적인 말투'를 보인다. 웬만해서 당황하지 않으며 지나치게 서둘지 않고 조급함 때문에 음성이 날카로워지지도 않는다. 매사를 담대하게 대하는 사람이야말로 '포부가 큰 사람'이다.

'포부가 큰 사람'이 가진 열 가지 특성을 정리하면서 나는 현대인이 특히 주목해야 할 네 가지 충고에 대해 다시 한 번 생각하였다. 선인의 지혜에서 얻는 일종의 교훈이다. 우선 첫 번째 충고는 자신에 대한 탐구를 열심히 하지 않은 상태에서 스스로를 '포부가 작은 사람'으로 예단하지 말라는 것이다. 그는 '포부가 큰 것'에 반대되는 악덕 가운데서 가장 나쁘고 흔한 일이 '포부가 작은 것'이라는 점을 분명히 한다.

아리스토텔레스는 세상 사람들이 자신이 어떤 재능을 갖고 있는가를 깊이 탐구하고 무엇을 잘 할 수 있는가를 적극적으로 찾아보지 않는 것이야말로 악덕이라 말하고 싶었을 것이다. 자신의 능력을 과대포장하는 것도 문제지만 스스로 노력도 해보지 않거나 잠재력이 있음에도 현재에 머문 채 이를 발휘하지 않는 것은 스스로에게 큰 잘못을 저지르는 것이다.

그냥 평범하고 편안하게 살아가는 일은 특별한 노력을 하지 않더라도 가능하다. 하지만 반대로 포부가 큰 사람으로 살아가기란 여간 힘든 일이 아니다. 누구든지 자신이 큰일에 적합한 사람인지, 아니면 중간 일에 적합한 사람인지, 아니면 작은 일에 적합한 사람인지를 알아내기 위해 치열하게 노력해야 한다.

특히 젊은 날에는 더더욱 그래야 한다. 인생의 초년부터 탐구 노력 없이 스스로를 비하하거나 적당한 수준에 만족한 채 머물러버리는 것은 딱 한 번 살다가는 자신의 인생에 대한 예의가 아니다. 이따금 사람들은 "저는 평범한 직장인인데요" 혹은 "저는 평범한 학생인데요"라고 자신을 설명하곤 한다. 스스로 '평범한'이란 단어로 자신을 '포부가 작은 사람'으로 미리 규정할 필요는 없다. 말이 씨앗이 된다는 말도 있듯이 이런 말은 가능한 한 사용하지 않도록 해야 한다.

자신이 포부를 갖고 집요하게 추구해야 할 분야는 어느 날 갑자기 등장하지 않고 서서히 윤곽을 드러내는 특징이 있다. 나의 경험에 따르면 사람들은 누구나 수많은 재능 가운데 한 가지 정도는 갖고 있다. 이를 찾아내서 명예로 연결시키는 사람이야말로 '포부가 큰 사람'일 것이다.

아리스토텔레스의 지적처럼 포부가 큰 것이 여러 가지가 아니라 주로 한 가지에 관련된 것임을 떠올린다면 누구든지 자신에게 적합한 일에 있어서는 포부가 큰 사람으로 살아갈 가능성의 문이 열려 있다. 그렇기 때문에 일단 주어진 자신의 생에서 자신이 잘 할 수 있는 일들을 탐구하여 찾는 것이 정말 중요하다.

실험실에서의 제임스 왓슨 DNA 이중나선구조를 발견한 제임스 왓슨은 "집착의 대상은 두 가지도 많다"라고 말하였다.

우리가 무엇을 잘 하도록 태어났는지를 실천을 통하지 않고 단순히 머리로만 알 수 있는 방법이 있겠는가? 나는 어떤 분야든지 착 달라붙어서 집요하게 추구해 보지 않으면 절대로 찾아낼 수 없다고 생각한다.

DNA 이중나선 구조를 발견해서 노벨의학상을 수상하였던 제임스 왓슨은 "집착의 대상은 두 가지도 많다"라고 믿었던 사람이다. 그만큼 자신이 몰입할 만한 일을 찾기 위해서는 이곳저곳을 기웃거려선 안 되고 우직하고 집요하게 파고들어야 한다는 사실을 일깨워준다. 그가 어린 시절은 물론 성공한 다음에도 끊임없이 되새겼던 스무 가지의 인생 조언 속에는 그가 자신의 재능을 발견해서 정상에 우뚝 서기 위해 어떻게 살아왔는지를 알려주는 내용이 있다. "자신을 특별한 사람으로 느끼게 만들 큰 목표를 세울 것, 지적인 경쟁자와 늘 접촉을 유지할 것, 일요일에도 일할 것, 골프는 치지 말 것, 지루한 사람은 피할 것."

두 번째 충고는 행운으로 물려받은 것을 갖고 지나치게 으스대지 말라는 조언이다. 세상 사람들에게서 명예를 얻는 일은 세 가지 경우일 것이다. 하나는 부유한 것이고, 다른 하나는 권력을 가지는 것이고, 나머지 하나는 좋은 집안에서 태어나는 것이다. 세 가지 중에서 앞의 둘은 스스로 만들어낼 수 있는 것이지만 마지막은 그야말로 행운으로 가능한 것이다.

명예를 얻는 사람들 가운데 으뜸은 후천적인 노력과 선천적인 행운을 다 갖춘 사람들이라 할 수 있다. 이는 오늘날의 우리 사회에서도 마찬가지이다. 종종 좋은 집안에서 태어나는 행운은 부러움의 대상이 되기도 하고 질투 때문에 비난의 대상이 되기도 한다.

그러나 아리스토텔레스는 좋은 집안에서 태어나는 행운으로 명예를 얻은 사람들에게 경고한다. 행운만으로 명예가 오래 갈 수 없다는 것이다. 더욱이 그는 그런 사람들이 스스로를 과대평가해서 거만해질 위험에 대해서도 이야기한다.

"행운처럼 '외적인 좋음'들만을 가지고 있는 사람들은 거만하고 불손하게 된다. 왜냐하면 탁월성이란 품성을 갖고 있지 않다면 그러한 좋은 행운들과 같은 선물을 적절하게 관리하기가 쉽지 않기 때문이다. 그렇게 간직할 수 없으면서도 그들은 자신이 다른 사람들을 능가한다고 생각하고 다른 사람들을 깔보기도 하고, 자신에게 즐거움을 주는 것이라면 제멋대로 무엇이든 행동하게 된다." 4권 3장 1124a26-30

그러면 좋은 집안에서 태어난 이들이 제대로 '포부가 큰 사람'이 될 때는 언제인가? 그들 스스로의 힘으로 탁월성을 보일 수 있을 때이다. 누군가 선대로부터 큰 재산을 물려받았다고 가정해 보자. 그가 자신을 과대평가하지 않고 힘써 노력해서 타인들이 인정할 만한 성과를 거두었을 때 비로소 그들은 탁월성을 손에 넣으며, 이때 그들에게 '포부가 큰 사람'이라는 이름이 붙을 것이다. 진정으로 포부가 큰 사람이 되기 위해서는 무엇보다 본인 스스로의 의지와 노력으로 성과를 만들어내는 것이 중요함을 알 수 있다.

세 번째 충고는 자신과 타인에 대해 말해야 할 것과 하지 말아야 할 것을 제대로 구분하라는 조언이다. '포부가 큰 사람'은 우선 자신에 대해서 좀처럼 이야기하지 않을 뿐만 아니라 타인에 대해서도 마찬가지이다. 그들은 자신에 대한 칭찬이나 비난에 일희일비하지 않으며, 타인에 대해서도 이러쿵저러쿵 이야기하는 것을 명예롭지 않게 생각한다. 설령 자신과 맞서는 적에 대해서조차 그들은 오만함에서 나오는 비난이나 비판을 삼간다.

누구든 큰일을 추구하다 보면 숱한 훈수와 소문을 만난다. 세상 사람들은 대체로 자신이 잘 알지 못하는 일이나 끼어들지 않아야 할 일들에 대해서 함부로 이야기하는 데 익숙하다. 그렇기 때문에 '포부가 큰 사람'은 큰일을 추구할 때 당연히 훈수와 비난을 접할 수 있다는 사실을 기꺼이 받아들이고 가볍게 넘어갈 수 있어야 한다. 오로지 탁월한 성과로써 세상 사람들을 이해시키는 것 외에는 별다른 방법이 없다.

자연히 포부가 큰 사람은 다른 사람에 대한 훈수를 줄인다. 또한 그들은 가능한 한 상대방의 입장에서 이해하려고 노력한다.

마치 칼을 휘둘러대듯이 험한 언어들이 오고 가는 시대를 살아가는 사람이라면 아리스토텔레스의 조언에 귀를 기울여야 한다.

네 번째 충고는 포부가 큰 사람은 어떤 일이든 놀라서 야단법석을 떨 만한 일은 없다고 생각한다는 것이다. 당장은 아주 크게 보이는 일이라 할지라도 시간이 흐르면 "왜, 그때 그런 일로 마음이 상하였을까?"라고 후회할 수 있음을 그들은 잘 알고 있다. 따라서 좋은 일은 좋은 일대로, 나쁜 일은 나쁜 일대로 마치 강물에 흘려보내듯이 무념무상으로 받아들인다.

포부가 큰 사람들의 이러한 태도는 인간에 대한 깊은 통찰에 바탕을 두기 때문일 것이다. 인간이란 본래 완벽할 수 없는 존재이다. 아무리 노력하더라도 완벽함과는 거리가 있기 때문에 후회스러운 일이 생길 수밖에 없다. 포부가 큰 사람은 인간의 불완전함을 받아들이기 때문에 과거의 일에 대해 크게 생각하지 않는다. 그들은 그렇게 하기보다는 차라리 현재와 미래를 대상으로 더 잘 할 수 있는 방법을 적극적으로 찾는다.

무엇인가를 집중적으로 추구해 보기 전에는 자신이 어떤 재능을 갖고 있는가를 알아차리기가 쉽지 않다. 젊은 날에는 주로 남들이 선망하는 자리에 오른 이들이 포부가 크고 대단한 사람이라고 생각했다. 그러나 세월은 진정한 의미에서 포부가 큰 사람은 타인의 눈에 어떻게 비치는가를 떠나서, 자신이 선택한 분야에서 남다른 의미를 만들고 자신과 지인 그리고 세상을 널리 이롭게 하는 데 기여하는 사람임을 깨우치게 한다. 이는 타고난 재능으로 가능할 수도 있겠지만 후천적인 결단과 끈기와 약간의 행운으로도 가능한 일이라고 생각한다.

> 🏅 "'포부가 큰 사람'은 스스로 자기 자신이 큰일을 할 만하다고 생각하며, 실제로도 그럴 수 있는 사람이다."

지나친 명예욕은
독이 된다

"재물을 주고받는 데 있어 중용과 지나침과 모자람이 있는 것처럼 명예를 추구하는 데 있어서도 적당한 것보다 너무 많거나 너무 적은 경우가 있을 수 있다. 또한 명예를 추구해야 할 만한 올바른 곳과 올바른 방식이 있다. 우리가 '명예욕을 가진 사람'을 비난하는 것은 그가 정도 이상으로 명예를 추구하거나, 또한 추구해서는 안 되는 곳에서 명예를 추구한다고 생각하기 때문이다. 그리고 '명예에 무관심한 사람'을 비난하는 것은 그가 고귀한 일들에서조차 명예를 받는 일을 의도적으로 추구하지 않기 때문이다." 4권 4장 1125b7-11

"나는 한 번도 내가 어떤 자리에 오르거나, 어떤 사람이 될 것인가에 관심을 두지 않았습니다. 늘 '내가 무엇을 해야 하나'에 관심을 두었습니다."

김용 세계은행 총재의 삶을 그린 책에 나오는 한 대목이다. 김용 총재와 나는 비슷한 연배이기에 이 부분이 참으로 부럽기도 하고 다르다는 생각을 한다. 자유롭게 개인의 선택을 존중하는 사회에서 젊은 날을 보낸 김 총재와 달리 우리 사회에서는 젊은이들이 끊임없이 무엇이 되어야 한다는 압박감을 받으면서 성장한다. 나 역시 그랬다. 더욱이 항상 위태위태한 부모의 삶을 보면서 성장하였기에 빨리 자신의 길을 개척해야 한다는 중압감으로부터 자유롭지 않았음을 고백한다.

세월이 흘러 그런 절박감과 중압감을 어느 정도 내려놓게 되면서 젊은 날 가졌던 야심 또한 시간과 함께 잘 조탁되어 간다고 느낀다. 그러나 이 땅에서 살아가는 대부분의 사람들은 영원히 무엇이 되어야 한다는 야심과 압박감으로부터 자유로울 수는 없을 것 같다. 누군가 나에게 젊은 날 가졌던 야심이 무엇이었냐고 묻는다면, 나는 이렇게 답하고 싶다.

"그것은 구체적으로 어떤 사람이 되고 싶다는 것이기보다는 평범하게 살다 가서는 안 된다는 것이었어요."

이제까지 우리는 성격적 탁월성에서 물질과 관련된 것으로 '자유인다움'과 '통이 큰 것'을, 그리고 명예와 관련된 것으로 '포부가 큰 것'을 살펴보았다. 이들 가운데 특히 '포부가 큰 것'은 명예를 가져오는 큰일에 대한 것이다. 그렇다면 우리는 자연스럽게 작은 일이나 중간 규모의 일에서도 명예와 관련된 성격적 탁월성이 있을 것으로 예상할 수 있다. 일곱 번째 성격적 탁월성이 이를 다루고 있다.

군이 큰일이 아니더라도 일상생활에서 작은 명예를 추구하는 일은 얼마든지 있다. 마땅한 장소에서 마땅한 방식으로 마땅한 수준 이상의 명예를 추구하는 사람을 아리스토텔레스는 '명예욕을 가진 사람(야심가, ambitious man)'이라고 부른다. 혹은 크지는 않지만 그 나름대로 고귀한 일들에서 명예를 얻거나 추구해야 함에도 불구하고 이에 무관심한 사람을 '명예에 무관심한 사람(야심 없는 자, unambitious man)'이라고 한다.

어떤 사람이 갖는 야심에 대해 생각해 보면 야심가와 그렇지 않은 사람을 구분하는 일이 한결 쉬워진다. 학계나 재계에서 혹은 조직 내에서 활동하는 사람을 머리에 그려보자. 이들이 자신의 일과 인생에 대해 가지는 기대 수준은 성취 경험이 쌓여가면서 변화한다. 하나하나 업적을 쌓아가면서 자연스럽게 사람들의 마음속에는 야심이란 것이 생겨난다. 야심은 물질적인 성공 그 이상을 대상으로 하며, 주로 처음에는 상상할 수 없었던 자리나 직책에 대한 욕망으로 나타난다.

각자의 분야에서 인정을 받고 그 나름대로의 유명세를 누리는 사람은 정치 같은 분야로 눈을 돌리며 '나도 저 자리에서 일할 만한 충분한 자격이 있지 않은가?'라고 생각한다. 그런 생각이 들 때가 되면 "당신이 이 정도의 자리에서 머무는 것은 절대로 옳지 않다. 나라를 위해서도 당신이 나서야 한다"라고 부추기는 지인들이 늘어난다.

특히 선출직 공직의 경우는 변호사나 회계사처럼 무슨 자격증이 필요한 것이 아니기에 더더욱 인기도에 따라서 야심이 커질 수 있다.

전혀 예상하지 못한 사람이 선거에 나오면 사람들은 대부분 두 가지의 다른 반응을 보인다. 한 부류는 "그 양반이 자기가 하는 분야에서나 잘 하지, 왜 그렇게 정치하겠다고 나대는지 모르겠다"라며 비난을 한다. 반면에 "그가 이제까지 잘 해왔던 것처럼 정치인으로서도 얼마든지 잘 할 수 있을 것이다"라고 믿는 사람들도 있다. 이들은 그가 당연히 정치인으로 나서야 하는데 나서기를 미적거리면 야심이 없다며 비난의 목소리를 높인다. 당사자는 이때 나가야 되나 말아야 되나를 두고 심각한 상황에 처한다.

'야심가'뿐만 아니라 '야심이 없는 사람'에 대해서도 긍정과 부정 의견이 모두 존재할 수 있음에 대해 아리스토텔레스는 다음과 같이 말한다.

> "우리는 때때로 '명예욕을 가진 사람(야심가)'을 사내답고 고귀한 것을 사랑한다고 여겨 칭찬하기도 하며, '명예에 무관심한 사람(야심 없는 사람)'을 정도를 지키고 절제력이 있다고 여겨 칭찬하기도 한다." 4권 4장
> 1125b12–14

이처럼 작고 중간 크기의 명예와 관련된 성격적 탁월성에 대해 어떤 이름을 붙여야 할지 모호하다. 사실 마땅한 장소에서 마땅한 방식으로 그리고 마땅한 크기로 명예를 추구하는 일은 중요하지만 명확한 정답이 존재하지 않는다. 그럼에도 불구하고 지나침과 모자람 사이에 중용이 있다는 것은 확실하다.

예를 들어, 우리가 직장인이라면 직장 생활을 해가는 과정에서 여러 가지 선택의 기로에 설 때가 있다. 전직을 하여 다른 직장에서 기량을 한껏 뽐내는 기회를 잡을 수도 있고, 위험을 감수하고 창업의 대열에 설 수도 있고, 고속 승진으로 동기들보다 훨씬 빨리 올라갈 수도 있고, 그럴

수 있음에도 불구하고 일부러 속도를 조절하면서 나아갈 수도 있다. 이런 다양한 선택의 이면에는 더 높은 자리나 더 나은 기회를 추구하는 명예라는 부분이 물질적인 동기 못지않게 중요한 몫을 차지한다.

변신을 한다면 언제가 가장 적절한 시점인가? 이것이 바로 타이밍의 문제이다. 전직할 기회가 주어지면 옮겨야 하는가, 아니면 그냥 현직에 머물러 있어야 하는가? 이것이 마땅한 '장소'에 해당한다. 이를 추구하는 데 구체적으로 어떤 방법으로 할지가 '마땅한 방식'에 해당한다. 어디까지 추구할 것인가는 야망의 크기와 관련이 있는데 '마땅한 규모'와 관련이 있다.

사람이라면 누구든 자연스럽게 욕심이나 애착을 가지고 있다. 그만큼 '명예욕'을 제대로 다루는 일이 정말 중요하다. 이 점은 주변의 지인들 중에도 어느 정도 기반을 잡은 다음에 지나친 명예욕 때문에 자신과 가족을 어려움에 빠뜨리는 경우를 통해서도 확인할 수 있다.

내가 보기에 명예라는 것은 자꾸 가속도가 붙는 것 같다. 외부적인 실패에 의해 브레이크가 걸리지 않는 한 명예욕에는 한계가 없다. "그 자리를 차지하고 나면 그만할 것이다"라고 말하지만 막상 그 자리를 차지하고 나면 욕망은 그곳에서 그치지 않는다. 명예가 붙다 보면 그런 명예 때문에 주변에 득을 보는 사람들이 생겨나고 이들은 자꾸 부채질을 한다. 그렇게 하다 보면 사람은 어떤 틀에 점점 갇히고 자신과 가족의 문제를 냉정한 시각에서 바라보기가 힘들어진다.

대개 아버지가 명예를 추구하는 40~50대는 아이들이 한참 교육을 받아야 하는 시점이다. 요즘은 교육을 제대로 받는 데에도 상당한 비용이 들어간다. 선출직 공직자는 외관은 화려하지만 물질적으로 여유로울 수는 없다. 내가 잘 아는 한 분은 원래 다녔던 안정된 직장에 비해 거의 2분

1 정도의 보수를 받고 선출직 공직자의 길에 들어섰다. 그분의 입장에서는 명예를 얻는 것으로 충분할 수 있지만 한참 돈이 들어가는 때에 아내와 아이들은 줄어든 연봉에 걸맞게 생활을 조절해야 했다. 아들은 아버지의 청렴한 공직 생활을 위해 비용이 많이 드는 학교의 진학을 포기했다. 사석에서 그분은 나에게 "법이 정한 규칙대로 엄격하게 생활하는데 가족들은 희생이 큰 편이지요"라고 말하였다.

명예를 추구하는 일이 자주 가족 전체의 일이 되어버리기도 하고, 당사자는 명예를 추구하는 데 급급한 나머지 자신의 명예와 아이들의 앞날을 별도로 분리해서 받아들이기가 쉽지 않다. 자신의 명예를 추구하는 일도 때가 있다면 아이들이 더 좋은 기회를 잡는 것도 때가 있는데, 어떤 선택을 내리는 것이 현명한지는 각자의 가치관에 따라 다를 것이다.

언젠가 오바마 대통령이 세계은행 김용 총재의 아들에게 전화를 건 사연이 소개되었다. 명문 다트머스 대학교가 위치한 뉴햄프셔의 전원생활을 마다하고 입신출세한 아버지를 따라서 번잡한 워싱턴 D.C.로 이사를 하는 김 총재의 아들에게 오바마 대통령이 전화를 한 것이다. 그는 "고맙다. 너에게 빚을 졌다"는 메시지를 전하였다. 이런 외신을 접하면서 모든 출세에는 그것에 걸맞은 비용이 따른다는 생각이 들었다.

한편 이따금 최악의 경우도 발생하는데 그것은 무리한 방법, 즉 불법적인 방법으로 명예를 추구한 나머지 오랜 세월 동안 만들어온 모든 것을 일거에 잃어버리는 안타까운 상황이다.

무리한 명예욕 때문에 뇌물 공여와 같은 불법적인 사건에 연루되어 경력 전체를 먹칠해 버리는 사람들을 볼 때면 '도대체 그런 비용을 지불하면서까지 추구할 만큼 그 자리가 중요한가?'라는 의문이 든다. 명예의 추구는 지혜의 추구와 달리 치열한 경쟁이 있게 마련이다. 따라서 순간

김용 세계은행 총재 다트머스 대학교 총장을 거쳐 세계은행 총재로 선출된 김용 총재와 버락 오바마 대통령, 힐러리 클린턴 국무장관이 백악관에서 연설을 준비하고 있다.

적인 실수나 방심 속에 무리수를 두기 쉬운데 그 비용은 참으로 크다.

명예욕 또한 금전욕이나 성욕과 같은 다른 욕망들과 마찬가지로 뿌리가 깊고 질기고 충동적인 면이 강하다. 평소에 자신의 욕망에 대해 잘 이해하고 있어야 욕망을 다루는 일에서도 성공할 수 있다.

나이를 먹어가면서 그리고 자리가 올라가면서 자신의 내면세계를 자주 들여다보아야 한다. 자신의 욕구가 어디로 향하고 있는지, 그 뿌리는 어디에서 비롯되는지, 욕구를 다스릴 수 있는 방법은 무엇이 있는지, 욕구대로 자신을 내맡겼을 때 자신이 짊어져야 할 위험은 얼마나 되는지 등에 대해서 성찰하며 살아야 한다.

🌀 "명예에 관해서도 일종의 탁월성이 있다."

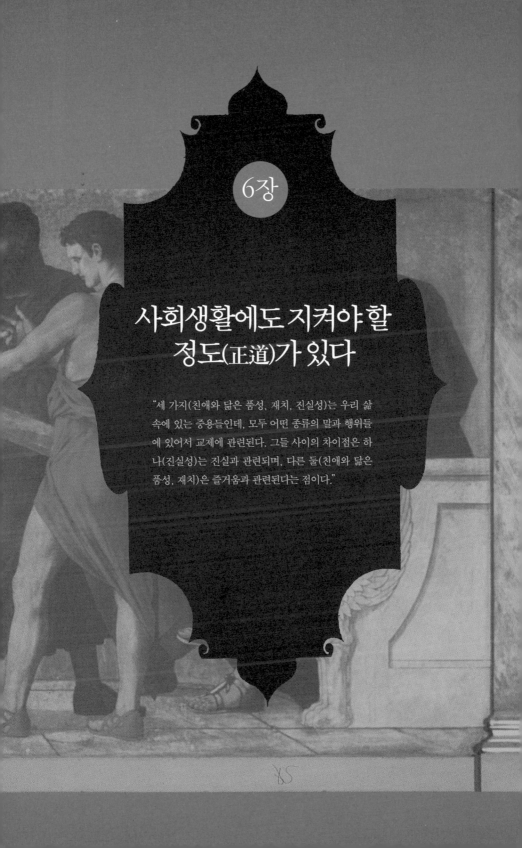

6장

사회생활에도 지켜야 할 정도(正道)가 있다

"세 가지(친애와 닮은 품성, 재치, 진실성)는 우리 삶 속에 있는 중용들인데, 모두 어떤 종류의 말과 행위들에 있어서 교제에 관련된다. 그들 사이의 차이점은 하나(진실성)는 진실과 관련되며, 다른 둘(친애와 닮은 품성, 재치)은 즐거움과 관련된다는 점이다."

교제와 관련된 성격적 탁월성

우리는 세상을 살아가며 이런저런 교제를 통해서 성장하는데, 교제에서 달콤함도 맛보지만 쓴맛을 들이킬 때도 많다. 앞에서는 좋은 게 좋은 것이라는 식으로 서로 잘 지내다가도 그 속내가 기대와 달라 상처를 받고 실망하기도 부지기수다. 예전에 내가 모시는 상사 한 분이 계셨는데, 여러 면에서 본받을 점이 많았던 분이라 평소에 깊은 믿음을 가지고 있었다. 그런데 어느 날 진행하고 있던 프로젝트를 성사시키기 위해 다른 조직의 A라는 사람을 만나야 하는 일이 생겼다. 그때 그분이 한 말이 조직에 있는 동안 두고두고 기억에 남았다.

"우리가 그동안 투자해 놓은 것도 있고 하니, 이번에 A씨를 한번 제대로 이용해 먹어야 되지 않겠어."

그날 나는 저분은 나를 보고도 저렇게 이용하려는 마음을 먹고 있겠지라는 생각에 당혹스러움과 서운한 감을 지울 수가 없었다. 특히 인간관계, 즉 교제는 자신이 통제할 수 없는 타인과의 관계이기 때문에 뜻대로 하기가 쉽지 않다.

직장인들의 스트레스를 조사해 보면 의외의 결과가 나온다고 한다. 연봉, 직위와 같은 문제를 가장 먼저 떠올릴 듯하지만 실상 직장인들이 가장 많이 힘들어하고 고민하는 부분은 직장 내 인간관계라고 한다. 가족은 말할 것도 없고 어린 시절부터 죽 함께 지내온 친구와 달리 사회에서 만난 사람들을 대하는 문제는 결코 쉽지 않다.

그나마 직장이라는 공간은 낫다. 이러한 테두리를 벗어나면 호시탐탐 자신의 이익을 취하기 위해 갖은 수단을 동원하는 이들이 많기 때문에 긴장의 끈을 놓치지 않아야 한다.

친밀한 관계와 공적인 관계, 그리고 조심해야 할 관계 등 우리 삶에서 그 중요성이 실로 크다 할 교제에 대해 실용주의자 아리스토텔레스는 무엇이라고 말했을까? 우선 교제와 관련한 탁월성에는 딱히 어떤 이름을 붙이기가 쉽지 않지만 비슷한 것으로 친애(philia)를 들 수 있다. 이외에 사회적 교제와 거의 같은 영역에 속하는 진실성 그리고 교제와 관련된 즐거움인 재치(才致)를 다룬다.

아리스토텔레스는 이 책에서 인간관계에 대한 이상적이거나 막연한 기대를 심기보다 직설로 현실에서 우리가 지녀야 할 태도를 말해 준다. 다시 한 번 현실주의자로서 그의 면모를 되새기게 된다.

이 부분을 강독하며 든 생각은 성공적인 교제를 이어가려면 무엇보다 인간을 수단이나 도구로 생각해선 안 된다는 점이다. 일로 만나는 사이에서 뭐 그렇게까지 생각할 필요가 있냐고 반문할지 모른다. 인연을 소중하게 여기고 힘이 닿는 한 타인을 돕는다는 생각으로 성심성의껏 대하게 되면 타인 역시 그것을 마음으로 알게 된다. 이는 가까운 친구 관계든 일에서의 관계든 마찬가지다. 세일즈에서 큰 성과를 이룬 이들의 면모와 인터뷰 등을 보게 되면 단지 그들이 기술적으로 고객들을 대한 것이 아니라 진심으로 고객이 잘 될 수 있도록 노력했음을 알 수 있다.

그만큼 그 사람 자체를 목적으로 생각하는 것이 인간관계에서 그 무엇보다 중요한 원칙이라 생각한다. 또한 이따금 우리가 다른 이들에게 어떤 모습으로 비춰질지를 생각해 보는 것도 좋은 교제를 이끌어가는 데 도움이 될 것이다.

대인관계에서 실수가 많거나 늘 스트레스가 한 가득인 사람이라면 아리스토텔레스의 금언에 귀기울여보기 바란다.

인간관계에도
일정한 거리가 필요하다

" '속없이 친하려는 사람'과 '뿌루퉁한 사람'은 극단적인 것으로 비난받을 만한데, 그것들의 중간이 있다. 이러한 중간의 품성상태를 가진 사람은 칭찬받을 만한데, 그는 마땅히 받아들여야 할 것을, 마땅히 받아들여야 하는 방식으로 받아들인다. 마찬가지로 받아들이지 않고 물리칠 때도 중간의 품성상태를 가진 사람은 칭찬받을 만하다. 이런 중간의 품성상태에 대해서는 특정한 이름이 있는 것은 아닌데, 친애와 가장 닮았다고 할 수 있다. 중간의 품성상태를 따르는 사람을 우리는 '훌륭한 친구'라고 부르고 싶어하는데, '좋은 친구'라는 말은 '아끼고 사랑함'이라는 의미가 포함되어 있다." 4권 6장 1126b15-22

"저만 믿으십시오. 정말 좋은 일이 함께할 겁니다"

이런 투로 시작된 교제의 끝은 대부분 이해관계가 끝나면서 함께 막을 내리고 만다. 나 역시 돌이켜보면 사회생활에서 맺었던 대부분의 교제는 어떤 이해관계가 지속될 때만이 가능하였던 것 같다. 특히 후끈 달아오른 모닥불처럼, 번갯불에 콩을 볶듯이 가까워진 사이는 이해관계가 사라짐과 함께 금새 식어버리곤 하였다.

이런 교제들 가운데서도 최악의 경우는 아예 작정하고 상대방을 이용하기 위해 접근한 교제라 할 수 있다. 이런 만남으로 인해 여러 사람들이 피해를 겪게 되는데, 이를 보면서 좋은 교제 역시 어떤 사람이 갖고 있는 특정한 품성상태에서 비롯된다는 사실을 확인할 수 있었다.

오래 가는 교제는 서로 일정한 거리를 유지하면서 뜨겁지도 않고 차갑지도 않은 관계라 생각한다. 서로가 가진 장점을 존중하면서 가능한 한 서로에게 폐를 끼치지 않기 위해 노력했던 교제는 생명력이 길고 주는 재미도 컸다.

막상 교제에 대한 글을 읽다 보니 그동안 사회생활을 하면서 만났던 사람들이 동시 다발적으로 떠오른다. 어떤 사람은 떠올리면 떠올릴수록 상큼한 반면에 또 어떤 사람은 세월이 많이 흘렀음에도 불구하고 오래된 상처처럼 자꾸 덧나기까지 한다.

여기서 성격적 탁월성을 구성하는 여덟 번째 품성상태가 등장한다. 이 품성상태는 친애(親愛, philia, friendship)와 가장 닮은 품성상태이긴 하지만 엄밀하게 말하면 친애와 같지는 않다.

친애는 사람이 일상적인 삶에서 찾을 수 있는 즐거움과 관련한 중용의 품성상태를 뜻한다. 친애가 이 여덟 번째 품성상태와 다른 점은 친애에는 반드시 '아끼고 사랑하는(stergein, affection)' 태도가 포함된다는 사실이다.

이 여덟 번째 품성상태가 친애와 다른 점은 사회생활에서 만난 훌륭한 지인들을 잠시 떠올려보라. 여러분은 그들을 어떻게 대하는가? 그들 또한 여러분을 어떻게 대하는가? 서로 괜찮은 상대라고 생각하지만 자식이나 연인에 대해 느끼는 것과 같은 자연스럽고 특별한 감정을 갖고 있지는 않을 것이다. 이를테면 직장에서 좋은 상사와 팀원으로 만난 경우 서고 존중하고 신뢰할 수는 있지만 '아끼고 사랑하는' 감정까지 갖는 일은 드물 것이다. 어떤 부하가 상사에 대해 친애와 가장 닮은 감정을 갖고 있더라도, 상사가 예상과 달리 야박한 업무 평가를 내린다면 그런 감정은 계속될 수 없다. 마찬가지로 상사로서 어떤 부하에 대해 친애와 가장 닮은 감정을 갖고 있더라도, 부하가 기대한 만큼의 성과를 내지 못하면 부하에 대한 호감은 불신으로 바뀔 수 있다.

우리가 누군가를 만나 사회적 교제를 이어갈 때 친애의 감정까지는 다다르지 못한다 해도 인간적인 호감과 존중 등을 바탕으로 대해야 한다. 여기서 한 걸음 나아가 직책이나 직위, 재산이나 학식의 많고 적음에 관계없이 누구를 만나든지 상대방을 한 인간으로서 공평하게 대하면 된다. 이처럼 상대를 대하는 데 있어서 지켜야 할 원칙은 복잡하거나 어렵지 않다. '내가 대접받고 싶은 대로 상대를 대하라'는 것이다.

그러나 이것이 말처럼 쉬운 일이 아니다. 사람은 본능적으로 누구나 상대방의 외모나 피부색 그리고 직책과 부유함 등에 따라 대하는 태도가 달라질 수 있다. 그렇기 때문에 의식적으로 노력해야 한다.

이에 대해 아리스토텔레스는 누구든지 타인들을 대할 때 약간의 차이를 둘 수밖에 없는 현실에 "사람의 행동은 친소관계에 따라 다르다"는 점을 지적하고 있다. 예를 들어 여러 사람이 있을 때 아무래도 동향 사람들을 좀더 배려하게 되는데 이는 불가피한 일이며 탁월성을 침해하지 않는다고 한다. 물론 타향 사람이라고 해서 불이익을 주는 것도 사회적 교제에서 탁월함을 가진 사람이 취할 바는 아니라고 말한다.

교제에서 사람을 차별적으로 대하지 말라는 아리스토텔레스의 조언은 명백한 진리이다. 그러나 실제로 그렇게 세상이 돌아가는가에 대해서는 의문이 든다.

선출직으로 공직에 당선된 한 인물이 일을 시작한 지 얼마 되지 않아서 측근들을 특채로 임명해 물의를 일으킨 사건이 있었다. 비등하는 비판 여론 때문에 특혜 인사는 취소되었지만 이 사건을 보면서 편애에 대해 생각해 보았다. 당연히 측근이라는 이유로 편애해서는 안 되겠지만, 인사권을 가진 당사자의 입장에서 측근에게 일정한 보상을 해줌으로써 자신의 정책을 확고히 지지하게 만들고 자신을 대신해서 투사 역할을 맡아주기를 기대할 수 있다.

오랫동안 알고 지내왔고 정치력이란 면에서 둘째가라면 서러워할 한 지인은 "공평무사는 식자들이나 하는 이야기이고 현실적으로 사람을 움직이는 방법은 친소관계를 명확히 하고 특혜를 주어 부하들을 경쟁하도록 만드는 것이다"라고 다소 냉소적으로 말하기도 한다.

사회적 교제에 대한 탁월성을 갖추고자 하는 사람에게 아리스토텔레스가 주는 세 가지 조언을 좀더 구체적으로 설명해 보자. 첫째, 교제하는 사람에게 괴로움이나 피해를 주지 않도록 해야 한다. 특히 계획을 갖고 의도적으로 접근하여 피해를 입히는 경우는 악덕에 해당한다. 둘째, 교제하는 사람과 자신이 모두 윈윈(win-win)관계를 갖도록 노력한다. 한쪽에 일방적인 이득이 아니라 서로 이익이나 즐거움을 나누어가질 수 있도록 해야 한다. 셋째, 자신이 작은 손해를 감수함으로써 상대방의 큰 피해를 방지할 수 있다면 마땅히 작은 손해를 감수해야 한다. 눈앞의 이익을 목표로 교제하지 말고 좀더 멀리 보고 행동하라는 조언이다.

교제를 해보면서 사람에 대해 갖는 생각은 일찍이 마키아벨리가 솔직히 털어놓은 생각과 다르지 않다. 사회적 교제의 많은 부분은 이해 관계에 따라 구름처럼 몰려들었다고 흩어지곤 한다. 이따금 이해를 넘어서 멀리 보고 사람을 사귀는 경우도 있지만 대체로 이득에 좌우된다.

> "인간은 흔히 작은 새처럼 행동한다.
> 눈앞의 먹이에만 정신이 팔려 머리 위에서 매나
> 독수리가 내리덮치려 하고 있는 것을 깨닫지 못하는 참새처럼 말이다."
>
> — 마키아벨리 〈정략론〉, 시오노 나나미, 『마키아벨리 어록』, p.233 재인용

사회에서 맺게 되는 인간관계는 수학 문제 풀이처럼 옳고 그름이 똑떨어지지도 않는다. 그럼에도 불구하고 사람을 가려서 사귀는 일은 무척 중요하다. 자신의 품성을 바꾸는 일은 자신의 책임이지만 상대방의 품성에 대해서까지 바꿀 것을 요구할 수는 없는 일이다.

세상에는 훌륭한 친구가 될 수 있는 품성을 가진 사람들도 있지만 그렇지 않은 사람들도 많다. 이들과 얽히면서 삶의 행로가 심하게 뒤틀리는 사건에 연루될 수도 있다. 다른 사람에게 상당한 고통과 괴로움을 주면서도 전혀 양심의 가책을 느끼지 않는 사람들도 더러 있다. 그렇기 때문에 특정인이 그동안 걸어온 길을 미루어볼 때 문제의 소지가 있다고

생각한다면 적당한 거리를 두거나 아예 사귀지 않는 편이 더 나을 수도 있다.

평생 명예를 추구해 오다 장관직을 끝으로 고향 가까운 곳에서 대학 총장을 지내던 사람이 있었다. 그는 비리에 연루된 혐의로 조사를 받다가 결국 세상을 하직하고 말았는데, 자필로 쓴 마지막 글에는 이런 대목이 등장한다. "안타깝고 슬프다. 인생의 마지막 뒷모습을 망쳤다. 악마의 덫에 걸려 빠져나가기 힘들 듯하다. (……) 모두 내가 소중하게 여겨온 '만남'에서 비롯되었다. 잘못된 만남과 단순한 만남이 주선한 결과가 너무 참혹하다."

사람이 사람을 만나야 살아갈 수 있지만, 사람 사이에는 질(質)의 차이가 있는 것이 사실이다. 여기서 질은 품성을 말하기 때문에 바꾸기가 거의 불가능하다. 사악한 품성을 가진 사람은 언제 어디서나 주변 사람들을 그릇된 길로 이끈다. 그런 품성을 미리 알아차릴 수 있는가? 그가 걸어온 길과 언행을 미루어보면 대체로 짐작은 가능하다.

얼마 전 텔레비전 채널을 돌리다가 할리우드의 대스타였던 마릴린 먼로의 일생을 다룬 프로그램을 보게 되었다. 1956년에 먼로는 유대인 극작가 아서 밀러와 세 번째 결혼식을 올리지만 5년 만에 파경에 이른다. 파경을 전후해서 그녀는 가수 프랭크 시나트라와 이브 몽탕 그리고 존 F. 케네디 대통령 등과의 염문설에 휩싸인다. 당시 마피아의 거물과 절친한 친분을 갖고 있었던 것으로 의심되는 시나트라는 방황하는 먼로에게 마피아 세계의 두목 등을 소개하게 된다.

둘 사이를 잘 아는 한 지인은 "시나트라와의 만남이 잘못되었어요. 그는 먼로를 밀러와의 '지적 세계'에서 마피아의 '폭력 세계'로 인도하고 말았으니까요"라는 이야기를 하였다. 이런 만남들이 그녀를 더욱 혼란스럽게 만들고 결국 약물 자살을 재촉하고 말았다. 그녀의 나이 불과 36세 때의 일이다.

아리스토텔레스 역시 사회에서 만나는 사람들을 최대한 공평무사하게 대하라고 말하지만 실용주의자답게 모든 사람들을 무차별적으로 사귀라고 조언하지는 않는다. "존경받는 사람들과 보통사람들을 구별되는 방식으로 사귈 것이며, (……) 다른 차이들에 따라 각자에게 구별되는 방식으로 사귈 것이다"라고 차별적인 사귐에 대해 정당성을 부여한다. 한두 번 정도 사악한 사람을 만나서 쓴 경험을 해본 사람들이라면 교제에 있어서 신중함을 더하는 일이 얼마나 중요한지를 잘 알고 있을 것이다.

아리스토텔레스의 조언에서 우리의 실생활에 활용할 수 있는 지침은 무엇일까? 나는 그의 조언을 두 가지로 재해석하고 싶다. 즉 교제의 유형을 두 가지로 나누어서 각각에 대해 이야기하고 싶다. 하나는 조직생활에서의 교제처럼 지속적인 관계를 맺는 사람들에 대한 것(지속적이고 반복적인 관계)이고 다른 하나는 사회생활에서의 교제처럼 잠시 만나고 헤어지는 사람들에 대한 것(일시적이고 일회적인 관계)이다. 물론 사회생활에서도 계속해서 교제를 맺는 경우가 있는데 이런 경우는 조직생활의 교제에 가깝다.

지속적인 관계일 때는 다른 이들의 눈에도 표가 날 만큼 드러나지 않도록 노력해야 하겠지만 친소관계에 따라 친애의 정도가 달라질 수도 있다. 부하를 예로 들면, 아끼는 부하와 그렇지 않은 부하를 내놓고 차별하지 않도록 주의해야 하지만 어느 정도의 친밀도는 다를 수 있다. 사람의 심성은 친밀도와 믿음의 정도에 따라 내 사람, 덤덤하게 대하는 사람, 멀리하고픈 사람을 나누는 것 같다. 그것이 옳다는 이야기는 아니지만,

스스로 편을 만들어내는 것은 자연스러운 본성이라고 생각한다. 그래서 어느 조직이든 학연이나 지연 등에 따라 비공식적인 인맥이 만들어지는 것을 금기시함에도 불구하고 사람의 마음속에 들어서는 인맥까지 없애지는 못한다.

일시적인 관계의 경우에는 전혀 다른 원칙이 적용된다. 직책, 직위, 피부색 등 어느 것에 관계없이 공정하게 대하도록 해야 한다. 명성이나 권력이나 남부럽지 않은 재산의 소유자이면서도 누구를 만나든지 사려 깊고 겸손하게 대하는 사람은 칭송의 대상이 된다. 주변에서 형색이 남루한 사람이나, 나이가 어린 사람이나, 피부색이 다른 사람도 성심껏 대하는 성인들이 있는데 이들은 교제에서 탁월성을 가진 사람들이다.

한편 사회적 교제에서 중용의 품성상태에 벗어나는 '속없이 친하려는 사람'과 '아첨꾼' 그리고 그 반대에 있는 '뿌루퉁한 사람' '싸움꾼'에 대해 좀더 살펴보자. '속없이 친하려는 사람(obsequious man)'은 상대방에게 즐거움을 줄 목적으로 늘 칭찬을 입에 달고 사는 사람이다. 이들은 상대방이 듣고 싶은 말만 할 뿐 상대방이 거북스러워하는 이야기를 절대 하지 않는다.

'아첨꾼(flatter)'은 금전적 이익이나 승진과 같은 이익을 얻어내기 위해 상대방이 듣고 싶은 이야기를 계속해서 해대는 사람이다. 묘한 것은 아첨을 듣는 사람은 처음에는 어느 정도 거리를 두지만 자꾸 듣다 보면 자신도 모르게 여기에 취하는 속성이 있다.

한편 '속없이 친하려는 사람'의 반대편에는 '뿌루퉁한 사람(grouchy man)'이 있는데 이들은 상대방을 까탈스럽게 대함으로써 안절부절한 상태에 놓이도록 만든다. 그런데 사사건건 반대를 늘어놓으면서 심기를 불편하게 만드는 사람은 '싸움꾼(quarrelsome man)'이다.

한편 '싸움꾼'은 요즘과 같이 SNS가 널리 활용되는 시대에 특히 주의를 요하는 유형들이다. 이들은 상대방이 약간의 빈틈을 보이기라도 하면 바로 물고 늘어진다. 이들은 이런 기회를 잡는 데 민첩할 뿐만 아니라 항상 싸울 준비가 되어 있다. 이런 사람들에게 엮이면 에너지를 낭비하고 감정도 상한다. 그래서 싸움에 익숙한 사람들을 만나면 그냥 무시하고 넘어가는 것이 상책이다.

이 네 가지 유형의 사람들과는 가능한 한 교제하지 않도록 주의하는 것이 바람직하다.

사람과 교제하는 일은 자신의 의도와 상관없이 다른 사람과 즐거움과 고통을 주고받는 일이다. 가능한 한 즐거움을 주고 고통을 주지 않으려면 어떻게 해야 할까?

사람과의 관계에선 특히 말이 중요하다. 누구나 별다른 생각 없이 무심코 던진 말 때문에 상대에게 오랫동안 상처를 남긴 경험이 있을 것이다. 가능한 한 해야 할 말과 하지 말아야 할 말을 가려서 이야기할 수 있어야 한다.

또한 너무 성급하게 친해지려는 사람들에 대해서는 일정한 거리와 시간을 두고 가까워지도록 해야 한다. 사람은 경험해 보지 않고서는 알 수 없는 부분이 많기 때문에 이성이든 동성이든 교제를 할 때는 일정한 탐색기가 있어야 한다.

순수하게 옳고 그름이 아닌 이득이라는 판단 기준으로 놓고 보면, 세상에서는 오히려 '속없이 친하려는 사람'이나 '아첨꾼'에 가까운 사람들이 이득을 더 많이 누린다. 특히 이익이나 자리를 나누어 줄 수 있는 사람이라면 듣기 싫은 이야기를 하는 사람들보다 듣기 좋은 이야기를 하는 사람들을 선호하기 쉽다. 물론 그들 역시 반대 의견을 내놓는 사람들을 좋아한다고 입으로는 말하지만 머리와 가슴이 따로 움직이는 경우가 많다. 경험은 윗사람에게 입바른 말을 하는 사람치고 크게 덕을 보는 사람은 많지 않았다.

인간 사이의 상호관계를 기초로 하는 교제의 탁월성이란 면에서 보면 세상에 대한 이상적인 믿음과 실제로 세상이 돌아가는 모습 사이에는 커다란 간격이 있다.

❦ "사회적 관계에서 탁월성을 지닌 사람은 아는 사람이든 모르는 사람이든 똑같이 행동한다. 친숙한 사람이든 친숙하지 않은 사람이든 똑같이 행동한다."

속이지도 말고
속지도 말아라

"'허풍선이'는 가지고 있지 않은 평판을 가지고 있는 척하거나 가지고 있는 것보다 더 과장해서 갖고 있는 것처럼 꾸며서 말하는 사람이다. 이와 대조적으로 '자기를 비하하는 사람'은 자신이 가지고 있는 것을 가지고 있지 않다고 부인하거나 더 작게 꾸며서 말하는 사람이다. 반면 중간에 있는 사람은 실생활에 있어서나 말에 있어서나 진실한 사람으로, 자기 자신과 관련해서 자신이 가지고 있는 것들을 있는 그대로 이야기할 뿐 더 크거나 더 작게 지어내서 말하지 않는다. 이런 사람을 '꾸밈없는 사람'이라 한다." 4권 7장 1126b21-25

학력은 한 인간이 걸어온 역사이다. 흠결이 있든 없든 부모를 바꿀 수 없는 것처럼 자신이 걸어온 역사 역시 바꿀 수 없다. 따라서 학력을 속이는 일은 자신에 대해 중요한 부분을 속이는 것이다. 몇 년 전 유명 인사들이 학력을 위조하여 커다란 파장을 일으킨 적이 있다. 한국 사회에서 학력이 갖는 남다른 무게감도 있겠지만 누구보다 모범을 보여야 할 인사들이 오랫동안 대중을 속여왔다는 자체에 많은 이들이 심한 배신감을 느꼈을 것이다.

　우리나라에서만 이런 일이 있는 것은 아니다. 지난 5월 야후의 신임 CEO로 임명되었던 스콧 톰슨은 컴퓨터 공학 학위에 대한 거짓 학력 기재 사실이 들통나면서 4개월 만에 전격 하차하는 사건도 있었다.

　그만큼 사회적 관계에서는 서로에 대한 진실한 태도가 매우 중요하다. 사회적 교제와 관련한 두 번째 탁월성은 진실성이지만, 아리스토텔레스는 헬라어로 이를 정확하게 표현하는 용어는 없다고 한다. 그러나 '진실성'을 제외하면 마땅한 용어가 없기 때문에 이 책에서는 사회적 교제의 탁월성을 나타내기 위해 '진실성(truthfulness)'이란 표현을 사용한다. 여기서 진실성은 자신에 대해 진실하게 말하고 행동하는가 아니면 거짓되게 말하고 행동하는가와 관련이 있다. 진실성이라는 중용을 벗어나 지나친 상태는 허풍선이(alasoneia, boastfulness)이고 모자란 상태는 자기비하(eirōn, self-depreciation)이다.

　지나치거나 모자람 없이 늘 꾸밈이나 과장 없이 자신이 가지고 있는 그대로 말하고 행동하는 사람은 '꾸밈없는 사람(authekastos, trustful man)'이다. 우리 주위에서 '꾸밈없는 사람'을 떠올리는 일은 그리 어렵지 않다. 많은 사람들이 이런 품성상태를 가지고 있기 때문이다.

사회적 교제에서 진실성을 가진 인물인 '꾸밈없는 사람(진실한 사람)'의 특성은 무엇일까? 첫째, 그들은 '진실을 사랑하는 사람(philalēthēs)'으로 큰일이든 작은 일이든 진실을 말하는 것이 몸에 배어 있다. 둘째, 그들은 진실을 말하는 것이 앞에서 언급한 학력이라든지, 공적인 자리에서처럼 중요한 상황에서는 더욱더 진실을 말하기 위해 애쓴다. 더 철저하게 자신을 있는 그대로 드러낼 것이다. 셋째, 그들은 사소한 것이라 하더라도 자신을 과장되게 이야기하는 것에 대해 심한 양심의 가책을 느낀다. 넷째, 그들은 자신에 대해 과장되게 이야기하기보다는 차라리 축소하여 이야기하는 경향이 있다. 그들은 지나치기보다는 모자람을 선택하는데 그 이유는 겸손하기 때문이다.

지인 가운데 중견 기업을 일구어낸 CEO가 있다. 그는 고등학교를 졸업하자마자 척박한 사업 세계에 뛰어들었기 때문에 그 흔한 대학 졸업장을 갖고 있지 않다. 그가 제법 규모가 있는 단체의 장으로 취임하게 되자 한 모임에서 큼직한 화면에 그가 수상한 각종 수상 내역과 학력을 표시해 놓았다. '저건 아니다'라고 판단한 그는 기조연설을 위해 마이크를 잡았을 때 맨 처음 이렇게 이야기했다.

"사실 제가 대학교를 나오지 않았습니다. 가세가 기울어서 그런 기회를 갖지 못한 사람이기 때문에 이런 단체의 책임자가 될 수 있는 자격이 없습니다. 그럼에도 불구하고 주변 분들이 이제는 봉사를 좀 해야 한다고 강권하다시피해서 저의 풍부한 경험을 전하는 것도 의미가 있지 않을까 싶어서 자리를 수락하였습니다."

하지만 세상에는 이렇게 진실한 사람들만 있는 것은 아니다. 자신을 과장해서 표현하는 사람도 적지 않은데, 이들은 두 부류로 나눌 수 있다. 하나는 특별한 목적 없이 그냥 자신을 과장하는 사람이고, 다른 하나는 특별한 목적 때문에 스스로를 과장하는 사람이다. 전자는 나쁘기보다는 그냥 '허튼 사람(mataios)'이라 부를 수 있다.

누구나 자기 자랑 하기에 바쁜 사람들의 이야기를 들어주느라 고통스런 시간을 보낸 경험들이 있을 것이다. 딱히 우리에게 큰 피해를 준다고 할 수 없기에 심하게 비난할 수는 없다.

그런데 우리가 특히 관심을 가져야 할 사람은 숨은 의도를 갖고 자신을 과대 포장하는 사람들이다. 이들이 이렇게 행동하는 데는 세간의 평판이나 명예를 얻기 위한 이유도 있지만, 상대로부터 돈이나 그 밖의 이익을 얻기 위한 경우가 많다. 이들의 허풍은 손쉽게 사기와 같은 범죄행위로 연결된다.

고대 그리스의 역사에도 희대의 사기 사건이 있었다. 이 사건은 전 국가적으로 음흉한 동기를 갖고 자신의 형편을 부풀린 사건이다. 시칠리아의 고대 도시 세게스타는 아테네에 사절단을 파견하여 강력한 도시국가인 시라쿠사와의 분쟁을 해결해 달라고 요구한다. 민회는 세게스타가 전쟁 비용을 지불할 수 있는 여력을 갖추고 있는지를 파악하기 위해 사절단을 파견하는데 세게스타는 관민이 일치가 되어 사절단을 철두철미하게 기만하고 아테네는 전쟁 참여라는 결정을 내리고 만다.

그들은 금 용기에 음식을 담아 만찬장으로 계속해서 들여보내서 아테네의 사절단을 속이게 되는데, 사실 세게스타에는 고가의 컵이나 용기 그리고 금 그릇이 단 한 벌밖에 없었다. 그들은 인근의 그리스와 페니키아의 도시들로부터 잠시 빌려서 짝을 맞추었다. 그리고 사절단이 방문하는 집마다 그릇을 빌려주어서 철두철미하게 사절단을 기만한다. 한심하게도 사절단은 "가정집마다 이 정도로 금 그릇을 갖고 있다면 도대체 세게스타는 얼마나 부자란 말인가!"라고 탄성을 질렀다.

개인이나 나라를 이끄는 지도자는 상대의 '숨겨진 의도와 목표'를 제대로 읽고 처신하지 못하면 피눈물을 흘리는 상황에 내몰릴 수 있다. 그런데 의외로 세상에는 이런 순진한 사람들이 많다.

살다 보면 이익을 얻기 위해 진실을 과대 포장하는 사람들을 주위에서 흔하게 만난다. 유난히 그런 능력을 타고난 사람들도 있고, 살면서 그런 능력을 연마한 사람들도 있다. 각 분야에 전문가가 있는 것처럼 자신을 과대 포장해서 상대방을 속이는 일에도 얼마든지 전문가들이 있다. 아리스토텔레스는 이익을 위해 허풍선이가 되는 사람들이 주로 내세우는 게 세 가지 있는데, 바로 예언력, 지혜로움, 의술 등이라고 말한다.

이러한 사기성 짙은 과대 포장의 극명한 사례가 바로 사이비 종교일 것이다. 몇 해 전 도쿄 지하철에 독가스를 살포해서 수많은 사상자를 냈던 옴진리교의 마지막 수배자인 다카하시 가쓰야가 체포되었다는 뉴스를 본 적이 있다.

1984년 이사하라 쇼크가 창설한 이 종교는 세균무기, 핵 무기 등에 의해 지구가 파멸에 이른다는 종말론을 내세우고 있었다. 당시에 사고의 규모에도 많은 사람들이 놀랐지만 신흥 사이비 종교나 다름없던 옴진리교를 일본의 엘리트라 할 만한 사람들이 추종한다는 사실이 더욱 충격으로 다가왔다.

이런 일은 비단 일본에서만 벌어지는 게 아니다. 우리나라에도 무속인들의 그릇된 예언에 속아 많은 돈을 날리거나, 신흥 종교집단에 빠져 패가망신하는 사람들이 꽤 있다. 복잡하기만 한 현대사회에서 숱한 갈등과 상처를 안고 살아가는 현대인들을 교묘한 감언이설과 예언 등으로

사이비 종교의 최후 옴진리교 마지막 수배자의 구속 소식을 지켜보는 일본 시민들.
사이비 종교는 극단적인 기만 행위의 사례다.

현혹하는 사이비 종교의 문제는 심각한 사회 문제이기도 하다.

종교적인 것 이외에도 다른 사람들의 돈을 빼앗을 수 있다면 온갖 것들이 이용될 수 있다. 신문에 나오는 사기나 기만 사건들을 보면 학력, 집안, 직업, 권력, 경제력, 고수익 등 거의 모든 것들이 상대를 속이기 위해 사용된다. 젊을수록, 세상 물정을 잘 모를수록, 지나치게 착할수록, 속아본 경험이 없을수록, 사람을 지나치게 믿을수록, 판단력이 흐려진 나이일수록 사악한 무리들이 놓은 덫에 빠질 가능성이 높아진다.

얼마 전 아는 분이, 메신저로 보이스피싱을 당한 적이 있다. 그분은 자기 아들과도 편하게 메신저로 대화를 나누곤 했는데, 어느 날 아들이 다급하게 돈이 필요하다며 말을 걸어왔다. 아직 어린 나이니, 급작스럽게 돈이 필요할 때 도움을 요청할 사람이 부모 말고 누가 있겠는가? 무슨 일인지 걱정도 되었지만 두 말 않고 아들이 알려준 계좌번호로 꽤 큰 돈을 보냈다. 그런데 얼마 안 되어 아들에게서 전화가 왔다. 자신의 메신저 아이디가 해킹을 당해서 지인들한테 돈을 요구하는 대화가 뜬다는 것이었다.

지인은 깜빡 속아서 엉뚱한 곳으로 보낸 돈도 아깝고, 멀쩡한 자신이 속아 넘어간 것도 황당했지만, 무엇보다 사람들의 약한 구석을 집요하게 건드려서 이득을 취하는 행태에 너무 분해 몇날 며칠을 끙끙 앓았다고 한다.

그렇다면 허풍선이는 본래의 품성상태에서 비롯되는 것일까? 아니면 다른 이유가 있는 것일까? 아리스토텔레스는 "허풍선이는 소질에 따른 것이라기보다는 선택 문제이다"라고 말하며 이러한 특성은 선천적인 것이 아니라 후천적인 것임을 강조한다. 하지만 나는 허풍선이는 어느 정도 타고나는 측면이 있다고 생각한다.

물론 아리스토텔레스가 그런 판단을 내린 데는 나름의 이유가 있다. 그는 비교적 고상하고 수준이 있는 사람들로 이루어진 학자의 세계에서 평생을 살았다. 살기 위해 혹은 이익을 위해 타인을 속이는 일들이 다반사로 이루어지는 거친 현실 세계에 살았다면, 본래부터 허풍을 떠는 기질을 타고 나는 사람도 있다는 데 크게 동감하였을 것이다.

개인적으로 진실하게 살아야 하지만 악의를 가진 허풍선이들로부터 자신과 가족 그리고 사업을 보호하는 일의 중요성은 아무리 강조해도 지나치지 않는다. 사람이 일단 야무지고 다부져야 하고 허풍선이를 알아차릴 수 있는 현명함도 갖추어야 한다. 그렇지 않으면 번번이 당하면서 살아갈 수밖에 없다. 이는 곧 오랜 시간 힘들여 일해서 번 것들을 교활한 이들에게 고스란히 갖다 바치는 것이나 다름없다.

'자기를 비하하는 사람'을 뜻하는 사자성어 가운데 하나로 '과공비례

(過恭非禮)'가 있는데, 지나치게 겸손한 것도 예의에 어긋난다는 말이다. 예의도 못 지킬 뿐만 아니라 대개는 금전이나 명예 등에서 손실을 입는다. 우리 스스로를 그리고 자신이 가진 것을 지나치게 겸손하게 말하면, 상대방은 우리를 겸손하다고 여길 수도 있지만, 보잘 것 없는 사람이라고 여길 수도 있다. 그 결과 상대방이 우리를 무시하기 쉽다.

세상을 살면서 만만하게 보이는 것만큼 위험한 일도 없다. 상대방에게 함부로 대해도 된다는 신호를 보내는 일이나 마찬가지다. 물론 아리스토텔레스는 "자신을 낮추는 사람들은 매력 있어 보인다"라는 찬사를 보이지만 이것 역시 현실과 다를 수 있다. 그러므로 필요 이상으로 겸손하지 않도록 주의해야 한다. 즉 없는 것을 과장되게 가지고 있다고 거짓말해서는 안 되겠지만 이미 갖고 있는 것조차 없다고 이야기할 필요는 없다. 그러면 허풍과 자기비하 가운데 어느 쪽이 더 비난을 받아야 하는가? 당연히 허풍선이 쪽이 더 큰 비난을 받아야 한다.

그런데 자신을 과대 포장해서 상대방에게 드러내는 일은 처음에는 다소 어색하게 시작되지만 반복하다 보면 스스로 봐야 할 현실과 보고 싶은 이상을 혼동하는 일이 벌어진다. 점점 더 자신이 말하는 것을 당연하게 여긴다. 원래 품성상태가 허풍선이일 수도 있지만 거짓말을 반복하면서 더더욱 허풍선이의 품성상태에 다가선다.

뮌히하우젠 증후군(Munchhausen Syndrome)이라는 심리학 용어가 있다. 병적으로 거짓말을 하다가 점점 자신도 거기에 도취되어 현실과 거짓을 구분하지 못하는 현상을 이르는 말이다. 허풍선이 같은 사람을 이렇게 극단적으로 표현하지야 않겠지만 어쨌든 처음부터 이런 거짓말에 발을 들여놓지 않는 것이 중요하다.

한 개인이 진실을 사랑하는 사람으로 살아가기로 결심하는 것도 멋진 삶의 방식이며, 진정한 의미에서 훌륭한 사람이 갖추어야 할 탁월성의 한 부분이다. 이에 더하여 상대방의 거짓이나 허풍으로부터 자신을 보호하는 일 역시 늘 염두에 두어야 한다.

> "스스로를 과대 포장하거나 과소 평가하지 않는 것, 그 중간이 우리가 취해야 할 탁월성이다."

때와 장소에 어울리는
재치도 중요하다

"지나치게 농담을 일삼는 사람들은 '저급한 익살꾼' '저속한 사람'이다. 그들이 농담을 하는 목표는 오로지 사람들을 웃기기 위한 것이다. 그들은 고상한 것을 이야기하거나 조롱거리가 되고 있는 사람의 고통을 경감시켜 주는 일에 대해서는 조금도 신경을 쓰지 않는다. 이와 달리 스스로 어떠한 우스운 이야기도 하지 않을 뿐 아니라 우스운 이야기를 하는 사람에 대해서도 못마땅해 하는 사람은 '촌스러운 사람' '경직된 사람'이다. 반면 적절하게 농담을 풀어낼 수 있는 사람은 머리 회전이 빨라서 방향을 신속하게 바꾸는 사람처럼 '재치 있는 사람'이라고 불린다. 이런 종류의 농담들은 품성상태의 움직임으로 보인다. 마치 신체가 신체의 움직임에 의해 판단되듯, 품성상태 또한

이러한 움직임에 의해 판단된다." 4권 8장 1128a4-12

　모임에 가보면 어색함을 깨고 대화를 주도하는 '분위기 메이커'들이 있게 마련이다. 자리에 맞는 유머를 구사하면서 과하지도 덜하지도 않게 사람들을 편하게 해주는 이들이다. 자칫 딱딱하게 흐를 수 있는 공식적인 파티에서 누구도 생각해 내지 못한 멋진 건배사로 한순간에 분위기를 바꾸기도 한다. 그런 사람을 볼 때면, 감각이 대단하다는 생각과 함께 그것도 탁월한 재능이란 생각이 들곤 한다. 사람을 만날 때, 누군가를 이끌 때, 비즈니스를 해야 할 때 얼마나 많은 도움이 되겠는가.

　아리스토텔레스 역시 사람들과의 교제에 있어서 이런 능력이 중요하다는 점을 일찌감치 간파하였던 것 같다.

　사회적 교제에 대한 세 번째 탁월성은 '재치(eutrapelos, wittiness)'이다. 교제에는 가벼운 만남도 있다. 예를 들어 우리는 친구들이나 처음 만난 사람들과 함께 가볍게 환담을 나누거나 운동을 할 기회가 있다. 이럴 때 어떻게 이야기해야 좋은지 그리고 어떻게 듣는 것이 좋은지에 대해서도 중용이 존재한다.

　이런 경우 '재치'는 단순히 말이나 행동과 관련된 재주, 기술 혹은 요령이 아니라 어떤 사람의 특정한 품성상태에서 나오는 탁월성이다. 당연히 탁월성에 해당하는 중용이 있다면 악덕에 해당하는 지나침과 모자람도 있다.

　재치보다 지나친 경우 '저급한 익살(buffoonery)'이나 '저급함'이고 반대로 모자란 상태는 '촌스러움(boorishness)'과 '경직됨'이다.

어떤 목적을 가진 모임이든 일단 사람들이 모이면 대화가 있어야 하는데, 그런 대화는 가벼우면서도 저속하지 않은 농담이나 의례적이면서도 어색하지 않은 말들로 이루어진다. 그런데 이런 말들을 서로 주고받는데 있어서도 마땅히 말해야 할 것, 말해야 할 방식, 말해야 할 때 그리고 말해야 할 대상이 있다.

이를 잘 하는 사람을 두고 '재치 있는 사람'이라고 부르는데, 무겁고 어색한 분위기를 적절한 농담으로 반전시킬 수 있는 능력을 갖춘 사람들이다. 농담을 해도 일정한 선을 넘지 않고 모임에 참가한 모든 사람들에게 유쾌함을 줄 수 있는 것은 대단한 능력이다.

여기서 '재치 있는 사람'의 어원을 살펴보면 그가 어떤 사람인지 쉽게 파악할 수 있다. '재치 있는 사람' 혹은 '재치'을 뜻하는 '에우트라펠로스(eutrapelos)'의 사전적인 의미는 '잘 돌리는(turning well)'이다. 즉 어떤 상황이든지 좋은 분위기로 반전시키는 것을 말한다.

아직도 어떤 모임에서 만났던 한 분이 인상 깊게 남아 있다. 그분은 아주 다양한 경험을 한 끝에 굵직한 미용기업을 만들어내는 데 성공했다. 그분은 첫 인상이 적극적으로 보이고 다른 이들에게 호감을 주는 장점이 있었다. "모임이 무르익을 무렵 다른 분들은 모두 이야기를 하시는데 가만히 앉아 계시네요"라고 물었더니 그분이 인상적인 대답을 들려주었다. "저는 모임에 참석하면 제가 미리 이야기를 시작하기보다는 일단 주의 깊게 듣는 편입니다. 먼저 상황을 정확하게 이해한 다음에 이야기를 시작합니다."

재치 있는 사람은 어떤 상황에서든지 빠른 시간 안에 분위기를 간파해야 하기 때문에 스스로 말주변이 아주 뛰어난 편이라고 생각하지 않는다면 이런 태도도 꽤 유용한 방법일 듯하다.

재치에 대해 좀더 잘 알기 위해 저급함과 촌스러움에 대해서도 자세히 살펴보자. '저급한 익살꾼'은 누구일까? 그들은 모임의 분위기에 관계없이 언제 어디서나 농담을 하지 않고는 가만히 앉아 있을 수 없는 것처럼 들썩거리는 사람이다.

그런데 그들이 하는 농담은 교양 있는 사람이라면 입에 담긴 어려운 것들인 경우가 많다. 일단 그들의 농담이 재미있기 때문에 사람들은 자주 '저급한 익살꾼'과 '재치 있는 사람'을 혼동하지만 두 가지는 뚜렷이 구분된다. 저급한 익살꾼에게는 어떤 위험이 있을까? 아무리 순발력이 뛰어나고 소재가 풍부한 사람이라 할지라도 말이 지나치게 많다 보면 실수를 할 가능성이 높아진다.

노자의 『도덕경』 5장에는 "말을 많이 할수록 수가 막힌다"는 의미의 '다언수궁(多言數窮)'이란 사자성어가 실려 있다. 원문은 '다언수궁, 불여수중(多言數窮, 不如守中)'인데 "말이 많으면 이치에 곤궁하게 되니 가만히 있는 것만 못하다"는 뜻이다. 그래서 옛 선인들은 '화류반구(話留半句)'라고 하여 자신이 하고 싶은 말이 있다면 그중에서 반만 하라고 권하기도 했다. 중국인들은 취중에 하는 말이라 하더라도 '주화삼분(酒話三分)'이라 하여 알고 있는 것을 3분의 1 정도만 말하라고 권면한다.

이따금 어렵게 고위 공직이나 정치가로 입신한 사람들 가운데서 재치와 '저급한 익살'을 구분하지 못해 엄청난 타격을 입는 사람들이 적지 않다. "말 많은 사람치고 설화(舌禍)로 실수하지 않는 사람이 있는가?"라는 경고를 명심해야 한다.

아리스토텔레스의 표현처럼 "적절하게 농담을 풀 수 있는 사람"은 드물다. 그런 드문 사람에 여러분들이 속한다면 이는 대단한 행운이자 재능이다.

　나의 경험을 미루어보면 상황에 맞게 적절한 농담을 잘 할 수 있는 사람이 확실히 있는 것 같다. 이런 사람들은 대개가 순발력이 뛰어나고 암기력이 뛰어나다. 그런데 자기 자신이 그런 부류에 속하지 않는다고 판단한다면, 입을 좀 무겁게 가져가는 것도 나름 괜찮은 방법이다. 또한 스스로 그런 재주를 갖고 있다 하더라도 주의해야 한다. 왜냐하면 100번을 잘 하더라도 단 한 번에 전부를 잃을 위험이 있기 때문이다. 내용과 속도를 조절하되 자신의 재주나 끼를 과신하지 않아야 하고, 너무 분위기에 젖어서 아무 농담이나 내뱉지 않도록 해야 한다. 세 치 혀를 단속하는 일은 생각보다 쉽지 않다.

　그런데 '재치'가 중용이라면 이와 비슷한 또 하나의 중용이 '고상함(epidexiotes, tact)'이다. 일률적으로 어떤 것이 고상한가라는 질문에 답할 수는 없지만, 모임에서 품위 있는 사람들이 주고받아야 할 농담에는 반드시 일정한 기준이 존재하며 넘지 말아야 할 선이 있다. 아리스토텔레스는 재치 있는 사람이나 고상한 사람이 넘지 말아야 할 기준을 다음과 같이 설명한다.

　　"고상한 사람은 정직한 사람이나 자유인에게 어울리는 것들을 말하고 듣는다. 그들이 놀이 삼아 말하고 듣기에 적합한 어떤 것이 있다. 왜냐하면 자유인의 놀이와 노예적인 사람의 놀이에는 차이가 있고, 교육받은 사람의 놀이와 그렇지 않은 사람의 놀이에는 차이가 있기 때문이다." 4권
8장 1128a18-21

　진중함보다는 가벼움을, 억제보다는 발산을, 관리보다는 방임을 높게

쳐주는 세상이 되었다. 이런 시대에서 우리는 어떻게 처신하는 것이 좋을까? 특히 '재치'와 '고상함'을 어떻게 받아들이는 것이 좋을까? 스스로 머리 회전이 빠르고 스마트한 사람으로 태어나지 않았다면, 악의가 없는 농담, 조롱 그리고 비아냥에 대해서조차 좀더 보수적으로 대하는 것이 바람직하다.

아리스토텔레스는 "농담은 일종의 욕이다"라고 하였다. 모든 농담이 용인될 수 없다는 이야기다. 예를 들어 모임에서 누군가 성적인 농담을 하였다고 해보자. 남자들만의 모임이라면 허용될 수 있는 것이라도 모임에 여성들이 있다면 완전히 다른 상황이 전개될 수 있다. 경우에 따라서 여성들에게는 수치심을 불러일으킬 소지가 다분히 있기 때문이다.

저급한 농담에 익숙한 사람이라면 한 가지를 기억할 필요가 있다. 농담을 하는 사람의 의도와 달리 농담을 듣는 사람들은 저마다 다르게 이를 받아들인다는 사실이다. 갑이란 사람에게는 즐거움을 줄 수도 있지만 을이란 사람에게는 혐오감을 줄 수도 있다. 듣는 사람의 입장에서 조금만 생각한다면 저급한 농담으로 인해 발생할 수 있는 화를 크게 줄일 수 있다.

한편 '촌스러운 사람'은 사람과의 교제에서 아무런 도움을 주지 못할 뿐만 아니라 자주 불평불만을 털어놓거나 화제와 동떨어진 대화를 던짐으로써 모임에 찬물을 끼얹기도 한다. 한마디로 분위기 파악을 제대로 못하는 사람이다.

따라서 촌스러운 사람이라면 한 가지를 기억할 필요가 있다. 촌스러움을 피할 수 있는 방법은 복잡하거나 어렵지 않다. 상대방이 하는 이야기를 통해 새롭고 흥미로운 것을 배운다고 생각하면서 맞장구를 치거나 고객을 끄덕이거나 가벼운 동의를 표하는 것이다. 이는 상대방에게 내가 잘 듣고 있으며 당신 이야기에 동의한다는 사실을 계속해서 알려주는 것과 같다.

그런데 무슨 이야기를 하더라도 냉랭함을 넘어서 무관심을 노골적으로 표현하는 사람이 있는데, 이런 태도는 얼굴과 태도에 그대로 드러난다. 이런 사람은 분위기를 반전시키려는 사람의 입장에서 보면 난공불락의 요새처럼 느껴진다. 따라서 촌스러움은 경직됨과 동의어이다.

'촌스러운 사람'이 취할 수 있는 최악의 태도는 팔짱을 낀 채 상대방을 물끄러미 쳐다보는 일이다. 설령 팔짱을 끼는 사람의 마음이 그렇지 않더라도 이는 상대방에게 상당한 무관심이나 적대감을 갖고 있음을 뜻하는 보디랭귀지임을 기억할 필요가 있다. "그래 한번 떠들어 봐"라는 뜻으로 상대방이 받아들일 위험이 있다.

끝으로 스스로 '재치 있는 사람'이라고 해도 유쾌한 이야기나 농담에는 늘 일정한 한계가 있음을 명심하자. 가능하면 농담의 수위를 최대한 낮추고 횟수를 최대한 줄이는 것이 좋다. 가볍게 시작한 환담이 사회적 파장을 불러일으키는 사건으로 확대되는 일들을 이따금 보면서 '재치 있는 사람'에 대해 다시 한 번 생각해 본다.

> ✿ "사회적 교제에도 적절함과 고상함이 있게 마련이다. 이를 테면 마땅히 말해야 할 것과 마땅히 말해야 하는 방식이 있는 것처럼 말이다."

수치는 잘못된 행동을
막아주는 안전핀이다

"부끄러움은 나쁜 행위의 결과로 생겨나기 때문에 훌륭한 사람이 가질 만한 감정은 아니다. 나쁜 행위들은 그것이 참으로 부끄러운 것이든 아니면 생각에만 그런 것이든 아무런 차이가 없다. 둘 중 어느 쪽이든 나쁜 행위들을 해서는 안 되는데, 이유는 그런 행위로 인해 부끄러움을 느끼기 때문이다. 부끄러운 것들 중 어떤 것을 행할 수 있는 사람은 나쁜 사람을 나타내는 특징이기도 하다." 4권 9장 1128b21-25

수치(aidōs, shame)는 탁월성에 해당하지 않기 때문에 품성상태가 아니라 감정에 더 가깝다. 수치는 불명예에 대하여 느끼는 일종의 공포심인데, 인간의 대표적인 감정 중 하나이다.

수치는 죄의식과 밀접하게 관련되어 있지만 엄밀하게 따지면 둘은 서로 다르다. 수치는 행동에 대한 자신의 내적 기준을 만족시키는 데 실패하였을 때 생겨나는 감정이고, 죄의식은 다른 사람들이 정한 기준을 만족시키지 못하였을 때 생겨나는 감정이다. 그래서 수치는 "내가 최선을 다하지 않았을 뿐만 아니라 내가 나쁜 일을 하였다"는 사실을 알려주는 데 반해서, 죄의식은 "당신은 타인에게 해를 끼쳤을 뿐만 아니라 모두가 지켜야 하는 황금률을 어겼다"라는 사실을 알려준다.

따라서 수치를 느끼는 사람은 얼굴이 붉어지면서 당혹감을 느끼거나 얼굴을 감싸 안으면서 어딘가에 숨고 싶은 반응을 보인다.

그런데 수치는 탁월성에 관심을 가진 사람들에게 매우 중요한 감정이다. 왜냐하면 어떤 행동을 하는 것이 올바른지, 하지 않는 것이 올바른지를 결정하는 데 있어서 우리는 이성적으로 깊이 생각해 보기 이전에 수치라는 감정으로도 손쉽게 판단할 수 있기 때문이다.

인간은 누구든지 본능적으로 어떤 행동에 대해 수치심을 느낀다. 그런 행동은 양심이 명하는 나쁜 행동이기 때문이다. 수치심의 본성에 대해 아리스토텔레스는 재미있는 비유를 든다. 죽음을 두려워하는 사람은 창백해지고, 부끄러움을 느끼는 사람은 얼굴이 붉어지는데, 이 둘 사이에 공통점이 있다는 것이다. 즉 이 둘은 품성상태에서 나오는 것이 아니라 신체적인 반응이다. 따라서 수치심은 이성이 통제하기 전의 즉각적인 반응이다.

그렇다면 누가 수치를 잘 활용해야 하는가? 흔히 젊은이들은 자신이 원하면 무슨 일이든지 거리낌 없이 할 수 있는 것이 자유이자 자신들의 특권이라고 생각한다. 예를 들어, 공공장소에서 진한 애정행각을 보이는 문제를 살펴보자. "우리 두 사람이 좋아하고 하고 싶어서 하는데 무슨 문제가 있느냐?"라고 반문할 수 있다. 그렇다면 이렇게 물어볼 수 있다. "내가 좋아하면 공공장소에서 아무렇게나 껴안고 행동해도 되는가? 혹은 다른 사람이 꼭 같은 상황에서 그렇게 하는 것을 별 문제가 없다고 생각하는가?"를 말이다.

별다른 반응이 없다면 그렇게 해도 된다. 그러나 얼굴이 붉어지면 그렇게 하지 말아야 한다. 아리스토텔레스는 이에 대해 이런 설명을 더한다.

"수치라는 감정은 모든 연령층에 어울리는 것은 아니며 젊은이들에게만 어울리는 것이다. 우리는 바로 그런 나이에 있는 사람들이 수치를 당연히 알아야 한다고 생각하는데, 젊은이들은 감정에 따라 살기에 종종 잘못들을 저지르기 때문이다. 그러나 바로 그 수치가 그들의 잘못된 행동을 제어하는 역할을 맡아야 한다." 4권 9장 1128b16-19

그렇다면 나이 든 사람들에게 수치는 어떤가? 아리스토텔레스는 나이 든 사람이라면 애초에 수치심을 느낄 만한 행동을 하지 않아야 한다고 말한다. 젊은이들은 수치심을 발휘해서 스스로 행동을 억제하면 칭찬을 받지만 나이 든 사람들은 너무 당연한 일이기 때문에 칭찬을 받을 이유가 없다는 말이다. 수치심은 나이 든 사람이 자신의 행동에 대한 제어 장

치로서 활용하기에는 손색이 없다.

어떤 행위를 해야 할지 말아야 할지 고민된다면, 합법이라는 테두리 안에서 자신이 스스로 수치심을 느끼는 일인가 아닌가를 생각해 보면 쉽게 판단할 수 있다.

전철 안에서 발을 좌석에 올려둔 채 다른 사람에게 불편을 준다고 해 보자. 본인의 이런 행동에 수치심을 느끼는가 아닌가를 자신에게 물어 보면 된다. 떳떳하지 않는 행동이라면 하지 말아야 한다.

그런데 이러한 수치심도 혼자 있느냐 집단 속에 있느냐에 따라 다르게 느끼는 경우들이 있다. 얼마 전 신문에 눈살을 찌푸리게 하는 사진과 기사가 떴다. 경춘선 전철 안에서 승객들이 목격한 술판에 대한 기사였다.

산행을 마치고 집으로 돌아가는 한 무리의 등산객들이 전철 가운데에 떡하니 원을 그리고 앉아 술판을 벌였다. 당연히 장내가 소란스러웠고 입구 쪽을 막고 있어 승하차에도 상당한 불편을 주었다. 술이 오른 등산 객들 중에는 울기까지 해서 모처럼 나들이를 즐기고 돌아오는 다른 이 들에게 불쾌감을 심어주었다.

'흥에 겨워서 그럴 수도 있다'는 생각은 하지만, 아마도 여럿이 아니라 혼자였다면 술을 마시는 것이 부끄러운 일인지 아닌지를 한번 정도 점 검해 보았을 것이다. 하지만 무리 속에 있으면 사람들은 자주 수치심이 작동하지 않는다.

그래서 '오스트리아의 셰익스피어'로 불리는 극작가 요한 네스트로이 (Johann Nestroy)는 "인간은 선하다. 다만 무리가 되면 악인이 된다"라 고 하지 않았던가? 경춘선의 술판은 무리를 이루면서 수치심이 실종되 버린 해프닝에 해당한다고 할 수 있다.

수치심은 우리들 본성에 깊이 각인되어 있다. 그것은 자신의 평판에

악영향을 미칠 수 있는 모든 행위를 즉각적으로 판별해 준다. 우리는 어떤 행위를 할 것인가 말 것인가를 결정함에 있어서 기본적으로 그것이 적법한지 아닌지를 고려하고, 거기에 더해 윤리적인지 아닌지도 고려해야 한다. 그런데 이를 위해 두터운 법조문을 들출 필요도 없고 누군가의 조언을 들을 필요도 없다. 우리가 하려는 행위에 대해 과연 수치심을 느끼는가 아닌가를 생각하면 된다. 단 수치심을 인위적으로 억누르는 자기 합리화의 행위가 없다는 가정하에서 말이다.

    ♣ "수치는 나쁜 평판에 대한 일종의 두려움이다."

인간은 존재한다, 고로 행복해야 한다

 행복에 대한 탐구는 삶에 대한 탐구다

도쿄에서 보낸 얼마 전 토요일 오후, 나는 요미우리 자이언츠의 홈구장인 도쿄돔에서 수많은 사람들이 쏟아져 나오는 것을 지켜보았다. 문득 "왜 그들은 야구장을 가는 것일까?"라는 질문이 떠올랐다. 아마도 떠나갈 듯이 울려 퍼지는 환호성, 함께하고 있다는 연대감…… 이런 짜릿한 즐거움 때문에 야구장을 찾았을 것이다. 한때 나도 그런 강력한 즐거움을 맛본 적이 있었기에 잔뜩 상기된 표정으로 구장을 나서는 사람들의 기분을 짐작할 수 있었다.

즐거움을 구하는 것은 행복을 구하는 것과 같으며, 우리가 행하는 모든 활동의 목표가 행복이라면 그런 행복은 즐거움과 동전의 양면 관계에 있다. 한 개인이 어떤 즐거움을 더 크게 추구하는가는 직업인으로서의 모습뿐만 아니라 인품에도 큰 영향을 미친다. 때로는 인생 자체가 완전히 달라져버릴 수도 있다.

이처럼 즐거움 혹은 행복에 대한 자기 성찰은 우리들의 삶에서 가장 중요한 부분 중 하나이다. 이미 앞에서 언급한 바와 같이 대체로 사람은 세 가지 유형의 행복을 추구하게 된다. 하나는 보고, 마시고, 만지는 활동을 통해 얻는 감각적 쾌락 혹은 즐거움이다.

다른 하나는 오랫동안 갖고 싶었던 물건을 획득함으로써 갖게 되는 욕구와 필요의 충족이다. 마지막으로 가장 중요하면서도 사람이기에 누릴 수 있는 행복은 자신의 고유 기능이나 본성을 최고로 잘 발휘한 상태인 '에우다이모니아(eudaimonia)'다.

이 용어는 '에우(eu, 잘)'와 '다이몬(daimon, 신적인 것)'의 합성어로 "신적인 것이 잘 맞추어주고 있는 상태"를 뜻하며 "인간이 최고의 선을 실현한 상태(the highest good for human beings)"를 뜻하기도 한다.

인생을 바라보는 관점에 따라서 어떤 삶이 가장 멋진가에 대한 의견이 다 다를 것이다. 물론 삶에는 정답이 없다고들 하지만 행복에 있어 더 나은 행복 혹은 '완전한 행복(최고의 행복)'이 있는 것은 사실이다. 아리스토텔레스가 최고로 꼽는 행복은 '에우다이모니아'이다.

물론 그가 철학자였기 때문에 편견을 갖고 있었다고 말할 수도 있다. 그러나 여러 사람들을 만나면서 인생의 말년까지 누가 가장 큰 행복을 누리면서 살아가는지를 유심히 지켜보면 아리스토텔레스의 주장이 옳다는 것을 깨닫게 된다.

흔히 우리는 일을 하지 않고 고급 호텔에 머물면서 남들이 부러워하는 휴식을 취하는 것을 행복이라고 생각하지만 실상 그런 경험을 한 사람들 가운데는 그것이 행복의 절정은 아니었다고 고백한다.

투자가이자 베스트셀러 『부자 아빠 가난한 아빠』의 저자인 로버트 기요사키는 충분한 부를 이룬 뒤에 은퇴했다. 하지만 결국 '부자가 된 뒤에 즐기는 것이 전부는 아니었다'는 깨달음과 함께 다시 일의 세계로 돌아왔다. 그래서 사람은 노년이 되더라도 그냥 시간을 흘려보내기보다는 소일거리를 원하고, 소일거리로 시간을 보내기보다는 의미있는 일을 갖고자 소망한다.

이처럼 행복의 실체를 더 깊이 이해하면 할수록 더 멋진 인생을 살아갈 수 있다. 그래서 행복에 대한 탐구는 삶에 대한 탐구이다.

"인간 행위의 궁극적인 목적은 행복으로서 이제부터 지금까지 논의한 행복에 대해 총정리를 할 것이다." 아리스토텔레스의 이 같은 선언은 10권의 마지막 네 개의 장이 '아리스토텔레스 행복론'의 완결편임을 알려주고 있다.

행복은 놀이 속에서 만들어지지 않는다

아리스토텔레스에게 행복은 어떤 것이었을까? 행복은 품성상태가 아니라 활동이라는 것이 그의 행복론의 핵심이다. 행복이 품성상태라면 좋은 자질을 타고난 사람은 누구든지 행복해질 수 있다. 하지만 우리 주변만 보더라도 뛰어난 자질을 가지고 있는 사람 중에서도 그다지 행복하지 못한 이들을 있다. 행복은 활동이기 때문에 스스로 활동을 통해서 만들어내야만 한다. 그러나 행복이 활동이라 해서 모든 활동이 행복은 아니다. 특별한 활동 즉, '탁월성이란 품성상태'에 따르는 활동이다.

"행복을 일종의 활동으로 규정해야 한다면, 또 만약 활동 중에서 일부가 다른 것을 위해 선택되는 것이고, 다른 일부는 그 자체로 선택되는 것이라면, 행복은 분명 그 자체로서 선택되는 활동들 중 하나여야 한다. 다른 것 때문에 선택되는 활동이어서는 안 된다. 행복은 그 어떤 것도 부족하지 않고 자족적이기 때문이다. 활동은 그것으로부터 활동 이외에는 다른 어떤 것도 추구되지 않을 때 그 자체로 선택할 만한 것이다. 탁월성에 따르는 행위가 바로 그런 것으로 보인다. 고귀하고 신실한 것들을 행하는 것은 그 자체 때문에 선택할 만한 것들 중 하나이니까."

10권 6장 1176b3-7

그렇다면 놀이와 같은 활동은 어떤가? 아리스토텔레스는 "행복은 놀이 속에서 성립하는 것이 아니다"라고 딱 잘라 말한다. 행복해 보인다고 남들의 부러움을 사는 사람들 가운데 많은 이들이 놀이에 빠져 있다. 하지만 이들은 단지 놀고 있는 것이지 행복한 것이 아니다. 놀이를 오늘날의 의미로 해석하면 다양한 잡기라고 할 수 있다. 고대 그리스 시대에는 참주들 주변에서 '노는 것이 곧 행복'이라며 적극적으로 놀이를 권하고 그런 소일거리를 제공하는 사람들이 출세를 하였다.

놀이가 일상의 지루한 반복성을 해소하고 생활에 활력을 제공해 주기 때문에 그 결과를 행복한 상태로 해석할 수도 있다. 하지만 행복은 전적으로 탁월성에 따르는 활동에서 나오는 것이다.

그러면 우리는 놀지도 말고 휴식도 취하지 말아야 하는가? 결코 그렇지 않다. 인간은 계속해서 활동할 수 없기 때문에 활동을 더 잘 하기 위해서라도 적절한 휴식과 여가 그리고 놀이가 필요하다. 휴식 그 자체가 목적이 될 수 없지만, 활동을 위해서는 필요하다. 아리스토텔레스와 마찬가지로 나는 활동을 더 잘하기 위한 휴식과 놀이는 행복을 위한 보조적인 활동이라고 생각한다. 다만 놀이 그 자체를 위한 활동은 여기에 포함하지 않는다. 행복의 근원이 되는 특별한 활동은 '고유한 품성상태에 따르는 활동'이며 '탁월성이란 품성상태에 따르는 활동'이다.

최근에 경기도에 공장을 두 배로 증설한 60대 중반의 한 사장님을 만났다. 같은 업종에 종사하는 분들은 다들 "쉴 나이인데 적당히 놀면서 하는 것이 어때요"라고 묻는다. 그럴 때면 그분은 "그렇게 해야지요"라고 답한다. 매출을 두 배 올리기 위해 혼신을 쏟고 있는 그 분은 나에게 속내를 이렇게 털어놓았다.

"사람들이 쉬라고 이야기할 때면 나는 면전에서 알겠다고 하지만 사실 코웃음을 칩니다. 그게 나에게는 행복하게 사는 게 아니니까요."

그러면 그에게 진정으로 '행복하게 사는 것'은 무엇일까? 아마도 추구하는 목표를 가슴에 품고 과정에 최대한 충실하면서 일에 흠뻑 몰입해서 살아가는 것이다. 그분이 갖는 행복관과 주변 사람들의 행복관 사이에 이렇게 큰 차이가 있는데, 그분은 탁월성에 따르는 활동을 통해서 더 많은 행복을 누리고 있다. 아리스토텔레스에게 '에우다이모니아'는 탁월성에 따라 활동하고 있는지 여부를 말해 줄 수 있는 객관적인 상태를 뜻하기도 한다.

현대 자본주의는 유희와 오락과 재미를 끊임없이 권한다. 그만큼 현대인들은 쾌감을 제공하는 놀이에 싫증이 나면 또다른 쾌감을 찾는 데 익숙하다. 그런데 아리스토텔레스는 고작 잘 놀기 위해서 애쓰고 노력하며 고된 삶을 이겨나가는 것은 무의미하지 않냐고 반문한다.

행복은 탁월성에 따르는 활동이다

그러면 탁월성에 따른 활동이 아니라 일상에서 행하는 평범한 활동은 어떤가? 그냥 무기력하게 앉아 있거나 시간을 흘려보내 버리는 것보다 육체적으로 지적으로 활동하는 것이 확실히 행복에 도움이 된다. "더 많이 활동하면 할수록, 더 큰 행복을 누릴 수 있다"는 것이 바로 아리스토텔레스의 행복론에서 이끌어낼 수 있는 또 하나의 메시지이다.

아리스토텔레스의 메시지는 은퇴 후나 노년의 인생에 주는 의미도 크다. 누구나 행복한 노년을 꿈꾸지만 날로 길어지는 수명을 고려하면 쉬운 일이 아니다. 일터에서 은퇴하고 살아가야 할 세월은 직장 생활을 한 기간만큼이나 길다. 이 시간 동안에는 온전히 자신의 재량으로 자신의 생활을 꾸려나가야 한다.

행복한 은퇴나 노년은 어떤 것일까? 아리스토텔레스의 조언에 따르면, 그동안 하고 싶었던 오락이나 유희도 삶 속에 포함시켜야 하겠지만 그것만으로 행복해질 수 없다.

여러분은 돈을 많이 번 다음에 은퇴해서 유명한 열대 해변가에 누워 선글라스를 끼고 칵테일을 홀짝거리며 마시거나 빨간색 포르쉐를 몰면서 행복을 느낄 수 있다고 생각하는가? 몇 달은 가능할 것이다. 그러나 몇 년은 고사하고 10년이나 20년을 행복할 수는 없을 것이다.

피터 드러커는 일찍이 "인생의 정점에서 일을 통해 최고를 맛본 사람은 훗날 은퇴를 하더라도 단순한 소일거리나 취미 활동을 통해서 행복감을 누리기가 쉽지 않다"는 이야기를 한 적이 있다.

나는 고전 읽기나 지혜 깨우치기의 쾌락을 이미 알고 있다. 그런데 나이 들어 은퇴할 때가 되었다고 유명 휴양지나 어슬렁거리고 다닌다면 행복이 느껴질까? 천만의 말씀이다. 이미 정점을 맛본 사람에게는 그게 불가능하다. 노년에도 계속해서 최고의 지적 활동을 유지해야 한다.

내가 30대에 만났던 박운서 전 통상산업부 차관은 늘 씩씩하게 나라에 도움 되는 일을 열심히 하던 공직자로 기억에 남아 있다. 그는 공직에서 물러난 다음 2005년 2월 훌쩍 한국을 떠나 필리핀으로 갔다. 친구들과 어울려 골프 치고 맛있는 것 먹고 모처럼 느긋한 생활을 즐길 수 있는 처지였다. 그럼에도 불구하고 필리핀 오지에 들어가 선교 사역을 통해 교회와 학교 세우기 프로젝트를 필생의 사업으로 추진하고 있다.

행복하게 산다는 게 뭘까. 이 분의 한마디가 그 해답이다.

"지금 50대인 우리는 개발시대 연배죠. 지금까지는 자기 이익을 위해 열심히 살아왔다면, 퇴직 후에는 남을 위해 사는 방법을 생각해 보는 것도 보람 있겠다 싶었죠. 늙은 내가 생산적인 활동을 할 수 있다는 데 감사해요. 낙향해서 고향 발전에 기여하거나 우리보다 못한 주변 사람 도와줄 수도 있는 거고. 전문 지식 갖고 있는 사람은 지식으로 기여할 수도 있고, 더불어 사는 방법을 실천해 보는 것도 좋아요." ─이종재, "필리핀서 원주민과 농사 짓는 박운서 전 차관", 《한국일보》, 2007.6.28

요컨대 행복한 삶은 탁월성에 따르는 활동으로부터 가능한 삶이며, 노동과 여가가 여기에 해당된다. 이것은 진지함을 동반하며 단순한 놀이나 휴식으로는 불가능하다.

현대를 살아가는 모든 사람들에게 적용될 수 있는 메시지는 아니겠지만, 적어도 행복에 대한 나의 경험에 비추어볼 때 나는 이 점을 확신할 수 있다. 물론 놀이의 가치를 깎아내리자는 것이 아니다. 가치관에 따라 놀이도 고결한 위치에 자리할 수 있다. 내가 아는 한 지인은 유독 스킨스

쿠버라는 여가를 좋아하는데, 그의 지론은 이렇다.

"우리가 한평생을 살아가면서 세 가지 세계를 접할 수 있어요. 하나는 지상 위의 세계인데 이것은 누구나 체험할 수 있어요. 그런데 다른 하나는 바다 밑의 세계이고 또다른 하나는 지상의 세계입니다. 사람들이 스킨스쿠버에 매력을 느끼는 것은 남들이 전혀 체험하지 못하는 바다 밑에서 또다른 세계를 체험할 수 있기 때문입니다. 비행기를 조종하는 것도 그런 것이 아닐까요?"

작가이자 강연자로서 고전 탐구는 다행히 하나의 직업적인 일이 되었지만 다른 의미로 보면 이것 또한 나에게는 여가이다. 바다 밑을 탐구하는 것이나 2,500년 전 아테네에서 소크라테스, 플라톤, 아리스토텔레스를 만나 대화를 나누는 것이나 모두 끊임없이 새로운 세계를 향해 영역을 넓혀가는 일이다.

모든 사람에게 아리스토텔레스의 행복론을 권할 수는 없다. 그럼에도 불구하고 끊임없이 놀이와 유희의 소비를 부추기는 시대에 어디서 어떻게 행복을 얻을 것인가 고민하는 사람들이라면 귀 기울일 만한 조언이다.

 지혜 혹은 관조적 활동이 왜 중요한가

행복이 활동이라면 어떤 활동이 여기에 해당할까? 아리스토텔레스는 지성(nous)을 따르는 삶은 가장 즐겁고 동시에 가장 행복한 삶이라고 말한다.

지성의 활동은 다른 어떤 활동보다도 지속적으로 관조(觀照)할 수 있게 해준다. 여기서 관조(theōria, contemplation)는 사유 그 자체를 위하거나 진리를 얻기 위한 '마음의 활동'으로 윤리학이나 정치학 같은 실용적인 학문과 구분된다.

"행복이 탁월함에 따르는 활동이라면, 당연히 최고의 탁월성을 따라야 한다. 그런데 이 최고의 탁월성은 우리들이 갖고 있는 것들 가운데서 최선의 것에 대한 탁월성이다. 이것이 지성(nous)이든 혹은 다른 어떤 것이든, 이것은 본성상 우리를 지배하고 이끌며, 고귀하고 신적인 것들에 대한 생각을 갖고 있는 것으로 볼 수 있다. 이것이 신적인 것이든 혹은 우리 안에 있는 것들 가운데 가장 신적인 것이든, 고귀하고 신적인 것들의 고유한 탁월성에 따른 활동이 완전한 행복일 것이다. 이런 활동이 지혜 혹은 관조적인 것임은 이미 말한 바 있다." 10권7권 1177a11-18

누구든 행복은 즐거움과 함께해야 한다고 생각하며, 즐거움이 없다면 행복도 없다고 말한다. 탁월성에 따르는 활동은 어떤 것이든 즐거움을 주는데 이 가운데서도 으뜸은 '지혜(sophia)'를 추구하는 활동이다.

지혜가 주는 즐거움에 대해 아리스토텔레스는 "지혜에 대한 사랑, 즉 철학(philosophia)은 그 순수성이나 견실성에 놀랄 만한 즐거움을 가지고 있는 것 같다"고 말한다.

관조적 활동이 가진 또다른 장점은 어떤 것일까? 관조적 활동은 자족(自足)적이다. 누구와 함께할 필요 없이 언제 어디서나 혼자서도 행할 수 있다. 그러나 탁월성에 따른 다른 활동에는 대부분 동반자가 필요하다. 정의로운 사람이라면 행위의 대상자가 반드시 필요하다. 절제하는 사람이나 용감한 사람도 마찬가지이다.

관조 속에 영원한 행복의 길이 있다

정치가의 예를 생각해 보자. 원래 정치가는 행복을 위해 정치 활동을 시작하지만 정작 성공한 정치가가 되면 분주해지기 때문에 여가를 가질 수 없다.

여기에서 우리는 아리스토텔레스의 예리한 지적을 생각한다. 권력과 명성을 얻기 위해 정치가의 길로 들어서는 사람만이 행복한가? 대단한 부를 축적하기 위해 사업가의 길로 뛰어드는 사람만이 행복한가? 고위직 인사가 되기 위해 정신없이 분주하게 활동하는 사람만이 행복한가?

사람들은 성공하면 할수록 회의와 행사와 만남 등으로 꽉 찬 일정 속에 점점 더 여가를 갖기 힘들어진다. 물론 활동이란 측면에서 보면 행복하겠지만 여가와 자족이라는 측면에서 보면 관조적 활동에서 얻을 수 있는 '완전한 행복(complete happiness)'과는 거리가 멀다. 성공한 사람들에게서 흔히 볼 수 있는 공통점이 바로 여기에 있다. 우리가 여기서 주목해야 할 점은 '완전한 행복'과 '행복' 사이의 차이다.

그렇다고 해서 더 잘 되기 위해 분주하게 활동하는 것을 그만두라는 이야기는 아니다. 그런 활동들이 가진 빛과 그림자를 명확히 이해하면 좀더 나은 삶을 살 수 있다는 말이다.

내가 아는 전직 국회의원은 "꿈같이 4년이 흘러가 버렸어요"라며 국회의원 시절을 회고한다. 하지만 정작 자리에 머무는 동안은 지나치게 분주한 나머지 꿈같은 시간을 만끽할 수가 없었다고 한다.

성공을 향해 달리게 되면 그야말로 정신이 없이 바쁘게 살 수밖에 없다. 그러다가 경력의 정점에서 물러나 그 시절을 되돌아 볼 때 비로소 "그 시절이 참으로 행복한 순간들이었구나!" 하고 회상하게 된다.

일상과 관조하는 삶 사이의 균형을 유지하라

아리스토텔레스는 탁월성에 따르는 다른 활동과 관조적 활동의 차이는 '자족'이라고 이야기한다. 여가와 자족이라는 특성 때문에 유독 관조적 활동만 완전한 행복이 될 수 있다고 강조한다. 더 많은 돈, 더 강한 권력, 더 높은 자리를 향해 달려가는 사람이라면 아리스토텔레스의 다음 주장을 마음에 새겨두는 것이 좋다.

첫째, 탁월성에 따른 실용적인 활동들, 예를 들어 정치적 활동이나 사업적 활동이 아무리 고귀하고 위대하다 해도, 충분한 여가를 가질 수 없고, 그 자체가 아닌 다른 목적을 추구하고, 그 자체로도 바람직한 것은 아니기 때문에 완전한 행복과는 거리가 있다.

둘째, 지성의 활동은 관조적인 것으로, 실용적인 활동들과는 달리 다른 목적을 추구하는 과정이나 수단이 아니며, 그 자체 때문에 행복한, 완전한 행복이다. 지극히 복된 사람들이 갖는 모든 성질들을 갖고 있다.

사업가나 직장인이나 정치가로서 성공을 향해 분주하게 움직이는 사람이라면 관조적 활동이 가져다주는 행복을 소홀히 하지 않도록 해야 한다. 또한 세속적인 성공이 부러움의 대상이기는 하지만 행복이란 관점에서 보면 여가의 부족이라는 부정적인 면도 있음을 잊지 않도록 해야 한다.

그럼에도 불구하고 대다수의 일반인들은 생업에 종사할 수밖에 없기 때문에 아리스토텔레스처럼 관조적 활동을 업으로 삼을 수는 없다. 다만 일반인들은 평범한 행복을 넘어서 '완전한 행복'에 다가서기를 소망하는 사람이라면 직장을 다니든, 사업을 하든, 정치를 하든지 간에 관조적 활동의 특성을 자신의 일과 생활에 접목시키기 위해 노력해야 한다.

완전한 행복은 신적인 것에 가깝다

우리 모두는 완전한 행복을 원한다. 완전한 행복은 단순히 인간적인 삶보다는 더 높은 삶을 살 때 가능하다. 인간 안에 이미 신적인 부분이 존재한다면 그런 삶이 가능할 것이다.

아리스토텔레스는 인간은 영혼과 육체를 가진 복합적인 존재라고 가정하지만 지성의 존재를 분리해서 신적인 부분으로 받아들였다. 신적인 부분은 인간의 영혼 및 육체와 차이가 있다. 그 차이만큼 신적인 활동 역시 탁월성에 따르는 인간의 다른 활동과 차이가 있다.

그는 지성을 따르는 삶이야말로 신적인 삶이라고 주장한다. 따라서 인간은 지성적인 삶을 통해 완전한 행복에 이르게 된다.

"만약 지성이 인간에 비해 신적인 것이라면, 지성을 따르는 삶은 인간적인 삶에 비해 신적인 것이다. 그러나 "인간이니 인간적인 것을 생각하라"거나 "인간은 어차피 죽을 수밖에 없는 운명이기 때문에 죽을 수밖에 없는 것들을 생각하라"고 권하는 사람들을 따르지 말아야 한다. 오히려 우리가 할 수 있는 데까지 우리들이 불사불멸의 존재가 되도록, 또 우리 안에 있는 것들 중 최고의 것에 따라 살도록 모든 노력을 해야만 한다." 10권7장 1177b29-35

그는 지성은 크기가 작지만 능력과 영예에 있어서는 다른 모든 것들을 능가한다고 말한다. 때문에 완전한 행복을 소망하는 사람은 이 최고의 것을 최대한 활용해야 한다. 그렇게 하는 삶이야말로 타인의 삶을 사는 것이 아니라 자신의 삶을 사는 것임을 강조한다.

행복은 탁월성으로도 가능하다

한편 관조적 삶이 으뜸가는 행복이라면 다른 종류의 탁월성에 따른 데서 오는 행복은 어떤가? 이들은 '이차적인 의미에서 행복한 삶'이라 할 수 있다. 의로운 행위, 용감한 행위, 그 밖의 각종 성격적 탁월성에 따른 삶도 행복한 삶이긴 하지만, 지성의 탁월성에 따른 삶과는 차이가 있다.

결과적으로 우리는 행복을 지적 탁월성에 따름으로써 얻을 수 있는 것과 성격적 탁월성에 따름으로써 얻을 수 있는 것으로 나눌 수 있다. 전자는 일차적인 의미에서 행복한 삶이고 후자는 이차적인 의미에서 행복한 삶이다. 그러나 모든 사람들이 관조적 삶을 살아갈 수 없음을 고려하면 이차적인 행복이 훨씬 더 인간적인 활동들과 직접적으로 관련되어 있다.

외적 조건은 행복을 결정하는 전부가 아니다

탁월성은 두 가지 요인, 즉 합리적 선택과 행위에 의존하는데 이들 중 어느 것이 더 영향을 끼치는지에 대해서는 이론이 많다. 분명한 사실은 행위의 경우에는 외적인 조건들이 더 많이 필요하다는 점이다.

예를 들어 정의로운 사람이 빚을 갚으려면 돈이 필요하고, 용감한 사람이 용기를 발휘하기 위해서는 힘이 있어야 하며, 절제하는 사람 역시 절제력을 발휘하려면 그런 기회가 있어야 한다. 이들 탁월성들은 이처럼 모두 외적인 조건이 없으면 발휘될 수 없다.

반면 관조적인 사람은 그런 것들이 별로 필요하지 않다. 이에 대해 아리스토텔레스는 "지성의 탁월성은 외적인 조건이 아주 적게 필요하거나 성격의 탁월성보다 적게 필요한 것으로 보인다"고 말한다.

결국 지성의 탁월성은 외적 조건에 좌우되지 않을 만큼 독립적이다. 관조적 활동의 경우에는 오히려 외적 조건이 방해가 될 수도 있다. 지나치게 높은 직책이나 많은 부를 가진 사람이라면 외적 조건은 더할 나위 없이 뛰어나지만 이들의 관조적 삶에는 오히려 장애물이 될 수도 있다.

그렇다고 해서 행복에 외적인 조건이 전혀 필요하지 않다는 이야기는 아니다. 왜냐하면 행복한 사람 역시 인간이기 때문이다. 극도로 빈곤한 상태에서 관조적 탁월성만으로 행복할 수 있는 사람도 있지만 대부분은 그렇지 못할 것이다.

음식이나 의복 그리고 건강과 주거가 어느 수준까지는 보장되어야 한다. 이를 두고 아리스토텔레스는 "인간으로 살아가기(anthropeuesthai)" 위해서 인간은 생활에 필요한 외적인 것들을 필요로 하게 될 것이다"라고 말한다.

많은 사람들이 지나치게 풍족한 외적 조건을 곧 행복이라고 생각하는 경향이 있지만 이는 올바르지 않다. 풍족하진 않아도 어느 정도의 외적 유복함이 충족되면 누구든지 탁월성을 발휘할 수 있으며 행복해지는 데도 문제가 없다.

"자족이나 훌륭한 행위는 지나치게 많은 것들을 소유하는 것에 의존하지 않으며, 비록 땅과 바다를 다스리지 않더라도 고귀한 것들을 행할 수 있기 때문이다. 사람은 누구든지 그가 소유하고 있는 것이 적당하기만 하면 얼마든지 성격적 탁월성에 따라 행동할 수 있고 행복해질 수 있다."

10권 8장 1178b35-1179a4

행복에서 외적 조건이 차지하는 비중을 이해하기 위해서는 고대 그리스의 위대한 정치가 솔론의 말을 참조할 필요가 있다. 솔론에게 '행복한 사람'은 "외적인 좋음이 적당히 주어진 상태에서 훌륭한 행위라고 여기는 것을 행하며, 또 절제하며 살아온 사람"이라고 말한 바 있다. 행복한 사람에 대한 멋진 정의임에 틀림없다.

철학자 아낙사고라스는 행복한 사람에 대해 "그들은 세상 사람들에게는 이상한 사람으로 여겨지며 놀라게 할 것이다. 왜냐하면 세상 사람들은 외부적인 것들로 평가하고 그 이외에는 그다지 중시하지 않기 때문이다"라고 함으로써 돈을 많이 가졌거나 권력을 가진 사람들만 행복할 것으로 생각하는 일반인들의 통념에 반하는 이야기를 했다. 당시 사람들 역시 오늘날의 우리와 마찬가지로 행복의 여부를 외적인 조건으로 판단하려는 경향이 있었던 것 같다.

매순간 최선을 다해 살아가야 하는 이유, 그것이 행복이기 때문이다

언젠가 나는 "신들도 감동할 정도로 열심히 진지하게 살자"는 표현을 사용한 적이 있다. 피터 드러커 교수의 자서전에도, 자신의 모든 행위를 마치 신이 보고 있는 것처럼 생각하고, 할 수 있는 한 완벽하게 살려고 결심했다는 대목이 등장한다. 이는 인간이 지향하는 가장 궁극적인 모

습이 어떠해야 하는가, 인간의 완전한 행복이 무엇인가에 대한 해답이라 할 만하다.

아리스토텔레스는 신이 좋아하는 인물은 신을 닮은 인물이며 이들이야말로 '완전한 행복'을 이룬 사람이라고 말한다. 나의 모습을 신이 지켜본다면 좋아할까? 내가 지금 살아가고 있는 삶의 모습을 신은 어떻게 평가할까? 이따금 이런 질문을 던져보는 것만으로도 행복의 경지에 다가설 수 있을 것이다.

"지성에 따라 활동하며, 지성을 돌보며, 지성을 최선의 상태로 유지하는 사람은 신들로부터 가장 많은 사랑을 받는 사람일 것이다. 만일 신들이 인간적인 것에 관심을 가진다면, 신들은 그들이 가장 뛰어나고 자신을 가장 닮은 것에서 기뻐할 것이다. 예컨대 지성이 바로 이런 것이다. 또한 신들은 무엇보다 지성을 사랑하고 가장 영예롭게 여기는 사람들을 신들에게 사랑스러운 것을 아끼는 사람으로, 또 옳고 고귀하게 행위하는 사람으로 생각해서 응분의 보답을 한다는 것도 이치에 맞을 것이다." 10권 8장 1179a22-28

철학자는 지혜를 사랑하는 사람이기 때문에 행복한 사람임에 틀림없다. 철학자에겐 미치지 못하겠지만 일상과 직업 세계에서 삶의 푯대를 높이 세우고 진실하게 살아가는 이들도 지혜를 사랑하는 사람들로 살아갈 수 있을까? 아리스토텔레스의 의견을 참조하면 '그렇다.' 그들은 모두 일상이란 치열한 공간에서도 가능한 범위에서 나름대로 관조하며 살아가는 이들이다.

어느 정도 외적 조건이 만족된 상태라면 사람들의 행복은 스스로 어떤 마음을 갖고 사는가에 따라 크게 달라진다. 대체로 젊은 날에는 더 많이 갖기를 소망하고 더 높이 올라가기를 소망하고 더 빨리 열매 맺기를 소망한다. 물론 이런 일들은 필요하다. 젊은 날부터 적당한 수준의 물욕이나 권력욕이나 출세욕을 갖지 않는 것도 큰 문제이다.

그러나 세월이 가면서 어느 정도 외적 조건들이 충족되면 더 많은 것 혹은 더 높은 것을 추구하려는 가치관은 개인에 따라 크게 달라진다. 하지만 자신의 삶에 관조적 활동을 접목하는 일은 누구에게나 행복한 인생을 사는 데 무척 중요한 선택이다.

관조적 활동은 별다른 비용이 들지 않고 함께해야 할 사람도 필요하지 않다. 이처럼 행복으로 가는 길은 그다지 어렵거나 험하지 않은데, 우리 사회를 지켜보면 지나치게 어렵게만 해석하는 사람들이 점점 늘어나는 것 같아 걱정스럽다.

『니코마코스 윤리학』을 읽고 글을 쓰면서 다시 한 번 가슴 깊이 되새기는 진리는 이득이 남기 때문에 정성을 들여서 사는 것이 아니라 삶 자체가 본래 그러해야 하기 때문에 그렇게 살아야 한다는 사실이다. 그런 삶이야말로 바로 행복으로 가는 지름길이다. 매순간이 행복인 것이다.

"어떤 개인이라도 자신의 삶을 선택하는 것이 아니라 다른 어떤 것의 삶을 선택한다면, 사리에 맞지 않을 뿐만 아니라 행복할 수도 없을 것이다." 10권 7장 1178a1-4

참고문헌

『고대 그리스』, 푸리오 두란도 저, 노혜숙 역, 생각의 나무, 2003

『고대 그리스의 미술과 신화』, 토머스 H. 카펜터 저, 김숙 역, 시공아트, 1998

『고대 그리스의 역사』, 토머스 R. 마틴 저, 이종인 역, 가람기획, 2003

『고대 그리스의 영광과 몰락』, 김진경 저, 안티쿠스, 2009

『그리스: 고대 문명의 역사와 보물』, 스테파노 마기 저, 김원옥 역, 생각의 나무, 2007

『그리스 미술』, 존 그리피스 페들리 저, 조은정 역, 예경, 2004

『그리스 미술』, 존 보드먼 저, 원형준 역, 시공아트, 2003

『공병호의 내공』, 공병호 저, 21세기북스, 2009

『권력의 경영』, 제프리 페퍼 저, 배현 역, 지식노마드, 2008

『그리스 철학자 열전』, 디오게네스 라에르티오스 저, 전양범 역, 동서문화사, 2008

『노년의 즐거움』, 김열규 저, 비아북, 2009

『니코마코스 윤리학』, 아리스토텔레스 저, 이창우 외 2인 역, 이제이북스, 2006

『니코마코스 윤리학』, 아리스토텔레스 저, 조대웅 편역, 돋을새김, 2008

『니코마코스 윤리학』, 아리스토텔레스 저, 최명관 역, 창, 2008

『당신을 초대한 삶에 충실하라』, 서정명 저, 함께, 2012

『도덕경』, 노자 저, 오강남 풀이, 현암사, 1999

『리더라면 우든처럼』, 존 우든 외 1인 저, 올댓번역 역, 지니넷, 2011

『미친 연구 위대한 발견』, 빌리 우드워드 외 저, 김소정 역, 푸른지식, 2011

『아리스토텔레스의 실천적 지혜』, 박전규 저, 서광사, 1985

『서양 중세의 아리스토텔레스 수용사』, 박승찬 저, 누멘, 2010

『성경』

『소셜 애니멀』, 데이비드 브룩스 저, 이경식 역, 흐름출판, 2011

『스파르타 이야기』, 폴 카트리지 저, 이은숙 역, 어크로스, 2011

『아리스토텔레스』, 윌리엄 D. 로스 저, 김진성 역, 누멘, 2011

『아웃라이어』, 말콤 글래드웰 저, 노정태 역, 김영사, 2009

『오뒷세이아』, 호메로스 저, 천병희 역, 숲, 2006

『인듀어런스』, 캐롤라인 알렉산더 저, 김세종 역, 뜨인돌, 2003

『인사이드 애플』, 애덤 라신스키 저, 임정욱 역, 청림출판, 2012

『일리아스』, 호메로스 저, 천병희 역, 숲, 2007

『자조론』, 새무얼 스마일즈 저, 김유신 역, 21세기북스, 2005

『정치학』, 아리스토텔레스 저, 천병희 역, 숲, 2009

『착각의 과학』, 프리트헬름 슈바르츠 저, 김희상 역, 북스넛, 2011

『나를 이기는 힘 평상심』, 장쓰안 저, 황보경 역, 샘터사, 2008

『플라톤의 국가·政體』, 플라톤 저, 박종현 역, 서광사, 2005

『피터 드러커 리더가 되는 길』, 고바야시 가오루 저, 남상진 역, 청림출판, 2004

『피터 드러커 자서전』, 피터 드러커 저, 이동현 역, 한국경제신문사, 2005

『학문의 정신 아리스토텔레스』, 장 마리 장브 저, 김임구 역, 한길사, 2004

『행복한 사람, 타샤 튜더』, 타샤 튜더 저, 공경희 역, 윌북, 2006

『IBM, 창업자와 후계자』, 토머스 J. 윗슨 외 저, 유철준 역, 을유문화사, 1991

『Nicomachean Ethics』, Martin Ostwald 저, Library of Liberal Arts, 1999

『The Complete Works of Aristotle II』, Jonathan Barnes 저, Princeton University Press, 1984

『The Lives and Opinions of Eminent Philosophers』, Diogenes Laertius 저, C. D. Yonge 역, Henry G. Bohn, 1853

그림출처

17쪽 아리스토텔레스의 흉상 파리, 루브르 박물관

27쪽 플라톤의 흉상 파리, 루브르 박물관

31쪽 아소스의 아테네 신전 유적 http://en.wikipedia.org/wiki/File:Assos.jpg

35쪽 〈젊은 알렉산드로스를 가르치는 아리스토텔레스〉 런던, 영국 도서관

40쪽 테오프라스토스 by tato grasso http://commons.wikimedia.org/wiki/File:Teofrasto Orto
　　botanico_PA.jpg

42쪽 〈토마스 아퀴나스〉 파리, 루브르 박물관

45쪽 라파엘로의 〈아테네 학당〉 로마, 바티칸궁

61쪽 카를로스 슬림 연합뉴스

93쪽 말콤 글래드웰 연합뉴스

131쪽 킬링 필드의 흔적 연합뉴스

142쪽 독일 나치 전범들을 단죄한 뉘른베르크 재판 연합뉴스

174쪽 지혜의 여신상 아테네, 아크로폴리스 박물관

183쪽 〈원반 던지는 사나이〉의 대리석 복제품 로마, 국립미술관

212쪽 휘트니 휴스턴 추모 벽 연합뉴스

222쪽 이데이 노부유키 연합뉴스

244쪽 카를 란트슈타이너 코르비스

261쪽 6,25전쟁 전사들의 비석 연합뉴스

271쪽 윤봉길 의사 연합뉴스

290쪽 존 에드워즈 의원 연합뉴스

316쪽 데모스테네스의 모습 로마, 바티칸궁

330쪽 고대 그리스의 화폐 런던, 대영박물관

343쪽 실험실에서의 제임스 왓슨 연합뉴스

353쪽 김용 세계은행 총재 연합뉴스

332쪽 크세노폰 http://ko.wikipedia.org/wiki/%ED%8C%8C%EC%9D%BC:
　　Xenophon.jpg

374쪽 사이비 종교의 최후 연합뉴스

공병호의 고전강독 3
아리스토텔레스에게 진정한 행복을 묻다

초판 1쇄 2012년 8월 5일
초판 6쇄 2016년 9월 10일

지은이 | 공병호
펴낸이 | 송영석

편집장 | 이진숙·이혜진
기획편집 | 박신애·정다움·정다경·김단비
디자인 | 박윤정·김현철
마케팅 | 이종우·김유종·한승민
관리 | 송우석·황규성·전지연·황지현

펴낸곳 | (株)해냄출판사
등록번호 | 제10-229호
등록일자 | 1988년 5월 11일(설립일자 | 1983년 6월 24일)

04042 서울시 마포구 잔다리로 30 해냄빌딩 5·6층
대표전화 | 326-1600 **팩스** | 326-1624
홈페이지 | www.hainaim.com

ISBN 978-89-6574-347-7